LA SANCTION

5-7, rue de l'École-Polytechnique ; 75005 Paris

http://www.librairieharmattan.com
diffusion.harmattan@wanadoo.fr
harmattan1@wanadoo.fr

ISBN : 978-2-296-02546-2
EAN : 9782296025462

LA SANCTION

Colloque du 27 novembre 2003
À l'Université Jean Moulin Lyon 3

Organisé par l'ADDDUL (Association des doctorants et jeunes docteurs en droit de l'Université Jean Moulin Lyon 3*) avec le soutien et le concours de l'Université Jean Moulin Lyon 3, de la Faculté de Droit, de l'École doctorale de Droit et du centre de droit pénal de l'Université Jean Moulin Lyon 3.

* En particulier : Cécile Brunet, Carine Copain, Emmanuel Déprez, Mathieu Descours, Olivia Emin, Alexandre Nanchi, Thibaut Soleilhac, Blandine Thellier de Poncheville, Sandrine Trigon.

Préface de
Blandine MALLET-BRICOUT

L'Harmattan
5-7, rue de l'École-Polytechnique ; 75005 Paris
FRANCE

L'Harmattan Hongrie
Könyvesbolt
Kossuth L. u. 14-16
1053 Budapest

Espace L'Harmattan Kinshasa
Fac..des Sc. Sociales, Pol. et Adm. ; BP243, KIN XI
Université de Kinshasa – RDC

L'Harmattan Italia
Via Degli Artisti, 15
10124 Torino
ITALIE

L'Harmattan Burkina Faso
1200 logements villa 96
12B2260
Ouagadougou 12

Logiques Juridiques

Collection dirigée par Gérard Marcou

Le droit n'est pas seulement un savoir, il est d'abord un ensemble de rapports et pratiques que l'on rencontre dans presque toutes les formes de sociétés. C'est pourquoi il a toujours donné lieu à la fois à une littérature de juristes professionnels, produisant le savoir juridique, et à une littérature sur le droit, produite par des philosophes, des sociologues ou des économistes notamment.
Parce que le domaine du droit s'étend sans cesse et rend de plus en plus souvent nécessaire le recours au savoir juridique spécialisé, même dans des matières où il n'avait jadis qu'une importance secondaire, les ouvrages juridiques à caractère professionnel ou pédagogique dominent l'édition, et ils tendent à réduire la recherche en droit à sa seule dimension positive. A l'inverse de cette tendance, la collection *Logiques juridiques* des Éditions L'Harmattan est ouverte à toutes les approches du droit. Tout en publiant aussi des ouvrages à vocation professionnelle ou pédagogique, elle se fixe avant tout pour but de contribuer à la publication et à la diffusion des recherches en droit, ainsi qu'au dialogue scientifique sur le droit. Comme son nom l'indique, elle se veut plurielle.

Déjà parus

Domingos PAÏVA de ALMEIDA (sous la dir.), *Introduction au droit brésilien,* 2006.
MOQUET-ANGER Marie-Laure (sous la dir.), *Les institutions napoléoniennes,* 2006.
CHARBONNEAU Simon, *Droit communautaire de l'environnement, Édition revue et augmentée*, 2006.
CHEBEL-HORSTMANN Nadia, *La régulation du marché de l'électricité*, 2006.
COMTE Henri et LEVRAT Nicolas (sous la dir.), *Aux coutures de l'Europe. Défis et enjeux juridiques de la coopération transfrontalière*, 2006.
MASSAT Eric, *Servir et discipliner*, 2006.
BOUDET Jean-François, *La caisse des dépôts et consignations*, 2006.
ROSIER Guy, *L'enracinement créole*, 2006.
DESMONS É. (sous la dir.), *Figures de la citoyenneté*, 2006.
MACERA B.-F. et FERNANDEZ GARCIA Y., *La responsabilité administrative dans le contentieux de l'urbanisme*, 2006.
NGO Mai-Anh, *La qualité et la sécurité des produits agro-alimentaires*, 2006.
GUILLARD David, *Les armes de guerre et l'environnement naturel. Essai d'étude juridique*, 2006.
BOEGLIN Jean-Georges, *Etats et religions en Europe* (2 tomes), 2006.
KASSIS Antoine, *L'autonomie de l'arbitrage commercial international*, 2006.
F. MICHAUT (sous la coord.), *Ecrire l'histoire du droit*, 2006.
Y. LUCHAIRE (sous la dir.), *Collectivités territoriales et gouvernance contractuelle*, 2006.
C. MEIMON-NISENBAUM et E. GRONDARD, *Guide de l'indemnisation : juridique-médical-social*, 2006.
Monnier Sophie, *Les conflits d'éthique et de droit* , 2005.
G. LABRECQUE , *Les différends territoriaux en Afrique*, 2005.

PREFACE

Blandine MALLET-BRICOUT
Professeur, Directrice de l'École doctorale de droit de l'Université Jean Moulin Lyon 3

Le thème choisi par l'Association des doctorants et jeunes docteurs en droit de l'Université Jean Moulin-Lyon 3, pour le colloque qui s'est tenu à Lyon le 27 novembre 2003, est sans aucun doute ambitieux. Car s'intéresser à la sanction en droit… c'est s'intéresser au droit lui-même, tant les deux notions semblent fondues l'une dans l'autre : on sait en effet que le droit est souvent défini comme un ordre social original justement parce qu'il comporte des règles de conduite assorties de sanctions dans l'hypothèse de leur violation. Le sujet peut sembler classique ; il l'est en effet pour la matière pénale, nettement moins cependant en ce qui concerne le droit civil ou le droit public. Et l'on voit là un premier intérêt de ce colloque : aborder la question de manière transversale, les intervenants posant leur regard aussi bien sur le droit pénal que sur les droits de l'environnement, fiscal, douanier, commercial, international, administratif, ou encore sur la matière contractuelle ou celle disciplinaire. Avec une telle approche, large et complète, le sujet ne peut que renvoyer à des questions essentielles : comment définir la sanction ? Les diverses contributions reviennent largement sur l'idée que la sanction ne se résume pas à la contrainte, encore moins à l'usage de la force pour faire respecter la règle. Ne s'agit-il pas plutôt d'une obligation juridique (que l'on pourrait dire secondaire) qui naît de la violation d'une autre obligation, créant ainsi une sorte de chaîne d'obligations ? … En tout état de cause, la sanction peut présenter de multiples visages, de l'emprisonnement à la déchéance, sans omettre l'amende, la privation d'un droit, le blâme, le boycott, les mesures de rétorsion… La variété des sanctions est largement abordée, des classiques sanctions pénales aux sanctions « mixtes » des matières fiscales et douanières ou encore aux sanctions propres à la matière ordinale. Sa définition, quant à elle, reste débattue, question fondamentale et si révélatrice de l'idée qu'on se fait du droit : participe-telle de la notion même de droit (i.e. est-elle nécessaire pour le définir), ou bien au contraire découle-t-elle seulement de la règle de droit ? Et pourquoi sanctionner ? Autre interrogation qui nous ramène à l'essence même du droit par le prisme, cette fois, des fonctions de la sanction : répression, réparation, dissuasion ? La réponse serait-elle variable en fonction de la matière considérée, ou au contraire commune à tous les domaines ? À nouveau, l'approche transversale de ce colloque favorise un éclairage passionnant de la matière. Enfin l'objectif premier du législateur est certainement l'adéquation de la sanction à la violation de la règle, ce qui amène bien évidemment à s'intéresser à la question de l'équilibre dans la sanction, préoccupation commune à tous les domaines envisagés. Par la mesure de la sanction, c'est également son efficacité qui est recherchée, dernier thème abordé dans ce colloque : comment s'assurer que la sanction sera efficace ? Quel regard porter sur l'extension actuelle des sanctions pénales ? Peut-on éviter la sanction, lui trouver des alternatives (... mais celles-ci ne sont-elles pas également une forme de sanction) ? Et finalement, quelle application concrète des sanctions est-elle faite par les juges ? C'est poser la question délicate de l'effectivité des sanctions, des moyens matériels accordés au juge pour les mettre en œuvre après leur prononcé.

On voit que cette journée de présentations et de débats a permis d'aborder l'ensemble des questions suscitées par la sanction en droit. Et il faut rendre hommage à la volonté des organisateurs du colloque de diversifier les intervenants afin de donner leur chance, avec réussite, à des doctorants ou de jeunes docteurs, dont les interventions ont alterné avec celles de chercheurs confirmés (maîtres de conférences et professeurs) et de professionnels du droit. L'ADDDUL démontre ainsi, par cette manifestation et cette publication, la volonté et la capacité des jeunes docteurs et doctorants à s'extraire de leur propre recherche pour s'intéresser à de belles notions telles que celle que l'on trouve au cœur de cet ouvrage. On ne peut que s'en féliciter et les encourager à poursuivre dans cette voie « d'ouverture au droit », tout à la fois acteurs de la réflexion et à l'écoute tant des universitaires que des praticiens.

PROPOS INTRODUCTIFS

Louis-Augustin BARRIERE
Professeur à l'Université Jean Moulin Lyon 3

La lettre qui m'invite aimablement à tenir quelques propos introductifs sur la sanction indique que la problématique de ce colloque est de savoir si cette notion présente une certaine unité. Elle me demande de déterminer la ou les définitions de la sanction, ses formes et ses fonctions. Elle ajoute qu'il s'agit de « présenter la notion de sanction sous les angles historique, philosophique et théorique car différentes questions sont attachées à cette notion notamment celles-ci : le droit peut-il exister sans sanction ? La sanction a-t-elle toujours été une condition d'effectivité du droit ? Quel est le fondement et la légitimité du droit de punir ? ».

Il n'entre sans doute pas dans l'objet de propos introductifs d'épuiser toutes les questions posées — est-ce de toute façon possible ? J'adopterai donc une démarche qui devrait me permettre de proposer quelques éléments de réponse et d'indiquer quelques pistes en laissant à d'autres le soin de les explorer.

Je suivrai, dans un premier temps, la pente que m'invite à suivre ma spécialité, l'histoire du droit. Je commencerai par descendre à la racine du mot qui contient en elle toutes ses potentialités pour examiner ensuite comment elles se sont réalisées ce qui permettra de montrer comment sont apparues différentes acceptions du mot sanction et de présenter quelques définitions (I). Puis, en essayant d'adopter une démarche plus positiviste, j'évoquerai, en modifiant un peu l'ordre proposé par les organisateurs de cette journée, les développements théoriques et philosophiques[1] auxquels cette notion a donné lieu, ce qui permettra de cerner davantage la notion de sanction (II) et ainsi tenter d'appréhender de manière plus précise les formes et les fonctions de celle-ci (III).

---

[1] Paul Roubier affirme dans l'avant-propos de sa *Théorie générale du droit* (Sirey, 2ème édition 1951) que la philosophie du droit « fait partie de la philosophie, et que la théorie juridique ne consiste point en une conception systématique de l'univers, mais seulement une synthèse de la vie du droit, un ensemble de réflexions ordonnées sur l'organisation juridique des sociétés humaines ». Voir aussi les observations de Jean Carbonnier dans sa *Sociologie juridique*, PUF, 1994, p. 24 et s.

I. Le mot sanction a pour origine le mot latin *sanctio* qui est lui-même construit sur le verbe *sancire*[2]. *Sancire* aurait signifié « faire que quelque chose devienne *sak*, c'est à dire réel ». Le verbe *sancire* signifierait prescrire une peine en garantie de ce qui est établi[3]. « On appelle *sanctum* [supin de *sancire*] ce qui est défendu et protégé de l'*injuria* [littéralement ce qui est une atteinte au *jus*] des hommes »[4]. En droit romain, certaines lois étaient saintes parce qu'elles étaient garanties par une *sanctio*[5]. La *sanctio* était techniquement la partie de la loi qui établissait une peine, une *poena*[6], à l'encontre de ceux qui agiraient contre la loi[7]. Cette défense – la sanction était une sorte de protection de la loi[8] - était établie en

---

[2] ERNOUT (A.) et MEILLET (A), *Dictionnaire étymologique de la langue latine*, Klincksieck, 1959, *v°* *sancio* ; BENVENISTE (Emile), *Le Vocabulaire des institutions indo-européennes*, Paris, Minuit, 1969, t. 2, p. 187 et s.

[3] THOMAS (Yan), De la « sanction » et de la « sainteté » des lois à Rome. Remarques sur l'institution juridique de l'inviolabilité, *Droits* n° 18, 1993 p. 145.

[4] Marcien au Digeste, 1, 8, 8 : «*sanctum est quod ab iniuria hominum défensum atque munitum est*» : « est saint ce qui est défendu et protégé de l'injure des hommes ».

[5] Ulpien au Digeste 1, 8, 9, 3 : «*proprie dicimus sancta quae neque sacra, neque profana sunt, sed sanctione quadam confirmata : ut leges sanctae sunt, sanctione enim quadam sunt subnixae, quod enim sanctione quadam subnixum est, id sanctum est, etsi deo non sit consecratum* » : « nous disons proprement saintes celles [les choses] qui ne sont ni sacrées, ni profanes, mais qui sont confirmées par une certaine sanction : ainsi les lois sont saintes ; en effet, ce qui est appuyé sur une sanction est saint, bien que ce ne soit pas consacré à un dieu ». Sur la différence entre le *sanctum* (saint) et le *sacer* (sacré), voir BENVENISTE (Emile), op. cit. t. 2 p. 189.

[6] Yan THOMAS observe « que la loi ne sanctionne pas tant une transgression qu'elle aurait de la sorte inscrit en elle et dont elle aurait fait une hypothèse intrinsèquement légale, qu'elle ne sanctionne le fait, par hypothèse extérieure à elle et présenté du point de vue de cette extériorité même, d'avoir attenté à ses prescriptions. D'un point de vue formulaire, le droit romain isole la sanction en une norme spécifique » (« De la sanction et de la sainteté des lois à Rome. Remarques sur l'institution juridique de l'inviolabilité », *Droits* n° 18, 1993 p. 135 et s).

[7] Papinien au Digeste, 48, 19 (*de poenis*, des peines), 41 : « *sanctio legum, quae novissime certam poenam irrogat his qui praeceptis legis non obtempaverint ad eas species pertinere non videtur, quibus ipsa lege poena specialiter addita est. Nec ambigitur in cetero omni iure speciem generi derogare (…)* » : « la sanction des lois qui inflige dans leur dernière partie une peine précise à l'encontre de ceux qui n'obtempèrent pas aux préceptes de la loi paraît ne pas être applicable aux espèces auxquelles la loi applique une peine particulière, et il n'est pas discuté que dans tout le droit l'espèce déroge au genre (…). Cf. Yan THOMAS, *art. préc.* p. 147. Pour cet auteur, « la peine n'est pas rétributive d'un acte défini par la loi et, de la sorte inscrit en elle. Elle est répulsive d'une agression conduite envers elle » (p. 148).

[8] Cf. CICERON, Ad Atticum, 3, 23, 2 : *« neque enim ulla est quae non ipsa se saepiat difficultate abrogationis »* : « en effet il n'en est point qui ne s'entoure elle-même d'une muraille en rendant son abrogation difficile ». cf. THOMAS (Yan) *art. préc.* p. 147.

particulier contre le législateur ultérieur qui porterait atteinte à la loi[9]. Cette partie n'existait pas nécessairement dans la loi. Un texte de l'époque classique établissait une classification des lois selon le critère de la sanction[10]. Les *leges imperfectae* étaient dépourvues de sanction[11]. L'exemple le plus communément cité est celui de la loi *Cincia*, qui interdisait de recevoir des donations supérieures à une certaine somme[12]. Cependant, on s'est demandé si ces lois qui ne comportaient pas de sanction proprement dite n'invitaient pas le magistrat à refuser son concours lorsqu'il aurait été nécessaire pour parachever l'acte conclu au mépris de la loi[13]. On peut également se demander si la pression sociale, si forte dans la cité antique, ne contraignait pas les individus à se conformer aux règles adoptées par la communauté des citoyens, sous la menace de la note du censeur[14].

---

9 Cicéron remarque : *« sed uides numquam esse observatas sanctiones earum légum quae abrogarentur »* (Ad Atticum, 3, 23, 2). Sur ce point voir PAULY'S Réalencyclopädie der classichen Altertumwissencschaft, I A2, *v° sanctio* et MAGDELAIN (André), *La loi à Rome, histoire d'un concept*, Paris, Société d'édition les belles lettres, 1978, p. 60 et s.

10 *Régulae ulpiani* I, 1-2 (Fontes iuris romani antejustiniani, t. II, Florence, Barbéra, 1940 p. 262) : « 1. *(...) prohibet, exceptis quibusdam cognatis, et si plus donatum sit, non rescindit* 2. *Minus quam perfecta lex est quae uetat aliquid fieri, et si factum sit, non rescindit, sed poenam iniungit et qui contra legem fecit : qualis est lex Furia Testamentaria, quae plus quam mille assium legatum mortisue causa prohibet capere, praeter exceptas personas, et adversus eum qui plus ceperit quadrupli poenam constituit* ».

11 *Regulae Ulpiani* I, 1 : « [lacune] *prohibet, exceptis quibusdam cognatis, et si plus donatum sit, non rescindit* ».. On pourrait expliquer l'absence de sanction par l'idée selon laquelle la loi était la révélation du *ius*, (elle était donc rédigée à l'impératif) ; elle n'aurait par conséquent pas nécessité l'édiction d'une sanction particulière (Sur les rapports entre *lex* et *ius*, voir MAGDELAIN (André), op. cit., p. 24 et s. et p. 62).

12Voir CUQ (Edouard), *Manuel des institutions juridiques des Romains*, Paris, Plon-L.G.D.J. 1917, t. p. 127 et p. 524 et s. Pour Yan Thomas (art. préc.p. 140), la loi imparfaite est une hypothèse doctrinale, mais il cite un passage de Tite-Live qui semble établir l'existence de telles lois.

13 CUQ, op. cit. p. 127.

14 Cf. Yan Thomas (art. préc. p. 140 note 2) qui cite un passage de Tite-Live (10,9, 3). Jean Poirier fait appel à la notion de prédroit pour caractériser cet état de la société où la réprobation collective tient lieu de sanction : le droit n'apparaîtrait que lorsque la sanction est prédéterminée et possède un caractère obligatoire : « le fait juridique se définit par la nature de la sanction applicable à la transgression. La sanction qui fait naître l'impératif juridique a deux caractères : elle est prédéterminée et elle est obligatoire » (Introduction à l'ethnologie de l'appareil juridique dans *Ethnologie générale*, Paris, Gallimard, 1968 p. 1091 et s. et notamment p. 1092). Cet auteur s'appuie sur les travaux de Louis Gernet (*Droit et institutions dans la Grèce ancienne*, réédition Paris Flammarion 1982).Voir aussi, CANTARELLA, Eva, Préface à la réédition du livre de Louis Gernet, *Recherches sur le développement de la pensée juridique et morale en Grèce*, Albin

Les *leges minus quam perfectae*, exposaient quant à elles le contrevenant à une *poena*, une peine pécuniaire[15]. C'est à l'époque classique que seraient apparues les *leges* que les jurisprudents appelèrent *perfectae*[16]qui refusaient toute efficacité à l'acte fait en violation de leur prescription. Ainsi la loi *Ælia Sentia* qui date du principat rescindait les affranchissements frauduleux[17].

Dans le latin classique, le mot *sanctio* désignait donc la disposition de la loi qui la protégeait contre sa violation au moyen d'une peine[18]. À la même époque, le mot a pris un sens dérivé, celui d'ordre[19]. De là, le mot *sanctio* a été utilisé par la suite, au bas-empire, pour désigner une sorte de constitution impériale qui intéressait un *pragma*, c'est-à-dire une affaire d'intérêt public, général[20]. La *pragmatica sanctio* qui était rédigée par un bureau spécial de la chancellerie impériale, avait une valeur supérieure à

Michel, 2001, p. XV). Cette conception a fait l'objet de critiques (Voir ROULAND (Norbert), *Anthropologie juridique*, Paris, PUF, 1988, n° 4 et n° 100).

15 Regulae Ulpiani I, 2 : *Minus quam perfecta lex est quae uetat aliquid fieri, et si factum sit, non rescindit, sed poenam iniungit et qui contra legem fecit : qualis est lex Furia testamentaria, quae plus quam mille assium legatum mortisue causa prohibet capere, praeter exceptas personas et adversus eum qui plus ceperit quadrupli poenam constituit.*

16 SANTI DI PAOLA, Leges perfectae (syntel. Arangio Ruiz II, (1964), pp. 1075-1094, cité par GAUDEMET (Jean), *Institutions de l'antiquité*, Sirey, n° 273.

17 Julien au Digeste 40, 9, 5, 2 : *Libertas per legem Aeliam Sentiam rescinditur.* .

18 Le dictionnaire Gaffiot indique un second sens du mot *sanctio*. Il précise en effet que dans certains textes de Cicéron, le mot *sanctio* aurait pris le sens de peine, punition (Contra Verrem 4, 149 et De Republica, II, 54). Il nous semble qu'il s'agit là d'une traduction approximative. Dans les deux cas, la traduction par le mot sanction serait plus appropriée que la traduction par le mot peine. Dans le premier texte Cicéron distingue la *sanctio* de la *poena (nisi legis sanctionem poenamque recitassem* : si je n'avais lu la sanction et la peine de la loi). Dans le second, Cicéron affirme que les lois *porciae* ont apporté une sanction (et non pas une peine) aux dispositions de la loi Valeria de 449 sur *la provocatio ad populum* (sur cette seconde citation, voir aussi RAMPELBERG (René-Marie), L'exercice de la *coercitio* dans le cadre de *l'imperium militiae* de la fin de la République, dans Nonagesimo anno, *Mélanges en hommage à Jean Gaudemet*, Paris, PUF, 1999, p. 824, note 21).

19 Voir *Rhétorique à Herennius*, 2, 15 : « *plus enim valet sanctio permissione* » que Guy Achard traduit ainsi dans l'édition Budé (Les belles lettres, 1989, p. 46) : « car l'ordre l'emporte sur la permission ».

20 PAULY'S Réalencyclopädie der classichen Altertumwissencschaft, suppl. XIV, *v° pragmatica sanctio.* La pragmatica sanctio ne devait pas être publiée à la requête d'un simple particulier dans des affaires privées, mais seulement à la demande d'un corps ou d'une institution publique « *ob causam publicam* » ; la *pragmatica sanctio* aurait été donc réservée aux questions concernant les intérêts publics mais cette prescription n'aurait pas été respectée (ibidem).

celle des rescrits, moindre que celles des lois générales[21]. Chez les auteurs chrétiens de l'époque tardive, le mot a pu désigner des décisions doctrinales des papes[22]. On sait que le latin a survécu à la chute de l'empire romain d'occident et qu'il a été la langue de l'Église romaine et des élites. Le mot *sanctio* a été utilisé au moyen âge dans le sens qu'il avait pris au cours de l'antiquité tardive, le mot désignant alors un précepte[23] puis une règle monastique (1493) puis un règlement concernant les matières ecclésiastiques[24]. L'expression *pragmatica sanctio* servit à la fin du moyen âge à désigner une ordonnance qui statuait sur une question fondamentale. Le plus célèbre de ces textes fut peut-être la pragmatique sanction de Bourges de juillet 1438 qui rendait applicable en France les décrets du concile de Bâle moyennant des modifications conseillées par une assemblée qui réunissait des membres du clergé de l'Université et du Parlement[25]. Au dix-huitième siècle, le mot sanction fut entendu dans un sens plus proche du latin classique : le mot sanction fut utilisé (en 1762) pour désigner l'approbation donnée à quelque chose et en 1765 une peine ou une récompense prévue pour assurer l'exécution d'une loi. Le verbe sanctionner, qui est apparu un peu plus tard, a d'abord signifié (1777) « donner la sanction (à une loi) ». En 1788, le mot a pris une acception plus technique : il désignait l'acte par lequel le chef du pouvoir exécutif revêt une mesure législative de l'approbation qui lui donne force exécutoire[26]. Comme d'autres mots du vocabulaire juridique et politique,

---

21 Voir DAREMBERG (C) ET SAGLIO, *Dictionnaire des antiquités grecques et romaines, v° pragmatica sanctio.*

22 BLAISE (A.), *Dictionnaire latin-français des auteurs chrétiens* Turnhout, sd. (1962), *v°* sanction.

23 GODEFROY (Frédéric) *Dictionnaire de l'ancienne langue française du neuvième au quinzième siècles*, Genève-Paris, Slatkine 1982, v° sanctio. C'est également ce sens que l'on trouve dans le dictionnaire Du cange, v° *sanctiones majestatis* défini comme *praecepta divina.*

24 Cette acception a disparu à la fin du dix-neuvième siècle (*Dictionnaire historique d la langue française, préc.*).

25 Sur la pragmatique sanction de 1438, voir GAUDEMET (Jean), *Église et cité, histoire du droit canonique*, Paris, Cerf Montchrestien, 1994, p. 592. Selon Adolphe TARDIF (*Histoire des sources du droit canonique*, 1887, réimpression scientia verlag, 1974 p. 277), la dénomination de pragmatique sanction ne serait apparue qu'au quinzième siècle. Le mot sanction ne semble avoir été employé aux siècles suivants que dans cette expression (cf. *Dictionnaire de l'Académie française*, Paris, 1ère édition chez Jean-Baptiste Coignard (1694)) : « constitution, règlements sur les matières ecclésiastiques. Il ne se dit guère qu'avec le mot de pragmatique ». Le sens proposé par les trois éditions suivantes est le même (1718, 1740, 1762) : « constitution, ordonnance sur les matières ecclésiastiques. Il ne se dit guère qu'avec le mot de pragmatique (...) »).

26 *Le Robert, Dictionnaire historique de la langue française,* 3e édition, 2000, *v°* sanction.

le mot sanction a donc changé de sens dès avant la Révolution française[27] et cette évolution traduit les transformations du système de références politiques et juridiques. Ce sont ces sens nouveaux qui ont prévalu au dix-neuvième siècle, le sens du droit constitutionnel étant placé en premier[28].

Les auteurs du dictionnaire Capitant de 1936 n'ont retenu que ce premier sens du mot sanction : « acte par lequel le monarque, considéré comme l'égal ou le supérieur des chambres, donne son assentiment à la loi votée par le Parlement et qui, dans certains régimes (…) imprime même seul sa force obligatoire à la loi, le Parlement ne fixant que le « contenu intellectuel de cette dernière »[29]. En revanche, dans la sixième édition du Vocabulaire juridique Capitant (2004)[30], le champ sémantique du mot sanction est singulièrement plus vaste. Le sens qui était donné en 1936 est considérée comme « révolu » au moins en droit constitutionnel français[31] et ne survit que dans la signification moins technique d'approbation donnée à une politique, à une thèse. Les trois sens principaux sont :

---

[27] Voir CHAURAND (Jacques), *Nouvelle histoire de la langue française*, Paris, Seuil, 1999, p. 321. Le sens que le mot sanction a pris en droit constitutionnel prévaut sur l'ancien dans la cinquième édition du Dictionnaire de l'Académie française (Acte solennel du Souverain, par lequel il donne à une chose un caractère d'autorité (…). Il se dit par extension Du Public, de l'usage. (…). Le verbe sanctionner apparaît dans cette sixième édition avec le sens de « Donner la sanction ».

[28] Dans la sixième (1835) et la septième édition (1878) du *Dictionnaire de l'Académie française*, les définitions proposées par l'édition proposée en 1798 sont placées en premier. Toutefois les auteurs de l'édition de 1878 ont pris en compte le changement de régime politique : en 1835, le mot sanction est défini comme l' « acte par lequel le roi exerçant une partie de l'autorité législative donne à une loi l'approbation, la confirmation sans laquelle elle ne serait point exécutoire ». En 1878, sous la Troisième République, le mot sanction est présenté comme l' « acte par lequel le roi, exerçant une partie de l'autorité législative, donnait à une loi l'approbation, la confirmation sans laquelle elle ne serait point exécutoire ». Dans la sixième et la septième édition, est ajouté le sens : « la peine ou la récompense qu'une loi porte, décerne pour assurer son exécution ». La définition de constitution, d'ordonnance sur les matières ecclésiastiques est rejetée en dernier.

[29] Voir le *Vocabulaire juridique rédigé par des professeurs de droit, des magistrats et des jurisconsultes*, sous la direction de Henri Capitant, Paris, PUF, 1936, *v° sanction.*

[30] CORNU (Gérard) (sous la direction de) *Vocabulaire juridique*, Paris, PUF, 2004, *v° sanctio.*

[31] Il était prévu une telle sorte de sanction dans la constitution de 1791 (titre 3, chapitre 3, section 3), les chartes de 1814 (art. 22) et 1830 (art. 18) et dans les constitutions de 1852 (art. 10) et 1870. (art. 17).

«**1.** En un sens restreint, punition, peine infligée par une autorité à l'auteur d'une infraction, mesure répressive destinée à le punir (...),
2. En un sens plus large, toute mesure —même réparatrice— justifiée par la violation d'une obligation (...).
3. Plus généralement encore, tout moyen destiné à assurer le respect et l'exécution effective d'un droit ou d'une obligation. Ex. l'action en justice ouverte au titulaire d'un droit est la sanction de ce droit (...) ».

Les sociologues et les anthropologues qui étudient le droit en interaction avec d'autres systèmes de régulation sociale ont eu aussi recours au mot sanction. Ils ont étendu son sens jusqu'à présenter la sanction comme « la réaction d'un groupe social ou d'une institution face à une certaine conduite, par laquelle s'exprime l'approbation ou la désapprobation de la conduite qu'on sanctionne, et sont renforcés les règles d'action du groupe dans sa tentative d'encourager ou de décourager ses membres pour qu'ils accomplissent certaines conduites ou s'abstiennent d'accomplir certaines autres, avec la perspective d'obtenir l'avantage ou de souffrir la privation, qui, du point de vue du sanctionné, forment le contenu de la sanction »[32].

Voilà les quatre définitions principales du mot sanction, de la plus restreinte à la plus vaste. Ces définitions permettent d'affirmer que la notion de sanction est unitaire au moins d'un point de vue fonctionnel : la sanction dans toutes ces hypothèses a pour fonction d'assurer la réalisation de la règle juridique.
Dans la suite de nos développements, il ne sera pas tenu compte du sens particulier que le mot possède en droit constitutionnel[33] car il ne correspond à aucun des exposés prévus aujourd'hui. Le troisième sens, « tout moyen destiné à assurer le respect et l'exécution effective d'un droit ou d'une obligation », qui englobe les deux premiers et qui correspond à la dimension pluridisciplinaire du colloque sera privilégié.

---

32 ARNAUD (André -Jean. et *alii*), *Dictionnaire encyclopédique de théorie et de sociologie du droit*, Paris LGDJ, 2ème édition, 1993, *v*° sanction.
33 Sur les théories relatives à la sanction en droit constitutionnel, voir notamment CARRE DE MALBERG (Henri), *Contribution à la théorie générale de l'État*, Paris, Sirey, 1920-1922, réédition, Paris-Dalloz, 2004, n° 131 et s.

II Les changements de sens du mot sanction au dix-huitième siècle et au vingtième siècle correspondent à des évolutions de la philosophie et de la théorie du droit.

L'apparition du sens contemporain du mot sanction au cours du Siècle des Lumières reflète l'évolution des idées corrélatives à l'essor de l'État et à l'avènement du droit naturel moderne. Le droit positif fut alors davantage distingué de la loi naturelle et il désignait désormais principalement un corps de règles obligatoires régissant la société[34]. Ces règles étaient considérées comme devant être formulées essentiellement dans des lois créées par l'État, « le groupement politique qui revendique avec succès le monopole de la contrainte physique légitime » pour reprendre l'expression fameuse de Max Weber. Ces lois étaient considérées de plus en plus comme des actes de commandement[35]. Dès lors, s'est développée toute une réflexion sur la contrainte exercée par la loi dans le cadre d'un État de police[36]. Les apports les plus importants sur ce point furent sans doute ceux de Thomasius et de Kant[37] qui cherchèrent à distinguer les concepts de morale et de droit. Comme l'écrit Simone Goyard-Fabre à propos de la pensée de ce dernier : « tandis que les règles morales commandent *in foro interno* et font du devoir un mobile suffisant de l'action, les règles de droit commandent *in*

---

[34]Cf. GOYARD-FABRE (Simone), *Les fondements de l'ordre juridique*, PUF, 1992, notamment p. 7 et suivantes.

[35] Cf. BASTIT (Michel) *Naissance de la loi moderne*, Paris, PUF, 1990. Cette idée selon laquelle la loi acte de commandement est mise en exergue par Suarez dans son *De legibus* et est exprimée avec une force particulière par Hobbes dans son Léviathan (traduction par F. Tricaud), Sirey, 1983, p. 282 : « en premier lieu, il est manifeste, écrit-il, que la loi en général n'est pas un conseil, mais un commandement ; qu'elle n'est pas d'autre part, un commandement adressé par n'importe qui à n'importe qui, mais le fait seulement de celui dont le commandement s'adresse à un homme préalablement obligé (…). Cela considéré, je définirai ainsi la loi civile : la LOI CIVILE est, pour chaque sujet, l'ensemble des règles dont la république, par oral, par écrit ou quelque autre signe adéquat de sa volonté, lui a commandé d'user pour distinguer le droit et le tort, c'est-à-dire ce qui est contraire à la règle et ce qui ne lui est pas contraire ». Voir aussi GOYARD-FABRE (S.), Loi civile et obéissance dans l'État-Léviathan, dans ZARKA (Yves-Charles) et BERNHARDT Jean), *Thomas Hobbes, Philosophie première, théorie de la science et politique*, PUF, 1990, p. 289 et s. (Cf. Portalis qui affirmait « les lois sont des volontés » (Présentation et exposé des motifs devant le corps législatif du titre préliminaire, De la publication, des effets et de l'application des lois en général, séance du 3 frimaire an X, *Fenet*, t. VI, p. 43).

[36] Cf. MORAND (Charles-Albert), « La sanction », *Archives de philosophie du droit*, t. 35, 1990, pp. 293 et s. et notamment p. 295 et s.

[37] *Métaphysique des mœurs, 1ère partie Doctrine du droit*, (traduction Philonenko ; préface M. Villey), Paris, Vrin, 1993, § D, p. 105.

foro externo et, n'intégrant pas le mobile du devoir à la loi, s'assortissent de contrainte »[38]. Par la suite, la philosophie allemande et la théorie du droit allemande qui partageaient souvent la même mystique de l'État ont insisté sur l'idée que pour être respectée, la règle de droit devait être assortie d'une forme de contrainte[39]. Ainsi Jhering écrit : « Une règle de droit dépourvue de contrainte juridique est un non-sens : c'est un feu qui ne brûle pas, un flambeau qui n'éclaire pas »[40].

Cette conception du droit comme contrainte a eu pour conséquence qu'une place éminente était conférée au droit pénal considéré comme le droit qui « communique la force à tout le système juridique »[41]. De cette conception découle l'idée que la sanction doit être conçue comme l'instrument de contrainte prévue par la loi pour assurer l'effectivité de la règle de droit ; le caractère essentiel de la règle de droit étant la contrainte, le critère de la règle de droit est la sanction. Cette opinion était partagée, entre autres[42], par Geny[43], et par les grands auteurs lyonnais Roubier[44] et Motulsky[45]. De ce point de vue, le droit

---

38 GOYARD-FABRE (Simone), op. cit. p. 9 et réf. cit.

39 MORAND (Charles-Albert), « La sanction », *Archives de philosophie du droit*, t. 35, 1990, p. 293 et s. et notamment p. 296 et réf.cit.

40 *L'évolution en droit*, (traduction Maresq), Paris, 1901, p. 206-213, cité par Charles-Albert Morand, *art. préc.* p. 295.

41 Pour reprendre l'expression de Jean CARBONNIER (*Sociologie juridique*, Paris, PUF, 1994, p. 325). Cette conception transparaît dans la définition donnée par l'édition 2004 du dictionnaire Capitant, la première définition correspondant à une définition de la sanction pénale. Elle apparaît aussi dans la présentation du thème de ce colloque par ses organisateurs (« quel est le fondement et la légitimité du droit de punir » qui accordent une place centrale au droit pénal.

42 Voir les références citées par Charles-Albert MORAND, *art. préc.*, note 39.

43 GENY (François), *Science et technique en droit privé positif*, Paris, Sirey, 1913, t. I, Paris n° 16 : « De toutes les normes précédentes, celles, qui constituent le droit, se distinguent nettement, en ce que les préceptes, qui les contiennent, sont susceptibles d'une sanction extérieure, au besoin coercitive, émanant de l'autorité sociale, et obtiennent ou tendent à recevoir cette sanction ». Dans ses Ultima verba (1950), Geny écrit même : « la règle juridique ne sera parfaite que si elle est assurée de sanction coercitive. La règle posée sera d'autant plus parfaite que sa sanction par la force sera mieux assurée » (cité par RIPERT (Georges), *Les forces créatrices du Droit*, Paris LGDJ, 2ème éd. 1955, p. 77.

44 ROUBIER (Paul), *Théorie générale du droit*, Paris, Sirey, 2ème édition, 1951, n° 5 : « Le caractère coercitif de la règle de droit se déduit très logiquement du fait qu'elle est une règle de discipline des intérêts à l'intérieur d'une société : elle délimite les sphères de pouvoir de chacun vis-à-vis d'autrui, et la conséquence est que si l'un empiète sur la sphère de pouvoir de l'autre, ce dernier doit pouvoir le repousser ». Et il ajoute : « (...) la possibilité d'une sanction judiciaire fait partie intégrante de la règle de droit » (ibid.).

international public apparaît comme un droit imparfait parce que dépourvu de sanctions suffisantes. En revanche, le droit privé est considéré comme un droit achevé[46], même si certaines de ses règles sont imparfaitement sanctionnées : tel est le cas de l'obligation naturelle[47].

Cette conception a peut-être connu son expression la plus achevée dans l'œuvre de Hans Kelsen. Cet auteur accorde une grande place à la sanction dans son système[48]. Il écrit dans son dernier ouvrage, la *Théorie générale des normes,* en prenant les exemples du vol et du prêt : « La formulation expresse de la norme interdisant le vol et commandant le remboursement du prêt obtenu, qui est la norme qui prescrit le comportement évitant la sanction, est en réalité *superflue* car elle est (...) *implicite*[49] dans la norme statuant la sanction. La norme statuant un acte de contrainte comme sanction apparaît donc comme la norme primaire et la norme implicite (qui en fait n'est pas du tout formulée et qui n'a pas besoin de l'être expressément) apparaît comme la norme secondaire. Cela

---

[45] *Principes d'une réalisation méthodique du droit privé (la théorie des éléments générateurs des droits subjectifs)*, thèse, Lyon, 1948. Motulsky dont la thèse a été dirigée par Roubier, se réfère à celui-ci lorsqu'il affirme (p. 14) : « Le but social du Droit ne peut, en l'état actuel de l'évolution humaine, être atteint que par la force. « La règle de Droit a donc un caractère nécessairement coercitif ; elle implique une sanction au moins virtuelle, et, par sa nature sociale, une sanction externe. Elle comporte, autrement dit, l'intervention possible de la contrainte sociale ». le respect de la règle de droit peut être assuré par la mise en mouvement de l'appareil de la puissance publique « qui assure la sanction des règles de droit » (ibid.).

[46] Au sens où l'entend Roubier. Celui-ci affirme (op. cit. n° 5). « pour définir le droit, il faut choisir les réalisations juridiques les plus achevées, et construire la définition sur cette base » et il suffit « ensuite d'indiquer qu'il existe certains types de règles que tout le monde s'accorde à regarder comme imparfaites et que d'ailleurs, on cherche à perfectionner ». Il ajoutait : « nous estimons que les jurisconsultes du droit public ont abouti à troubler les notions les plus simples parce qu'ils négligeaient entièrement les aspects classiques du droit auxquels correspond le droit privé ».

[47] Sur l'obligation naturelle, voir TERRE (François), *Introduction générale au droit*, Dalloz, 6ème édition, 2003, n° 16 et s., n° 31, n° 575.

[48] Il caractérise ainsi la sanction dans sa *Théorie pure du droit*, 2ème édition, (traduction par Charles Einsenmann), Bruxelles (Bruylant) Paris (LGDJ), 1999, p. 43 : En tant que les actes de contrainte institués par l'ordre juridique apparaissent comme la réaction à un certain comportement humain par lui défini, ces actes de contrainte ont le caractère de sanctions, et la conduite humaine contre laquelle ils sont dirigés dans chaque cas a le caractère de conduite défendue, contraire au droit, le caractère de « délit » ou d' « infraction ». Voir aussi p. 117 et s.

[49] Mots soulignés par l'auteur.

révèle le rôle décisif que joue la sanction qui consiste dans un acte de contrainte dans le droit en tant *qu'ordre de contrainte* »[50].

Cependant, l'idée communément admise dans la première moitié du siècle selon laquelle la sanction était le critère de la règle de droit a été remise en cause après la seconde guerre mondiale, à un moment où l'on admettait, au moins dans les droits occidentaux, qu'il fallait limiter la puissance de l'État tout en lui affectant de nouvelles missions[51], à un moment de crise de la loi[52], à un moment où le droit a été moins pensé comme un système reposant sur la contrainte[53]. Ces critiques, qui ont permis d'affiner la notion de sanction, ont été formulées en particulier par Herbert Hart en Angleterre et par Michel Virally en France.
Herbert Hart observe notamment qu'« il existe des catégories importantes de règles de droit pour lesquelles cette analogie avec des ordres appuyés de menaces fait entièrement défaut, étant donné qu'elles remplissent une fonction sociale tout à fait différente » et il prend l'exemple du testament[54]. Les règles de cette institution « procurent plutôt aux individus les *moyens*[55]de réaliser leurs intentions, en leur conférant le pouvoir juridique de créer, par le biais de procédures déterminées et moyennant certaines conditions, des structures de droits et de devoirs dans les limites de l'appareil coercitif du droit »[56]. Herbert Hart relève par ailleurs qu'il existe complémentairement à des règles qui prévoient des sanctions, qu'il appelle primaires, des règles secondaires, notamment des règles de reconnaissance qui habilitent les tribunaux à

---

50 *Théorie générale des normes*, 1979, (traduction par Olivier Beaud et Fabrice Malkani), PUF, 1996, p. 189.
51 Cf. MORAND (Charles-Albert), art. préc. p. 298.
52 Cf. TERRE (François), « La crise de la loi », *Archives de philosophie du droit*, t. 25, 1980, p. 18 et s. et notamment p. 20 et s. où l'auteur relève une crise de la volonté du législateur. Sur les manifestations récentes de cette crise, voir POMART (Cathy), « Les dispositions légales non-normatives, une invitation à penser la normativité en termes de *continuum », Revue de la recherche juridique, droit prospectif*, 2004-3, p. 1679 et s..
53 Ce changement de point de vue peut être également observé en droit canonique. L'école dite de la communion a développé une vision d'une Église peuple de Dieu qu'elle cherchait à substituer à celle d'une Église hiérarchisée telle qu'elle transparaissait dans le code de 1917 : voir VALDRINI (Patrick), DURAND (Jean-Paul), ECHAPPE (Olivier), VERNAY (Jacques*), Droit canonique*, Paris, Dalloz, 2e éd. 1999, n° 592.
54 HART (Herbert L.A.), *Le concept de droit*, (traduction par Michel Van der Kerchove et Joëlle van Drooghenbroeck), Bruxelles, Publications des facultés universitaires Saint-Louis, 1976, p. 43 et s..
55 Souligné par l'auteur.
56 Ibidem.

estimer si des règles primaires ont été violées[57]. Il observe que le « but assigné aux règles qui confèrent de tels pouvoirs en effet n'est pas d'empêcher les juges de commettre des irrégularités, mais de définir les conditions et les limites dans lesquelles les décisions du tribunal seront valides »[58].
Quant à Michel Virally, il remarque que la sanction n'entretient que des rapports distendus avec la contrainte. Prenant l'exemple de l'obligation civile, il observe que la sanction (condamnation à des dommages et intérêts, remise des choses en l'état) n'est pas un acte de contrainte mais est elle-même une obligation juridique. La contrainte n'apparaît qu'à une étape ultérieure sous la forme d'une exécution forcée[59]. Il en déduit qu'on ne peut confondre exécution et sanction sans abus de langage[60]. Il note aussi qu'il peut y avoir des sanctions qui ne nécessitent pas de recours à la contrainte (exception *non adimpleti contractus*) et qu'il peut y avoir recours à la contrainte indépendamment de toute idée de sanction (mesures destinées à prévenir la violation d'une obligation)[61].

La discussion sur le point de savoir si la sanction peut être considérée comme critère de la règle de droit a permis d'établir que la sanction, en tant que conséquence attachée à l'inexécution d'un acte, ne saurait servir de critère de la règle de droit parce qu'il existe des règles qui ne sont pas à proprement parler sanctionnées et que chacun s'attache à considérer pourtant comme juridiques. Ce débat a aussi mis en évidence que la sanction constitue elle-même une règle juridique[62]. Dans une approche renouvelée de la question, un auteur contemporain a pu affirmer qu'il

---

57 *Le concept de droit*, op. cit. p. 46 et s. p. 120 et s., p. 127 et s.
58 *Le concept de droit*, op. cit. p. 47.
59 VIRALLY (Michel), *La pensée juridique*, éditions Panthéon-Assas, L.G.D.J., E.J.A. Paris, 1998, p. 69. Cet auteur ajoute : « Les choses ne vont pas autrement, si on considère l'obligation pénale. Le processus que nous avons décrit est seulement simplifié et le recours à la contrainte habituellement rapproché » (ibidem).
60 Ibidem.
61 *La pensée juridique*, op.cit., p. 70.
62 Cf. LAQUIEZE (Alain), *v°* Sanction dans ALLAND (Denis) et RIALS (Stéphane), *Dictionnaire de la culture juridique*, Paris, PUF, Lamy, 2003. La sanction étant elle-même une règle juridique, elle doit être conforme aux normes qui lui sont supérieures. Ainsi la peine doit être proportionnelle à l'infraction (sur le développement du principe de proportionnalité, voir CHAVENT (Anne-Sophie), *La proportionnalité et le droit pénal général*, thèse, Lyon III, 2002).
On peut aussi s'interroger sur la conformité des modalités réelles d'exécution des peines de prison en France avec les règles supérieures que sont les droits de l'homme tels qu'ils sont déclarés dans différentes conventions auxquelles la France a souscrit.

s'agissait d'une sorte de tarif inhérent à une norme juridique et appliqué par le juge[63].

Incidemment ce débat a contribué à montrer que le système juridique n'est pas homogène puisqu'il est aussi constitué par des règles dépourvues de sanction. Se pose alors la question de savoir si le droit peut exister sans sanction, autrement dit si la sanction a toujours été - partout été - une condition d'effectivité du droit ?

La réponse à une question aussi générale suppose que l'on adopte un regard d'anthropologue englobant dans son champ d'investigation non seulement les sociétés dites européennes mais aussi les autres afin de « formuler un système acceptable, aussi bien pour le plus lointain indigène que pour ses propres concitoyens ou contemporains »[64]. On ajoutera que la réponse à cette question dépend beaucoup de la définition que l'on donne au mot droit.

Si l'on pose en postulat une définition selon laquelle le droit consiste « dans l'intervention de la société en tant que telle dans la mise en œuvre de la contrainte, avec, entre autres, ce résultat que si cette mise en œuvre a pour effet un dommage pour celui auquel elle s'applique, celui-ci ne sera pas fondé à en demander réparation »[65], on peut admettre que le droit ne peut pas exister sans sanction.

Mais il existe tout un courant doctrinal contemporain, alimenté par des observations ethnologiques et renforcé par l'influence de la *common law* qui considère que le critère du juridique n'est pas tant la contrainte sociale qui se manifeste au travers de sanctions que la justiciabilité : ne sont juridiques que les règles qui peuvent éventuellement donner lieu à un jugement. Le droit consisterait donc en un ensemble de règles sociales susceptibles d'être employées par un organe de jugement[66]. En adoptant cette conception, on pourrait considérer que le droit pourrait exister sans sanction.

---

63 JESTAZ (Philippe), « La sanction ou l'inconnue du droit », *D.* 1986, chron. p. 197. Voir aussi les observations d'Antoine Jeammaud, « La règle de droit comme modèle », *D.* 1990, p. 199 et s. et notamment p. 208.

64 LEVY-STRAUSS (Claude), *Anthropologie structurale*, Paris, Plon, 1958, p. 396-397.

65 VANDERLINDEN (Jacques), « Au côté de Michel Alliot sur la pente savonneuse de la définition des droits », dans *Un passeur entre les mondes, Le livre des Anthropologues du Droit disciples et amis du Recteur Michel Alliot*, Publications de la Sorbonne, 2000, p. 97. L'auteur ajoute que « L'intervention du corps social constitué « légitimise » la contrainte, la fait entrer dans le champ du droit ».

66 Voir LEBEN (Charles), « Droit : quelque chose qui n'est pas étranger à la justice », *Droits* n° 11, 1990, p. 31 et s.). Cet auteur fonde en grande partie son opinion sur *l'Esquisse d'une phénoménologie du droit* d'Alexandre Kojève. Sur l'apport de l'ethnologie, voir ASSIER-ANDRIEU (Louis), *Le droit dans les sociétés humaines*, Nathan, 1996, p. 60.

Toutefois, à la suite du doyen Carbonnier, on peut se demander quelle peut être l'effectivité de la décision prise par le tiers, qu'il soit juge d'État ou simple arbitre si elle n'est pas appuyée par la contrainte[67]. La sanction comme modalité de la contrainte sociale semble donc indispensable au droit et il semble bien que le droit ne peut exister sans sanction. Cependant, deux remarques doivent être faites : si le droit ne peut exister sans sanction, la sanction n'est pas une condition suffisante d'effectivité du droit et l'adhésion des membres de la société considérée à ses règles qui le constituent est tout aussi nécessaire ; on peut même considérer que « l'une des conditions d'efficacité de la contrainte, c'est justement que l'exécution volontaire soit l'habitude, et le recours à la contrainte l'exception »[68]. Par ailleurs de nombreux groupements humains privilégient d'autres modes de règlement des conflits que le prononcé d'une sanction par un juge et ne recourent à la sanction que rarement. D'après les recherches des anthropologues, l'importance de la sanction varie en fonction non pas de l'évolution des sociétés – car cette conception d'une évolution, au moins d'une évolution unilinéaire des sociétés est aujourd'hui rejetée comme européocentriste[69] - mais des structures mêmes de celles-ci[70]. La sanction comme conséquence attachée au respect ou à la violation d'une règle juridique serait davantage utilisée dans les sociétés où le droit est spécifié par rapport à la morale et à la religion, où le droit est formulé par une autorité publique distincte du groupe social, où les conflits sont réglés grâce à l'intervention d'un tiers. Cependant des sanctions sont sans doute nécessaires parce qu'il existe dans toutes les sociétés des comportements déviants[71] qui mettent en péril l'ordre social et qu'il importe de les redresser par différents moyens. De ce point de vue, l'impératif de préservation de la société constituerait le fondement[72] du droit de punir, la punition étant la sanction utilisée par le droit pénal qui défend l'ordre essentiel d'une société[73].

---

67 CARBONNIER (Jean), *Sociologie juridique*, PUF, 1994, p. 321.

68 DABIN (Jean), *La philosophie de l'ordre juridique positif*, Paris, 1929, n° 54 cité par ROUBIER (Paul), *Théorie générale du droit*, op. cit. n° 5.

69 Cf. ROULAND (Norbert), *Anthropologie juridique*, Paris, PUF, 1988, n° 36.

70 Cf. ASSIER-ANDRIEU (Louis), op. cit. pp. 171 et s.

71 Sur le fondement du droit de punir dans la société particulière de l'Église catholique, voir VALDRINI (Patrick), DURAND (Jean-Paul), ECHAPPE (Olivier), VERNAY (Jacques), *Droit canonique*, Paris, Dalloz, 2e éd. 1999, n° 590 et s.

72 Le mot fondement étant ici entendu au sens de « ce qui donne à quelque chose son existence ou sa raison d'être » : cf. LALANDE (André), *Vocabulaire technique et critique de la philosophie*, Paris, PUF, 2002, *v°* fondement.

73 Cf. l'observation d'Edmond SALEILLES (*L'individualisation de la peine*, Paris, Alcan 3e, 1927), p. 51 : « cette question du droit de punir, que l'histoire et la sociologie expliquent

Si l'on peut considérer que l'impératif du maintien de la cohésion sociale et la survie de la société constituent le fondement objectif du droit de punir, la légitimité du droit de punir, qui renvoie à l'idée de l'existence d'un ordre supérieur de règles ou de valeurs relève davantage de la croyance et dépend de la religion ou de l'idéologie qui cimente la société. Cette question de la légitimité est agitée depuis les origines de la civilisation occidentale : dans la tragédie d'Antigone, l'ordre de Créon n'est pas légitime car il n'est pas conforme aux lois naturelles qui ordonnent d'enterrer les morts.
Dans les sociétés théocratiques, le droit de punir découle de la religion. Ainsi, dans l'ancien droit français, le roi tenait ses pouvoirs de Dieu et en particulier son pouvoir de justice, donc son droit de punir, qu'il pouvait déléguer à ses juges.
Il a fallu trouver une nouvelle légitimité dans les sociétés où le droit a été laïcisé, ou au moins partiellement laïcisé, ce qui a été le cas à partir du dix-septième siècle en Europe occidentale, au fur et à mesure que triomphaient les thèses du droit naturel moderne. Le droit de punir a été alors légitimé par les théories du contrat social[74]. Par le contrat social, les hommes délèguent le soin de les gouverner et donc éventuellement de punir, selon des modalités diverses qui varient selon les auteurs. Plus tard, au dix-neuvième siècle, la fin que constituait l'État aux yeux de bien des philosophes allemands a pu justifier la légitimité du droit de punir conféré à ses organes. Les excès auxquels ont mené les théories de la toute-puissance de l'État ont conduit à leur désaffection au moins en Europe occidentale et expliquent l'importance sans cesse plus grande conférée aux droits de l'homme[75].

---

si simplement comme l'une des fonctions inhérentes à la vie en toute société, est au contraire l'une des plus insolubles au point de vue philosophique, qui part de la théorie purement individualiste, ce qui était le cas pour Rousseau et les encyclopédistes ». Anne-Sophie CHAMBOST met en exergue cette phrase dans sa thèse (*La pensée juridique de Pierre-Joseph PROUDHON, Un anarchiste et le droit,* Lyon III, 2000, t. 2, p. 375), pour montrer, *a fortiori*, comme il pouvait être difficile pour cet auteur, qui était un anarchiste, de fonder le droit de punir.

74 Notamment dans le *Contrat social* de Jean-Jacques Rousseau (livre deux, chapitre trois). Voir aussi les auteurs cités par Yvonne BONGERT, « Le juste et l'utile dans la doctrine pénale de l'ancien régime », *Archives de philosophie du droit*, t. 27, p. 291 et s. et notamment p. 327.

75 L'importance donnée au consentement à la sanction, en particulier à la sanction pénale en serait une manifestation : Voir PIN (Xavier), *Le consentement en matière pénale*, Paris, LGDJ, 2002, p. 328-329 : « D'une manière générale, tout le monde s'accorde pour reconnaître que la montée du consentement, au stade de la mise en œuvre de la loi pénale, est un corollaire de l'émergence des droits de l'Homme (...). *Au stade du prononcé*

Cependant, comme on l'a dit, il entre pour une bonne part de subjectivité dans cette notion de légitimité. Cette dimension de la légitimité explique notamment pourquoi, lors des crises politiques, la légitimité du droit de punir est remise en cause par les opposants au régime lors des procès qui leur sont intentés par le pouvoir en place. Leurs avocats recourent souvent à des défenses dites de rupture qui consistent à remettre en cause la légitimité du droit de punir des juges, comme ce fut le cas notamment pendant la guerre d'Algérie.

En définitive, on peut dire que si la sanction ne peut être considérée comme le critère de la règle de droit, le droit au sens de système de règles ne peut exister sans sanction au sens de réaction du corps social à un comportement déviant qui met en péril la cohérence ou la survie d'un groupe. L'importance de la sanction comme mode de régulation par rapport à d'autres dépend des structures de la société.
Ses formes et ses fonctions aussi.

III Même s'il existe comme l'observe Henri Motulski beaucoup plus de « présuppositions », de prescriptions de comportement que « d'effets juridiques »[76] autrement dit de sanctions, ces dernières étant souvent identiques pour plusieurs prescriptions différentes, faire l'inventaire complet des formes de sanctions relève de la gageure. De surcroît, on peut considérer que l'univers des sanctions est en expansion continue. L'une des manifestations les plus marquantes de ce phénomène réside dans la liste non limitative des sanctions contenues dans l'article 41 de la charte des nations unies qui donne l'opportunité au Conseil de sécurité d'imaginer d'autres mesures n'impliquant pas l'emploi de la force armée[77].
Mieux vaut alors essayer d'établir des classifications - sans prétendre une fois encore à l'exhaustivité - chacune d'entre elles permettant de mettre en évidence un aspect de la sanction et éventuellement les structures de régulation d'une société.
On mentionnera deux classifications sans s'y attarder car elles ne présentent qu'un intérêt restreint pour les thèmes de cette journée : la

---

puis de l'application de la peine [mots soulignés par l'auteur], la technique consensuelle faciliterait l'individualisation de la répression ».

76 Op. cit. p. 19.

77 Voir Commission des affaires étrangères de l'Assemblée nationale française, *Les sanctions internationales*, Rapport d'information n° 3203 du 27 juin 2001.

division entre sanctions transcendantes qui sont infligées par la ou les divinités et immanentes qui sont appliquées par les hommes, qu'il faut distinguer des sanctions religieuses et des sanctions laïques toutes deux infligées par des hommes. Ainsi, on peut considérer la dévotion du coupable aux puissances divines qui se pratiquait à Athènes[78] ou à Rome[79] comme une sanction religieuse.

Une autre distinction peut être établie entre sanction négative et sanction positive, distinction ancienne[80], étudiée dans une période récente par Norberto Bobbio[81]. Alors que la sanction négative vise à corriger des actes déviants, la sanction positive récompense un acte socialement utile. Cette sanction est attribuée en suivant une procédure qui obéit à des règles différentes de celles qui sont utilisées pour infliger une sanction négative[82].

Sans doute faut-il aussi distinguer entre les sanctions infligées par un organe précis – comme un juge - et celles qui n'ont pas besoin d'être prononcées par une instance précise. Dans certaines sociétés, la sanction peut consister en une réprobation collective : le fidéicommis était ainsi sanctionné dans l'ancien droit romain[83]. De manière différente, le droit

---

78 KARABELIAS (E.), « La peine dans Athènes classique », dans La peine, *Recueils de la Société Jean Bodin pour l'histoire comparative des institutions*, (volume LV), Bruxelles, De Boeck Université, p. 77 et s. et notamment p. 78 et s.

79 HUMBERT (Michel), « La peine en droit romain », dans *La peine*, *Recueils de la Société Jean Bodin pour l'histoire comparative des institutions*, (volume LV), Bruxelles, De Boeck Université, p. 137.

80 La notion de sanction positive, autrefois appelée récompense, qui a des origines très anciennes, est notamment étudiée par Jean Bodin dans les six livres de la République (voir « Jean Bodin et le droit pénal », dans *L'œuvre de Jean Bodin*, *Actes du colloque tenu à Lyon à l'occasion du quatrième centenaire de sa mort*, Paris, Honoré Champion, Genève, Slatkine, 2004, p. 101 et s.). Elle l'a été aussi par Bentham, qui a influencé le droit pénal de la Révolution française dans son *Traité des peines et des récompenses* (voir notamment *Théorie des peines et des récompenses, ouvrage extrait des manuscrits de M. Jérémie BENTHAM, jurisconsulte anglais,* Paris-Londres, Bossange et Masson, 1818).

81 BOBBIO (Norberto), « Les sanctions positives », dans *Essais de théorie du droit*, (traduction par Michel Guéret avec la collaboration de Christophe Agostini), Bruxelles, Bruylant, Paris, LGDJ, p. 175 et s. Voir aussi les observations de Jean CARBONNIER (*Sociologie juridique*, op. cit. p. 330).

82 Jean Bodin expliquait cette procédure d'attribution différente par le fait qu'il fallait que le Prince attribue lui-même les faveurs de ses sujets et qu'il laisse le soin d'infliger des peines à ses juges (*République*, IV, 6 et *art. préc.* p. 107). Aujourd'hui, on expliquerait sans doute davantage le respect d'une procédure par la nécessité de garantir les droits de la personne poursuivie. Toutefois, une sanction positive est souvent attribuée en respectant une procédure qui permet de la présenter comme juste.

83 LEVY (Jean-Philippe) et CASTALDO (André), *Histoire du droit civil*, Paris, Dalloz, 2002, n° 923.

canonique prévoit des sanctions qui s'appliquent sans que l'intervention d'un juge soit nécessaire[84].
Une autre distinction peut encore être faite entre sanctions flexibles confiées à l'appréciation du juge et les sanctions fixes déterminées par la loi. Les premières seraient largement utilisées dans les sociétés où les instances de régulation cherchent avant tout l'harmonie sociale[85]. Cette distinction entre peines légales et peines flexibles existait aussi dans l'ancien droit. Les sanctions flexibles ont été utilisées par les juges d'ancien régime qui cherchaient à arbitrer la peine en fonction des circonstances de la cause[86]. Cette distinction entre peines déterminées et indéterminées est présente également en droit canonique[87]. Dans les sociétés occidentales, les sanctions fixes peuvent correspondre à un régime politique[88], ou au moins à un principe politique (ainsi la recherche de l'égalité sous la Révolution française), à la prééminence d'une source du droit sur d'autres[89] ou encore, plus pragmatiquement, à la volonté de limiter les pouvoirs du juge[90]. Cependant, il est sans doute illusoire de vouloir contraindre le juge à appliquer une peine fixe, au moins en matière pénale. L'expérience de la Révolution française le montre bien : le principe de fixité des sanctions tel qu'il était posé en particulier dans le Code pénal de 1791 ne permettait pas de déterminer une sanction juste aux yeux du jury et il a fallu donner une nouvelle flexibilité à la sanction en individualisant les peines[91].
Une autre classification, peut-être plus habituelle, consiste à distinguer entre sanctions matérielles, morales ou corporelles. Les sanctions matérielles peuvent consister en des moyens de contraindre le récalcitrant à exécuter ce qu'il doit. Tel est le cas de la voie d'exécution

---

[84] VALDRINI (Patrick) et *alii*, *Droit canonique*, op. cit. n° 615.

[85] ROULAND (Norbert), *Anthropologie juridique*, Paris, PUF, 1988, n° 86.

[86] BONGERT (Yvonne), *art.préc.* pp. 312 et s. Voir aussi, SCHNAPPER (Bernard), « Les peines arbitraires du XIIIe au XVIIIe siècle (doctrines savantes et usages français) », *Tijdschrift voor Rechtsgeschiedenis* 1973 p. 237 et s. et 1974 p. 81 et s.

[87] VALDRINI (Patrick) et *alii*, *Droit canonique*, op. cit. n° 613.

[88] Cf. MONTESQUIEU, *De l'esprit des lois*, livre XI, chapitre 6.

[89] Dès l'antiquité grecque, la loi a été présentée comme permettant l'isonomie, l'égalité devant la loi (voir ROMILLY (Jacqueline de), *La loi dans la pensée grecque*, Les Belles-lettres, 2e édition, 2001 notamment p. 147-148) et par conséquent devant la sanction.

[90] CARBASSE (Jean-Marie), *Histoire du droit pénal* n° 218

[91] CARBASSE (Jean-Marie), *Histoire du droit pénal*, n° 244. Voir aussi les observations de Frédéric ROUVILLOIS, *Le droit*, Paris Flammarion, 1999, p. 41).

ou des astreintes en matière civile[92]. Elles peuvent consister aussi en la remise en l'état initial ou dans le versement de dommages-intérêts.
On a pu relever que les sanctions avaient un caractère plus matériel lorsque des intérêts individuels étaient en cause[93]. En revanche, la sanction visant à garantir plus directement une règle d'intérêt général est plus facilement morale (un blâme, par exemple), particulièrement efficace dans une société restreinte, ou encore une sanction corporelle, utilisée en cas d'inexécution d'une sanction matérielle ou en cas d'atteinte aux valeurs essentielles d'une société[94]. La peine peut consister à l'extrême en une mise à mort.
Enfin, dans nos sociétés occidentales, nous distinguons entre plusieurs catégories de sanctions en fonction de chaque discipline juridique, qui suivent chacune un régime particulier : sanctions civiles, sanctions pénales, sanctions administratives, sanctions de droit international.
Parmi ces sanctions sans doute faut-il distinguer entre la sanction de la violation d'un droit et la sanction d'un acte juridique irrégulier (nullité, inexistence, inopposabilité) qui « tend à satisfaire, à la source pourrait-on dire, le respect des prérogatives de chacun »[95].

Le législateur dispose ainsi de toute une palette de sanctions qu'il choisit et associe éventuellement en fonction de l'efficacité supposée de telle ou telle d'entre elles[96] en prenant soin de ne pas disproportionner la sanction car elle risquerait alors de ne pas être appliquée[97]. Cependant ce choix entre les peines appartenant à ces diverses catégories n'est pas neutre. Il est la traduction d'une option de politique législative[98] et révèle l'esprit d'un droit.

---

92 Cf. TERRE (François), *Introduction au droit*, Dalloz, 6e édition, 2003, n° 579 et suivants.

93 ROULAND (Norbert), *Anthropologie juridique*, PUF, 1988, n° 168.

94 Cf. ROULAND, ibidem.

95 TERRE (François), *Introduction au droit*, Dalloz, 6ème édition, 2003, n° 578.

96 Cf. en droit interne, BERGEAL (Catherine), *Rédiger un texte normatif*, Paris, Berger-Levrault, 5e édition, 2004, n° 134 et s. Dans un autre domaine, en droit international, on rappellera que le 17 avril 2000, les membres du conseil de sécurité de l'ONU ont créé un groupe de travail sur les questions générales relatives aux sanctions qu'ils ont chargé de formuler des recommandations d'ordre général sur les moyens de rendre les sanctions de l'ONU plus efficaces (S/2000/319).

97 Cf. MONTESQUIEU *De l'esprit des lois*, livre VI, chapitres12 et suivants.

98 Cf. VAN DER KERCHOVE (Michel), *Le droit sans peines, aspects de la dépénalisation en Belgique et aux États-Unis*, Bruxelles, Publications les Facultés universitaires Saint-Louis, 1987. Voir aussi les observations de Michel DEGOFFE, *Droit de la sanction non pénale*,

Ces différentes formes de sanctions sont commandées par des fonctions. Il existe en effet, au-delà de la fonction première de la sanction qui est d'assurer l'effectivité d'une règle juridique ce qu'on pourrait appeler des fonctions secondes qui sont souvent associées dans une même sanction. Une fois encore, on ne prétendra pas être exhaustif. La fonction de prévention semble être commune à toutes les sanctions : l'existence d'une sanction, quelle que soit sa modalité, dissuade l'individu de violer la règle. Cela dit, il existe des fonctions qui ne sont pas communes à toutes les sanctions. La fonction de purification peut être observée dans les sociétés où le religieux et le juridique ne sont pas spécifiés. Elle est utilisée dans les litiges opposant deux individus d'un même groupe mais peut aussi être employée dans d'autres cas, en particulier lorsque l'ordre cosmique a été troublé par une infraction[99]. Cette purification subsiste encore dans la fonction d'expiation. Expier, au sens premier du terme, c'est purifier par des sacrifices[100]. Cette origine religieuse explique peut-être pourquoi le droit moderne tend à l'évacuer[101].
Si l'on s'en tient aux sanctions humaines, la fonction la plus commune de la sanction semble être le rétablissement d'une harmonie qui a été rompue. La vengeance elle-même aurait pour fonction de restaurer une forme d'équilibre entre la victime et l'agresseur[102]. Ce rétablissement peut se manifester de bien des manières. Il peut consister en une remise en l'état antérieur. Il peut se traduire, lorsque la remise en l'état n'est pas possible, par une compensation. Dans certaines sociétés, le meurtrier prend la place de la victime dans son groupe familial, s'occupe de sa

---

Paris, Economica, 2000, n° 5 et s. et de Wilfrid JEANDIDIER, « L'art de dépénaliser, l'exemple du droit des sociétés », *Mélanges Aubert*, Dalloz, 2005, p. 449 et s.

99 ROULAND (Norbert), *Anthropologie juridique*, op. cit. n° 191. Voir aussi KARABELIAS, *art. préc.* p. 79, et HUMBERT, *art. préc.* p. 138.

100 *Dictionnaire Gaffiot, vis expio et pio.*

101 Voir en ce sens LAINGUI (André), « La sanction pénale dans le droit français des XVIIIe et XIXe siècles », dans *La peine, Recueils de la Société Jean Bodin pour l'histoire comparative des institutions* (volume LVII), Bruxelles, De Boeck Université, p. 161 et s. et notamment p. 170.

102 VERDIER (Raymond), « Les systèmes de sanctions dans les droits traditionnels d'Afrique noire », dans *La peine, Recueils de la Société Jean Bodin pour l'histoire comparative des institutions* (volume LVIII), Bruxelles, De Boeck Université, p. 40 : « (...) la sanction vindicatoire présente la double particularité d'être une sanction intergroupale et de tendre essentiellement à la restauration de la situation initiale ». Voir aussi PIERI (Georges), « Remarques sur la peine dans la mythologie grecque », *Archives de philosophie du droit*, t. 28, 1983, p. 68-69. Cet auteur écrit notamment : le paiement en retour qu'exprime la vengeance s'inscrit dans un schéma dynamique, la vengeance rebondit, réalisant ainsi un équilibre des échanges ».

femme et de ses enfants[103]. Cette compensation peut se traduire aussi, plus généralement, par le transfert de biens matériels de l'auteur de l'infraction à la victime, attestée dans les anciens droits grecs et romains[104] ainsi que dans les droits germaniques[105]. Cette fonction est présente encore dans les droits contemporains (remise en l'état antérieur, versement de dommages et intérêts).

Une autre fonction de la sanction semble être la réinsertion de l'auteur de la violation de la règle dans le groupe social qui passe par sa rééducation. Cette fonction existe dans des sociétés extra-européennes[106]. Dans les sociétés européennes, elle est apparue au moins dans l'antiquité grecque[107], a été développée avec une dimension religieuse par l'Église, a connu un déclin sous l'ancien régime[108] avant de réapparaître au dix-huitième siècle[109] et connaître un développement important dans l'école de la défense sociale nouvelle[110].

L'essor d'un pouvoir fort dans certaines sociétés a semblé entraîner l'apparition d'une autre fonction de la sanction : la fonction punitive. La sanction aurait ainsi pour fonction d'asseoir un pouvoir, un ordre politique et social et de prévenir toute atteinte à celui-ci par

---

103 ROULAND (Norbert), *Anthropologie juridique*, op. cit. n° 85.

104 HUMBERT (Michel), art. préc. p. 139.

105 CARBASSE (Jean-Marie), *La peine en droit français des origines au XVIIe siècle*, *Recueils de la Société Jean Bodin pour l'histoire comparative des institutions*, (volume LVI), Bruxelles, De Boeck Université, p. 157 et s. et notamment p. 158.

106 Lors d'une conférence donnée à Lyon, Jacques Vanderlinden a évoqué une sanction existant chez certains peuples autochtones d'Amérique du Nord qui consiste à isoler de la société les coupables d'une infraction en leur donnant simplement les instruments nécessaires pour subvenir à leurs besoins essentiels. Cette sanction a sans doute pour fin de faire percevoir aux auteurs d'une infraction les bienfaits de la vie en société et de favoriser leur réinsertion. Lors d'une affaire pénale récente impliquant des membres d'un peuple autochtone, des représentants de ce peuple avaient demandé à ce que soit appliquée cette sanction plutôt que la prison qui risquait de corrompre définitivement les coupables. Jacques Vanderlinden regrettait que l'expérience ait été faussée par la publicité donnée à l'affaire. On serait tenté d'ajouter que l'application d'une telle sanction serait sans doute plus rigoureuse pour des individus accoutumés aux facilités matérielles offertes par la civilisation occidentale.

107 Platon imaginait un *sophronisterion* dans *Les lois* (5, 9, 10) qui aurait permis la rééducation du coupable.

108 Cf. BONGERT (Yvonne), « Le juste et l'utile dans la doctrine pénale de l'ancien régime », *Archives de philosophie du droit*, t. 27, 1982, p. 323.

109 MARTINAGE (Renée), *Histoire du droit pénal en Europe*, PUF, ,1998, p. 49 et s. Voir aussi, du même auteur, « Les origines de la pénologie dans le code pénal de 1791 », *in La Révolution et l'ordre juridique privé, rationalité ou scandale* Actes du colloque d'Orléans (1986), CNRS, PUF, 1988, p. 15 et s. et notamment p. 20 et s.

110 Cf. ANCEL (Marc) *La défense sociale*, PUF, 2e édition, 1989, p. 76 et s.

l'intimidation. On a pu ainsi remarquer que les châtiments imposés par les monarchies européennes étaient plus durs à la fin du seizième siècle et au début du dix-septième siècle au moment où elles s'affirmaient[111].
On distinguera une dernière fonction attachée à certaines sanctions qui est de contraindre une personne à exécuter ce qu'elle doit par différents moyens. Mais, comme l'observe un auteur, « le libéralisme de notre société limite le recours à la force dans des conditions qui varient selon les obligations dont il s'agit d'assurer l'exécution »[112].

En dernière analyse, la polysémie du mot sanction, le polymorphisme de ses manifestations, l'hétérogénéité de ses fonctions pourraient conduire à se demander si la notion de sanction présente un grand intérêt. L'auteur d'un article de référence sur la notion de sanction, Charles-André Morand, parvient à la conclusion que le terme de sanction est ambigu et inutile[113]. Faut-il se ranger à cette opinion et, par conséquent, clore ce colloque juste après l'avoir ouvert ?
Il semble que la sanction puisse être observée d'un autre point de vue. Il faut revenir à l'origine de la notion et l'étudier comme un instrument de légistique. Si l'on veut bien la considérer comme un moyen technique utilisé par le pouvoir normatif pour imposer la règle qu'il édicte, la notion de sanction conserve toute son utilité : il s'agit de déterminer les mesures qui permettront d'assurer au mieux l'effectivité de la règle de droit que ce pouvoir veut imposer. Plus généralement, la diversité des manifestations de la sanction montre qu'elle constitue un moyen irremplaçable de réalisation du droit qui est, comme l'affirme Jhering, « la vie et la vérité du Droit »[114].

---

111 MARTINAGE (Renée) *Histoire du droit pénal en Europe*, PUF, 1998, p. 20 et s.

112 TERRE (François), op. cit. n° 580. Voir aussi les observations de Jean CARBONNIER, *Sociologie juridique*, op. cit. p. 325 et p. 410.

113 MORAND (Charles-Albert), *art. préc. in fine.*

114 *L'esprit du droit romain dans les diverses phases de son développement* (traduction par O. de Meulaneuere), 3e édition 1886-1888, réimpression *Forni editore*, Bologna, vol. 2 t. 3, § 43, p. 16.

Première partie :

Les fondements et les définitions de la sanction

Introduction

André VARINARD
Recteur, Professeur à l'Université Jean Moulin Lyon 3

Comme on le sait, la sanction est de l'essence même de la règle de droit mais elle présente en droit pénal un caractère tout à fait spécifique. Contrairement à l'objet de la sanction civile, au sens large, qui est de faire exécuter une règle de droit, la sanction pénale, au moins dans son acception initiale, vise la personne directement. Celui qui a réalisé un acte contraire à la norme pénale, qu'il ait transgressé un interdit ou qu'il se soit abstenu de faire ce qui était exigé, va se voir infliger un mal, une punition. Est-ce à dire pour autant que la rétribution soit la seule finalité de la sanction ? On sait bien qu'il n'en est rien, l'objectif essentiel restant la correction, l'amendement du coupable.

Il résulte de cette caractéristique particulière de la sanction pénale, que le droit criminel joue un rôle très original puisqu'il n'intervient que lorsqu'on estime que les sanctions non répressives seraient insuffisantes. Le droit pénal est un droit sanctionnateur au service des autres disciplines. En réalité c'est un droit sanctionnateur au deuxième degré et selon l'heureuse expression de Messieurs Merle et Vitu c'est « le gendarme du droit ». D'ailleurs la sanction pénale n'est-elle pas l'unique moyen de caractériser une infraction ? Il faut le rappeler elle seule permet de déterminer avec certitude e domaine du droit pénal.

Le droit de punir ne pouvant appartenir qu'à l'État il en résulte a priori que la sanction pénale ne peut être prononcée que par une juridiction judiciaire à la suite d'une action en justice exercée par un magistrat spécialisé représentant la société toute entière.

Cette conception très stricte et très simple de la sanction pénale correspond-elle au droit répressif actuel ? L'objectif de cette table ronde est évidemment de répondre à cette question.

Pour ce faire, il importe tout d'abord de nous intéresser à la notion de sanction pénale en droit interne. Au-delà de la simplicité apparente de la définition de la sanction qui correspond en réalité à la peine (terme que je n'ai pas utilisé jusqu'alors) n'existe-t-il pas d'autres formes de sanctions pénales ? Qu'en est-il des mesures de sûreté imaginées par la doctrine positiviste qui ne sont pas des peines mais certainement des sanctions et dont l'existence est plutôt clandestine (en ce sens, Jean Pradel). Qu'en est-il des mesures alternatives aux poursuites telles que la composition pénale ou la médiation pénale ?

M. Loïc De Graeve, qu'il convient de remercier chaleureusement, a accepté de se pencher sur cette délicate question bien qu'il n'ait été sollicité que très récemment pour cette intervention. Il va sans doute nous montrer que contrairement aux apparences, il y a une réelle difficulté aujourd'hui, pour délimiter la sanction pénale alors que pourtant l'on reste cantonné dans la sphère répressive.

Mais allons plus loin. Si la sanction pénale reste le signe du droit pénal, il n'est plus évident que toute la politique répressive actuelle de l'État se limite au droit pénal. Il y a actuellement un véritable éclatement du champ répressif et une émergence de sanctions dites non pénales parce qu'elles ne sont pas prononcées par des juridictions répressives, mais qui ressemblent d'assez près à des peines. Est-il normal que des sanctions ayant un caractère punitif évident puissent être prises sans que soient respectés les principes fondamentaux d'un État de droit garantissant les droits de la personne ? Tel est évidemment l'enjeu essentiel de la qualification de sanction à caractère répressif pour une mesure prononcée par une autorité administrative par exemple.

On observera que la multiplication des sanctions, hors du champ pénal, conduit inévitablement à poser le problème de leur cumul éventuel (sanction pénale et administrative par exemple) alors que la règle non bis in idem interdit en principe ce cumul.

L'avènement de sanctions administratives, débouchant sur un véritable droit pénal administratif, devait inévitablement conduire le Conseil constitutionnel à se prononcer sur les conditions de validité de telles sanctions dont le commun dénominateur est qu'elles ont un caractère punitif à l'égal, si l'on peut dire, de la sanction pénale. Nul n'était mieux placé que notre collègue le professeur Degoffe, auteur d'un ouvrage sur le droit de la sanction non pénale, pour traiter de cette question. Il ne suffit pas d'affirmer que les sanctions à caractère punitif doivent se voir appliquer les règles du droit pénal. Il est bien évidemment nécessaire de déterminer, exactement, lesquels de ces principes, doivent à tout prix être respectés : légalité – non rétroactivité – nécessité – droits de la défense – procès équitable. Encore faut-il surtout essayer de définir avec précision la notion de sanction à caractère punitif (la punition). En effet, il paraît, au moins a priori, assez clair que toutes les sanctions administratives ne doivent pas être soumises à l'ensemble des principes du droit pénal. Le critère de la nature de la sanction est assurément essentiel mais M.

Degoffe nous montrera qu'il n'est pas unique. Il nous précisera ensuite les conséquences de cette qualification sur le régime de ces sanctions dont la plus importantes n'est sans doute pas la plus visible, à savoir que le droit de punir n'appartient qu'à l'État qui ne peut pas déléguer ce pouvoir. Sans doute le juge pénal n'a-t-il plus le monopole du pouvoir répressif mais on peut en revanche espérer que le pouvoir d'infliger une sanction punitive doive demeurer une attribution exclusive de l'État.

Jusqu'alors nous n'avons abordé notre problème que dans un cadre hexagonal. Or, nous le savons, aujourd'hui nous ne pouvons plus traiter d'une question pénale sans nous soucier des normes européennes, plus particulièrement des conséquences de l'intégration dans notre droit positif de la Convention européenne des droits de l'homme. En l'occurrence, c'est par le biais de l'article 6 de cette convention, relatif à la nécessité d'un procès équitable, que le problème devait nécessairement se poser. Dès 1976 la Cour européenne des droits de l'homme allait, dans le domaine disciplinaire, affirmer que la nécessité d'un procès équitable n'est pas limitée aux seules sanctions pénales. Ce faisant elle faisait voler en éclat une approche formelle de cette question en estimant que la matière pénale pouvait concerner d'autres accusations, la sévérité de la sanction encourue étant un élément déterminant dans son appréciation. L'idée de base de cette jurisprudence étant évidemment d'éviter que les gouvernements puissent empêcher l'application des règles de la convention, en choisissant d'exclure certaines sanctions de son champ, par une qualification non pénale.

Sur ce thème, on peut considérer que Melle Djoheur Zerouki est particulièrement bien placée pour venir nous préciser comment cette notion de matière pénale permet d'étendre à de sanctions non répressives les garanties, aussi bien procédurales que substantielles, qui traditionnellement ne concernaient que les seules sanctions pénales.

Quel est le domaine exact de cette matière pénale ? Assure-t-elle une véritable protection pour l'ensemble des sanctions qui présentent un caractère punitif ?

Les réponses apportées par la conférencière montreront qu'il y aurait encore de nombreux progrès à faire dans ce domaine. En effet, la distinction entre les sanctions administratives relevant de la matière pénale et les mesures de police administrative y échappant au contraire, ne lui apparaît pas opérationnelle. Une telle position pourra sans nul doute alimenter la discussion. Faut-il étendre les garanties du droit pénal à tous les autres systèmes de sanction ? Ne faudrait-il pas élaborer un véritable standard commun pour toutes les sanctions à caractère punitif ?

Si l'on admet qu'il existe « une matière punitive » ne faut-il pas garantir au citoyen la même protection quelle que soit l'autorité qui a prononcé la sanction ? Peut-on élaborer une véritable théorie de la sanction répressive ? La CEDH peut-elle contribuer à la mise en place de ce concept nonobstant la jurisprudence, relativement chaotique, jusqu'alors produite ?

Telles sont quelques-unes des questions auxquelles les orateurs répondront sans doute mais qui, à défaut, pourraient peut-être servir de base à une discussion à l'issue des interventions des trois conférenciers.

Titre I

Définitions et enjeux de la qualification de sanction à caractère répressif

La sanction en matière pénale

Djoheur ZEROUKI
Maître de conférences à l'Université de Grenoble

L'expression de « matière pénale » vient de la contraction de l'utilisation par l'article 6 de la CEDH de l'expression d'accusation en matière pénale puisque toute procédure qui a pour objet de vérifier « le bien-fondé d'une accusation en matière pénale » est soumise à un ensemble de garanties que l'on désigne sous l'expression générique de « procès équitable ».

La matière pénale est une notion autonome, tout comme l'est celle de peine ou celle de matière civile, c'est-à-dire qu'elle dépasse les classifications du droit interne. L'interprétation autonome repose sur des considérations d'effectivité de l Convention et d'uniformité de son interprétation : les normes européennes protectrices des droits de l'homme ne sauraient en effet varier selon les qualifications juridiques propres aux droits nationaux et c'est la raison pour laquelle la Cour construit un concept propre qui s'appliquera dans l'ensemble des États membres quelles que soient les qualifications qu'ils auraient pu adopter en droit interne. On comprend donc qu'en général la notion autonome est une notion qui est interprétée largement, ce qui ne signifie pas que toutes les notions largement entendues puissent être qualifiées d'autonome et ainsi en est-il par exemple de la notion de loi.
Pour qu'une notion largement entendue soit une notion autonome, encore faut-il que son caractère extensif vise à une protection effective.
La matière pénale obéit à ce schéma : l'interprétation large de la notion est guidée par l'application des garanties du procès équitable.

Il faut d'emblée procéder à une précision d'ordre terminologique : si la notion de matière pénale commande l'applicabilité des garanties procédurales inscrites à l'article 6, elle ne conditionne en rien celle des garanties substantielles propres au droit pénal. Le principe de la légalité et le principe de non-rétroactivité de la loi pénale qui sont inscrits à l'article 7 n'obéissent pas à la notion de matière pénale mais à celle de peine, et aussi étrange que cela puisse paraître, ni la Commission ni la Cour n'ont jamais affirmé qu'il s'agissait de deux notions identiques.

Pour en revenir à l'article 6, il prévoit deux grandes catégories de garanties procédurales : les garanties générales du procès équitable applicables que la procédure ait trait à des « contestations sur des droits ou des obligations de caractère civil » c'est-à-dire à la matière civile ou qu'elle concerne une accusation en matière pénale, et des garanties spécifiques à l'accusation prévues aux alinéas 2 et 3 de l'article 6.

Pour être complet sur la présentation de l'article 6, il est donc nécessaire de comprendre ce que recouvre la notion de matière civile qui est elle aussi une notion autonome : la Cour juge que l'expression couvre « toute procédure dont l'issue est déterminante pour des droits et obligations de caractère privé » (KÖNIG, RINGEISEIN 1971). L'issue de la procédure doit être déterminante sur le droit en question, mais peu importe la nature de la loi applicable ou de la juridiction compétente : un litige administratif peut très bien relever de la matière civile (il s'agit d'une notion autonome qui transcende les subdivisions du droit interne). D'une manière générale, toute contestation ayant un objet ou une incidence patrimoniale relèvera de la matière civile (EDITIONS PERISCOPE 1992, PROCOLA 1995), réserve faite du contentieux de la fonction publique.

Dans la mesure où il est difficile de trouver des contentieux qui n'ont pas une incidence plus ou moins directement patrimoniale, l'on pourrait être tenté de considérer que tout ce qui ne relève pas de la matière pénale relève de la matière civile et qu'ainsi, les garanties générales du procès équitable s'appliquent à toutes les instances.

Il n'en est rien et l'on s'aperçoit qu'il existe une ribambelle de ce que l'on qualifiera de mesures pour plus de commodité mais qui, en réalité, ont souvent, pour ce qui nous concerne aujourd'hui, une nette coloration répressive et qui ne bénéficient ni des garanties générales du procès équitable, ni a fortiori, de celles spécifiques à la matière pénale.

Mais avant de procéder à l'examen de ces lacunes, il faut reconnaître les avancées de la matière pénale.

I- Les avancées : la qualification pénale importe peu

En se penchant sur la situation de cinq requérants qui avaient fait l'objet de sanctions disciplinaires diverses alors qu'ils effectuaient leur service militaire et qui alléguaient une violation de l'article 6, la Cour a initié dans son arrêt Engel et autres (8 juin 1976) une véritable révolution de l'ordonnancement juridique répressif.

Les requérants avaient fait l'objet de sanctions disciplinaires, dont notamment des arrêts aggravés, qui entraînaient l'obligation de demeurer en dehors des heures de service dans un local spécialement désigné mais non fermé à clé. Après avoir exercé des recours internes, les requérants ont saisi la Commission européenne, en estimant que ces sanctions constituaient une privation de liberté et que la procédure ne répondait pas aux exigences du procès équitable.

La question était donc de savoir si l'on pouvait qualifier la sanction prononcée d'accusation en matière pénale.

Évidemment, en droit interne, la question ne se posait pas : la sanction n'avait rien de pénal. Elle était qualifiée de disciplinaire par le droit interne et, de surcroît, elle était prononcée non par un juge pénal mais par l'autorité hiérarchique. La question de la privation de liberté importait peu puisque seuls des critères formels étaient pertinents.

C'est cette approche qui a été bouleversée par la CEDH puisqu'elle a fait véritablement voler en éclat l'approche purement formelle de la matière pénale en déclarant qu'il ne suffisait pas qu'un État qualifie une sanction de disciplinaire pour échapper aux exigences de l'article 6. On voit bien apparaître dans cet *obiter dictum* le critère finalise qui caractérise la notion autonome : c'est à l'aune de l'application des garanties du procès équitable que s'envisage la notion de matière pénale, qui n'a d'intérêt qu'au regard de ses enjeux.

La Cour a formulé, à côté du critère de la qualification juridique en droit interne, qui n'est pas totalement abandonné, deux nouveaux critères qui permettent de déterminer si l'accusation dont il s'agit relève de la matière pénale ou non : la nature de l'infraction et le degré de sévérité de la sanction encourue.

En considérant en l'espèce que même si l'infraction avait un caractère essentiellement disciplinaire puisque les requérants avaient transgressé des normes juridiques spécifiques aux forces armées, la gravité de la sanction encourue (privation de liberté) était telle qu'elle conférait une nature pénale à l'accusation qui sortait du simple domaine disciplinaire.

En l'espèce, après constaté l'applicabilité de l'article 6, la Cour a conclu à sa violation en raison de l'absence de publicité des débats.

On se doute que depuis 1976 les critères ont évolués et se sont affinés.

A- La qualification en droit interne

La Cour a précisé que ce critère devait être examiné à la lumière du dénominateur commun aux législations respectives des États membres, ce qui signifie que si l'État en question a fait sortir du champ pénal l'infraction constatée, mais qu'elle continue à être qualifiée de pénale dans la plupart des autres États membres, la Cour optera pour une qualification pénale (arrêt OZTURK pour les manquements routiers).
En général, l'application de ce critère ne joue que dans un sens, mais il existe un arrêt qui fait figure d'incohérence juridique eu égard à l'essence de la notion autonome et dans lequel la Cour a considéré qu'une sanction ne faisait pas partie de la matière pénale alors qu'elle était qualifiée de pénale en droit interne (arrêt ESCOUBET 1999).

B- La nature de l'infraction

Évidemment, il ne s'agit pas de rechercher s'il s'agit d'une contravention, d'un délit ou d'un crime parce que cela impliquerait que l'infraction est qualifiée de pénale en droit interne. En réalité, par nature de l'infraction la CEDH entend nature de la règle transgressée et plus que nature de la règle, il s'agit en réalité de destinataires de la norme ; C'est la généralité de la norme qui lui confère une nature pénale. Si la règle vise une catégorie déterminée de personnes, on s'éloigne de l'interdiction générale qui caractérise l'infraction pénale. Et on s'aperçoit qu'en réalité dans l'arrêt ENGEL, ce critère n'est pas opérationnel s'il s'agit de sanctionner la non-exécution des ordres donnés (elle faisait partie des accusations) puisqu'alors la règle est spécifique aux forces armées.
C'est la raison d'être du troisième critère.

C- La sévérité de la sanction encourue

La plupart du temps, il s'agit ou de privation de liberté ou d'amende.
La Cour déclare que « relèvent de la matière pénale les privations de liberté susceptibles d'être infligées à titre répressif, hormis celles qui par leur nature, leur durée ou leur modalité d'exécution ne sauraient causer

un préjudice important ». On remarquera d'ailleurs la prudence de la formulation. On comprend bien évidemment que la Cour entende extraire des institutions telles que la garde à vue ou la détention provisoire, mais on voit mal comment une privation de liberté ne saurait causer un préjudice important.

On comprend mal également que la CEDH n'adopte pas une position de principe à l'égard de toute privation de liberté, même brève, qui intervient à l'issue d'une procédure.

Il est en effet des arrêts où la Cour a refusé dans la matière pénale des comportements sanctionnés d'une peine d'amende convertible, si elle est impayée, en emprisonnement (arrêts RAVNSBORG 23 mars 1994 et PUTZ 22 février 1996).

Quant à la gravité de l'amende, son appréciation suscite également des difficultés puisque la Cour est censée statuer *in concreto*, c'est-à-dire qu'elle ne se prononce pas sur une législation mais sur la situation d'une personne, ce qui impliquerait qu'elle prenne en compte non pas la sanction encourue mais la sanction prononcée et surtout qu'elle s'attache aux répercussions effectives du prononcé de l'amende sur la situation du requérant. Il est évident qu'on ne peut pousser l'appréciation *in concreto* aussi loin et qu'on ne peut faire varier la qualification pénale au gré des personnes. Il s'agit donc d'une hypothèse où la Cour se livre nécessairement à un contrôle plus abstrait que dans d'autres matières ce qui ne fait pas partie de ses attributions.

La question se pose de savoir si ces critères sont cumulatifs ou simplement alternatifs. Évidemment, une application cumulative, qui est forcément plus exigeante, viendrait précisément à l'encontre d'une application extensive ou en tout cas effective de l'article 6, mais certains arrêts ont pu faire douter de cette logique.

Il apparaît en fait que la Cour, comme souvent, adopte, la plupart du temps, un raisonnement opportuniste.

S'il suffit d'un seul critère pour considérer que l'accusation est bien portée en matière pénale ; elle s'arrête là : si l'infraction est qualifiée de pénale par le droit interne ou si elle est sanctionnée d'une peine d'emprisonnement, la Cour se contente du seul critère opérationnel.

Si en revanche aucun critère ne suffit à lui seul à emporter la conviction, mais qu'un ensemble d'indices confèrent indubitablement à l'infraction ou à la sanction une coloration pénale, la Cour fait une application cumulative de ces critères. C'est d'ailleurs le raisonnement qui a été retenu par la Cour dans l'arrêt BENDEDOUN qui a admis les sanctions fiscales au titre de la matière pénale.

En réalité, il semble que la question ne se pose pas en termes d'application alternative ou cumulative car prendre en compte un faisceau d'indices et exiger une application cumulative de différents critères ce n'est pas du tout la même chose, au point même que l'une des méthodes aboutit à une extension tandis que l'autre va dans le sens de la restriction.

Aujourd'hui, si on dresse un bilan des sanctions qui sont entrées dans la matière pénale, on a quatre grands ensembles :

- les sanctions douanières (arrêts SALABIAKU 1988)
- les sanctions prononcées par le Conseil de la concurrence (arrêt STENUIT 1992)
- les sanctions prononcées par une juridiction financière (arrêt GUISSET 2000)
- certaines sanctions disciplinaires mais encore faut-il que la sanction soit d'une gravité suffisante puisque les deux premiers critères sont inefficaces en la matière : une privation de liberté semble nécessaire et la solution de l'arrêt ENGEL a été reprise en matière pénitentiaire (arrêt CAMPBELL 1984).

La jurisprudence de la Cour a permis d'ancrer un nouveau système de répression confié aux autorités administratives indépendantes.

Cependant, en réalité, on s'aperçoit que dans la grande majorité des cas, la Cour attrait dans la matière pénale une mesure qui est déjà qualifiée de sanction en droit interne. Et cette constatation réduit aujourd'hui considérablement l'enjeu de l'intégration dans la matière pénale, en tout cas pour ce qui concerne notre droit interne.

On peut en effet affirmer qu'il existe aujourd'hui un véritable droit administratif de la « sanction non pénale (ouvrage de DEGOFFE).

Sous l'impulsion de la jurisprudence européenne et constitutionnelle et administrative, le législateur et le Conseil d'État ont construit un système de garanties aussi bien procédurales que substantielles. Même si les exigences sont d'une intensité moindre en droit administratif qu'en droit pénal *stricto sensu* et qu'elles interviennent plus tard c'est-à-dire au stade du recours et non au stade du prononcé, les sanctions administratives sont soumises au principe de la légalité, au principe de non-rétroactivité, au principe de proportionnalité (puisque c'est le Conseil d'État qui en est l'initiateur), au principe du *non bis in idem*, au principe du contradictoire, au principe d'impartialité, etc.

Le véritable enjeu se situe aujourd'hui en amont. Comme il s'est agi il y a 30 ans de dépasser le clivage sanction administrative / sanction pénale pour appliquer les garanties du procès équitable, il s'agit aujourd'hui pour

la CEDH de contribuer à dépasser le clivage sanction administrative / mesure de police administrative pour qu'enfin toutes les mesures qui ont un effet répressif, qu'elles soient qualifiées de sanction ou de mesure par le droit interne, soient soumises aux exigences du procès équitable.
En l'état, la Cour ne paraît pas prête à assumer cette tâche et c'est en ce sens que l'on peut véritablement évoquer des lacunes dans sa jurisprudence, dans la mesure où elle n'a pas développé le concept de sanction.

II- Les lacunes : le concept de sanction n'existe pas

L'absence du concept de sanction dans la jurisprudence de la Cour n'est pas très étonnante dans la mesure où nulle part dans le texte de la Convention il n'est pas fait référence au terme de sanction : l'article 7 parle de peine, l'article 6 d'accusation en matière pénale ou de contestations de droits ou d'obligations de caractère civil.
On comprend, dans ces conditions, que la Cour n'ait pas eu à conférer à la sanction le statut de notion autonome.
L'utilité d'une interprétation autonome du terme de sanction ne fait pourtant aucun doute s'agissant de toutes ces mesures qui sont qualifiées en droit interne de mesure de police administrative au motif qu'elles poursuivraient un but essentiellement préventif.
Sans proposer de définition de la sanction administrative, ce qui procéderait d'un pari non pas ambitieux mais inconscient, on peut affirmer que la distinction entre la sanction administrative et la mesure de police administrative repose sur le but poursuivi par la mesure en question : si elle intervient à l'issue d'un comportement donné qu'elle a pour objet de réprimer il s'agit d'une sanction, si elle intervient en prévention d'un trouble à venir il s'agit d'une mesure de police administrative.
Le critère est peu opérationnel pour deux séries de raisons :

- toutes les sanctions poursuivent un but préventif et dissuasif
- pour prévenir un trouble à venir encore faut-il qu'il existe au moins des indices de son éventualité, ce qui fait que la mesure de police administrative intervient souvent à l'issue d'un comportement donné.

Or, il se trouve que la Cour refuse de dépasser ce clivage et la position qu'elle adopte en matière de droit des étrangers est particulièrement explicite.

On sait que les étrangers bénéficient d'une protection par ricochet, c'est-à-dire que les mesures qui sont prises à leur encontre ne sont pas contrôlées en tant que telles mais seulement par rapport à l'article 3 qui proscrit la torture et les traitements inhumains ou dégradants si le retour de l'étranger l'expose à de tels dangers, ou par rapport à l'article 8 qui suppose que l'étranger ait développé dans le pays duquel il est expulsé une vie privée et familiale d'une stabilité hors du commun.

Mais là s'arrête la protection que leur confère la convention (hormis l'interdiction d'expulsions collectives posées par l'article 3 du protocole additionnel n° 4 et les garanties procédurales squelettiques prévues à l'article 1 du protocole additionnel n° 7).

Si le doute était permis, il a été dissipé il y a peu dans un arrêt MAAOUIA contre France du 5 octobre 2000 dans lequel la Cour s'est prononcée pour la première fois sur la question et a conclu à l'inapplicabilité de l'article 6 à l'interdiction du territoire prononcée par le juge pénal en complément d'une peine prononcée pour soustraction à la mesure d'expulsion. La Cour a considéré dans cet arrêt que l'interdiction du territoire national ne relevait ni de la matière civile ni de la matière pénale. Elle ne relève pas de la matière civile parce qu'elle met en jeu des prérogatives de puissance publique. Elle ne relève pas de la matière pénale parce qu'elle poursuit un but essentiellement préventif. « Cette mesure qui, dans la plupart des États, peut également être prise par l'autorité administrative, constitue, de par sa nature, une mesure de prévention spécifique en matière de police des étrangers et ne porte pas sur le bien-fondé d'une accusation pénale dirigée contre le requérant, au sens de l'article 6§1. Le fait qu'elle est prononcée dans le cadre d'une procédure pénale ne saurait changer son caractère essentiellement préventif ».

Il faut tout de même noter que le Conseil constitutionnel s'est montré plus ouvert puisqu'il a considéré dans une décision du 13 août 1993 que l'interdiction du territoire national était une sanction de nature punitive qui doit être regardée comme inconstitutionnelle dès lors qu'elle est entraînée automatiquement par tout arrêté de reconduite à la frontière et qu'elle est donc prononcée « sans égard à la gravité du comportement ayant motivé cet arrêté ».

Dans la jurisprudence de la Cour en revanche, l'interdiction du territoire national échappe à toute garantie de fond.

Au-delà du contentieux très spécifique du droit des étrangers, la prise en compte du caractère essentiellement préventif de la mesure pour la soustraire aux exigences de l'article 6 entérine les lacunes du droit, quand elle n'opère pas une régression.
Ainsi, par exemple, la question se pose de savoir quelle serait la position de la Cour à l'égard des interdictions professionnelles, peines complémentaires qualifiées de mesures de sûreté par le juge pénal en considération de leur but préventif et qui échappent, en tant que telles, au principe de non-rétroactivité de la loi pénale.
La question se pose de la même façon à l'égard de toutes les mesures de fermeture comme celles des débits de boissons et que dire alors de la suspension administrative du permis de conduire qui affiche un but essentiellement préventif (alors que le retrait de point a par ailleurs été qualifié de peine dans l'arrêt JAMIL de 1995).

Toutes ces mesures qui ne sont intégrées ni dans la matière civile ni dans la matière pénale souffrent d'un déficit de protection qui paraît choquant. Une solution pourrait sans doute être trouvée dans une modification de la formulation de l'article 6 dont les garanties s'appliqueraient quelle que soit la nature du droit en cause et en tous cas dès lors qu'il a un effet répressif, même si ce n'est pas le but essentiellement poursuivi. Peut-être le Conseil de l'Europe pourrait-il s'inspirer, une fois n'est pas coutume, de l'Union européenne dont la Charte des droits fondamentaux prévoit, dans son article 47, l'application des garanties du procès équitable quelle que soit la nature du droit en cause.

La sanction à caractère punitif selon le Conseil constitutionnel

Michel DEGOFFE
Professeur à l'Université de Reims

Dans un ouvrage consacré à la sanction non pénale[1], j'avais tenté de démontrer qu'il fallait isoler au sein des sanctions, une catégorie particulière : les punitions. Je me fondais sur la jurisprudence du Conseil constitutionnel qui établit cette distinction. S'agissant des punitions, le Conseil admet qu'une autorité administrative peut se voir confier leur prononcé mais à la condition de respecter les principes du droit pénal. Pour les secondes, cette exigence disparaît[2]. Le pouvoir répressif de l'administration, car il ne sera question dans cette étude que de cela, se dédouble donc :

- il y a les sanctions proprement dites pour lesquelles le Conseil constitutionnel n'exige que le respect des principes du droit disciplinaire. L'on pourrait parler de sanction disciplinaire par habilitation étatique. Cette expression permet de faire signifier que ces sanctions existent pour faire observer les règles d'un ordre juridique partiel, d'une institution. Mais elles ne sont pas sécrétées par cet ordre ou cette institution : elles ne peuvent

---

1 *Droit de la sanction non pénale*, Economica, 2000.

2 Voir par exemple 88-248 DC, 17 janvier 1989 : « il résulte de l'article 8 de la Déclaration de 1789 comme des principes fondamentaux reconnus par les lois de la République qu'une peine ne peut être infligée qu'à la condition que soient respectés le principe de légalité des délits et des peines, le principe de nécessité des peines, le principe de non-rétroactivité de la loi pénale d'incrimination plus sévère ainsi que le respect du principe des droits de la défense. Ces exigences concernent non seulement les peines prononcées par les juridictions répressives mais aussi toute sanction ayant le caractère d'une punition même si le législateur a laissé le soin de la prononcer à une autorité de nature non judiciaire ». Voir CC 30 décembre 1997, n° 97-395 DC, AJDA 1998 p173.

existter que si l'État (la loi) a doté l'institution du pouvoir répressif.

- Les punitions qui, en raison de leur caractère quasi pénal, se voient appliquer certains des principes du droit pénal.

J.M. Auby avait déjà opéré cette distinction entre les sanctions disciplinaires et les sanctions administratives[3] fondant la distinction sur le « caractère volontaire ou non de l'utilisation du service public ». La sanction disciplinaire vise celui qui a un lien particulier avec l'administration (manifesté par exemple par un régime d'autorisation). La sanction administrative peut elle viser tout administré même s'il n'a aucun lien préétabli avec l'administration.

La distinction que l'on peut opérer entre sanction et punition s'inscrit donc dans le prolongement de ces travaux éclairés par la jurisprudence du Conseil constitutionnel.

Il faut donc dans un premier temps voir ce qu'est une punition dans la jurisprudence du Conseil constitutionnel (I) pour ensuite, dégager un régime juridique applicable à la punition (II).

I- Notion de punition

Il convient de se demander pourquoi le juge constitutionnel requiert le respect des principes du droit pénal dans le cas de punitions alors qu'il en dispense l'autorité administrative lorsqu'il s'agit de sanctions administratives. La réponse ne peut être que dans la Constitution. Or, les dispositions contenues dans celle-ci restent parcellaires, centrées autour des mesures privatives de liberté et de la compétence du législateur pour créer les crimes et les délits[4]. Partant de ce bloc, l'attitude du Conseil constitutionnel se résume en deux postulats :

- d'une part, il laisse une grande liberté au législateur quant à la création de nouvelles incriminations[5] ;

---

[3] J.M. Auby, « Les sanctions administratives disciplinaires applicables aux usagers volontaires des services publics », *Mélanges Brethe de la Gressaye*.

[4] Article 34 de la Constitution.

[5] On l'a déjà dit, le juge constitutionnel se refuse à substituer son appréciation à celle du législateur quant à l'incrimination et au choix de la sanction. L. Favoreu, L. Philip, *GDCC*, 8e, p430.

- d'autre part, il insiste pour que certains principes de la procédure pénale soient observés quelle que soit la forme que prend la sanction dès lors qu'il s'agit d'une punition : principe de légalité, de nécessité, de non-rétroactivité, principe des droits de la défense. Le juge constitutionnel dégagé donc la notion de punition parce qu'il veut voir observés ces principes, que la sanction soit qualifiée de crime, de délit ou d'une autre façon. Attitude normale sans quoi il suffirait au législateur d'instituer des infractions sévèrement réprimées et de ne pas les qualifier de crimes ou de délits pour échapper aux garanties procédurales[6].

Pour identifier les critères qui vont permettre au Conseil constitutionnel d'isoler parmi les sanctions non pénales les punitions, il nous semble qu'il faut partir de l'État libéral et de la finalité de cette jurisprudence. Les principes qu'il faut à tout prix faire observer reposent tous sur le souci de ne pas condamner l'individu par surprise : il doit savoir à quoi il s'attend lorsqu'il agit, le comportement fautif doit être prévu (principe de légalité[7]) comme la peine encourue (principe de non-rétroactivité). Droit pénal d'un État libéral, la sanction doit être proportionnée aux faits reprochés (principe de nécessité) et l'individu doit pouvoir s'expliquer (droits de la défense).

Or, ces principes s'avèrent particulièrement nécessaires quand l'individu exerce une liberté. L'expression de cette liberté peut déboucher sur des abus, que l'individu découvrira en y cédant. Aussi faut-il, dans un État libéral, d'une part particulièrement protéger l'exercice de cette liberté (et l'idéal serait la garantie d'un juge), toute répression est *a priori* suspecte,

---

[6] Voir à cet égard CC 23 septembre 1897, rec., p53, *RFDA* 1988, p273 à propos des contraventions de grande voirie : le Conseil constitutionnel observe qu'en prévoyant dans l'article 34 que la loi fixe les règles concernant « la détermination des crimes et délits ainsi que les peines qui leur sont applicables », le constituant « a entendu, en matière répressive, conférer au législateur une compétence pour la détermination des infractions les plus graves ; que l'échelle de gravité résulte de la distinction opérée par la loi entre les crimes et les délits, d'une part, et les contraventions de police, d'autre part, ainsi qu'entre les peines qui leur sont respectivement applicables ».

[7] Voir l'analyse de N. Molfessis, *Le Conseil constitutionnel et le droit privé*, LGDJ, 1997, p186 et s. Il ne faut pas se focaliser sur le déclin du principe de légalité dans la détermination des infractions mais retenir sa finalité : « éviter que le citoyen ne soit soumis à l'arbitraire ». Or, en matière de punition, l'arbitraire peut surgir : l'individu exerce une liberté et n'en connaît pas avec précision les abus ou (et) la peine n'a pas un lien établi avec la faute. D'où la nécessité pour le Conseil constitutionnel de requérir du législateur une grande précision dans l'incrimination. Précision qui s'impose moins pour les sanctions puisque l'individu entre dans un cadre déterminé et que la sanction s'adapte à la réglementation qu'elle tend à faire observer.

d'autre part avant de réprimer ces éventuels abus prévenir l'individu de la sanction qu'il encourt[8].

En revanche, l'État libéral ne prohibe pas la réglementation, les régimes d'autorisation, l'obligation d'adhérer à un groupement, bref des conditions imposées préalablement à l'expression d'une liberté ou d'une activité. Ainsi, la conduite d'une automobile est subordonnée à la délivrance d'un permis, l'exercice libéral de la médecine à l'inscription au tableau de l'ordre. Si ces restrictions existent, c'est avec l'acquiescement du Conseil constitutionnel. Elles sont compatibles, du moins doit-on le présumer, avec l'existence d'un État libéral. Mais si l'État libéral admet la réglementation, il admet aussi fort logiquement la sanction apte à la faire respecter. Cela va de soi. Ce système présente un certain caractère inéluctable : l'individu déploie sa liberté ou son action dès lors qu'il a manifesté son intention. Par cet acte volontaire ou non, il sait qu'il doit observer certaines prescriptions et que, s'il ne s'y soumet pas, il perdra son droit (du moins la sanction pourra aller jusque-là). L'insistance sur le principe de légalité, de nécessité, de non-rétroactivité, des droits de la défense s'atténue dans la mesure où ; d'une part, ce n'est pas l'exercice d'une liberté qu'il faut protéger mais surtout, d'autre part, parce que l'individu sait à quoi s'en tenir. L'État peut reprendre ce qu'il a donné. Par exemple, le médecin qui a obtenu le droit d'exercer peut se le voir retirer. Toutefois, cette inéluctabilité présumée disparaît si cette sanction n'a plus aucun rapport avec la réglementation qu'elle tend à faire respecter. Si ce rapport n'existe plus, la sanction est soit contraire à la Constitution, soit il faut l'entourer des garanties précédemment énumérées.

En somme, il existe :

- un régime de liberté, l'activité de l'individu se déploie librement : la répression des abus sera une punition ;
- un régime de réglementation où l'activité de l'individu ne peut se déployer qu'avec l'approbation de l'État. La répression sera alors

[8] Voir à cet égard (J.M.) Carbasse, *Introduction historique au droit pénal,* Droit fondamental, 1990, p305, qui analyse la philosophie des Lumières en matière pénale. L'arbitraire change de sens et devient péjoratif. « Dans le domaine précis de la justice, l'idée nouvelle est donc que c'est à la loi de fixer précisément les incriminations et les peines et non aux juges ».

une sanction sauf si, par son contenu, elle ne présente pas dans ses modalités de lien avec la réglementation.

De ceci, l'on peut dégager deux critères.

A) Premier critère : la liberté

L'État libéral repose sur le principe selon lequel « la liberté est la règle, la restriction l'exception »[9]. Le juge constitutionnel se montre très sourcilleux quant aux atteintes ou restrictions à une liberté. La proclamation d'une liberté proscrit toute intervention préalable de l'autorité administrative et même judiciaire[10]. Pour comprendre l'analyse qui va suivre, il faut avoir à l'esprit la conciliation opérée par le législateur sous le contrôle du juge constitutionnel[11], de dispositions ou principes à valeur constitutionnelle. Cette conciliation peut s'agencer de diverses façons. Il peut y avoir affirmation d'une liberté avec d'éventuelles restrictions, droits conférés à l'intérieur d'un régime restrictif[12].

Sur ces préceptes, l'on avancera que lorsqu'il y a affirmation d'une liberté, si le pouvoir de réprimer ses abus peut être confié par le législateur à une autorité administrative, ce ne peut être que dans le respect des principes du droit pénal[13], il y a punition.

---

9 L. Duguit, *Traité de droit constitutionnel,* t. III, p649 et sa distinction entre le régime de droit et le régime de liberté. Voir aussi la thèse de N. Molfessis, *Le Conseil constitutionnel et le droit privé,* LGDJ, 1997 qui oppose la faible protection des droits fondamentaux en conflit avec l'intérêt général à la forte protection des droits fondamentaux conformes à l'intérêt général. Pour ces derniers, selon N. Molfessis, le Conseil constitutionnel prohibe qu'ils soient soumis à autorisation préalable, permet à la loi seulement de les rendre plus effectifs et interdit toute réglementation locale, p248.

10 CC 16 juillet 1971, *GDCC.* Voir G. Lebreton, *Libertés publiques,* p20.

11 G. Drago, « La conciliation entre principes constitutionnels », *D.* 1991 Chr. p265. L. Favoreu, L. Philip, *GDCC,* CC 25 juillet 1979 Droit de grève à la radio et à la télévision, n°27.

12 Ce qui n'est pas le cas par exemple de la loi « relative à la lutte contre le tabagisme et l'alcoolisme » qui a fait l'objet de CC 8 janvier 1991 283 DC, note Wachsmann, *AJDA* 1991 p382. Cette loi interdit la propagande ou la publicité « directe » en faveur du tabac. Le Conseil constitutionnel admet la constitutionnalité de cette disposition dans le cadre du droit de propriété et de la liberté d'entreprendre qu'elle limite. Il n'y a pas activité qui s'intègre dans une réglementation mais liberté (et droit de propriété) limitée pour des motifs d'ordre public.

13 L'on ne sait si ce critère rejoint émis en dernier lieu par Fr. Moderne ouvrage précité p157 qui distingue les sanctions « susceptibles de frapper l'ensemble des administrés » de celles qui ne « frappent que des catégories particulières d'administrés qui ont noué avec l'administration des « relations spéciales ». (p158). Il y a sans doute quelque

S'il n'y a pas de liberté initiale proclamée mais exercice de droits ou de libertés dans un cadre réglementé, fermé (régime d'autorisation par exemple), alors le législateur peut instaurer des sanctions administratives pour faire respecter cette réglementation sans les assortir du respect des principes du droit pénal.

B- Second critère : la nature de la sanction

Ce premier critère (répression des abus à une liberté, sanctions afin d'assurer pleine réalisation d'une réglementation) ne suffit pas à distinguer punitions et sanctions administratives. Il faut le compléter par la prise en compte de la nature de la sanction. Celle-ci peut frapper son destinataire dans son lien avec la réglementation (retrait de l'autorisation par exemple) ou être complètement indifférente à ce lien. Ce sera le cas de la sanction pécuniaire par exemple, à moins que l'objet de l'obligation pesant sur l'assujetti soit financier. Dans le premier cas, il y a sanction administrative, dans le second, punition.

Ce sont des critères alternatifs : l'un ou l'autre peut permettre d'identifier la punition. Il y a punition soit parce que la sanction réprime un abus à une liberté, soit parce que la sanction est étrangère par son contenu à la réglementation qu'elle tend à faire respecter.

Il reste à expliquer pourquoi ces deux critères permettent d'identifier la punition à laquelle s'applique un régime pénal. Quant au critère de l'atteinte à une liberté, la réponse semble découler de l'ordre libéral. Seul le juge peut réprimer les abus engendrés par une liberté. Et si le juge constitutionnel se satisfait d'une répression administrative, c'est à la condition qu'elle se coule dans les grands principes pénaux.

Quant au second critère, l'explication tient en ceci. L'application du droit confiée à une autorité doit se compléter de celui de censurer son non-respect. Mais cette répression doit être proportionnée à son objet : faire respecter la réglementation partielle ; d'où la nécessité de sanctions adaptées à cette réglementation. Legal et Brethe de la Gressaye n'écrivaient pas autre chose lorsqu'ils définissaient le pouvoir disciplinaire comme « un pouvoir juridique ayant pour objet d'imposer aux membres du groupe, par des sanctions déterminées, une règle de

---

parenté. Toutefois, notre critère s'adjoint celui du contenu de la sanction (infra). L'on constatera aussi que dans notre présentation, les infractions à la réglementation routière sont ce que nous appellerons des sanctions administratives non des punitions.

conduite en vue de les contraindre à agir conformément au but d'intérêt collectif qui est la raison d'être de ce groupe »[14].

Ce critère puise aussi sa justification dans la théorie du droit pénal issue de la Révolution. Celle-ci a souhaité instaurer un lien immédiat entre le crime et le châtiment. Selon Beccaria[15], il faut donner « à la peine toute la conformité possible avec la nature du délit, afin que la crainte du châtiment éloigne l'esprit de la route où la conduisait la perspective d'un crime avantageux »[16]. Il est normal que lorsque cette adéquation disparaît, les principes fondamentaux de la procédure pénale soient d'autant plus nécessaires.

C- Combinaison des critères

En somme, deux hypothèses se présentent :

- l'individu exerce une liberté ; la sanction qui le vise ne peut être qu'une punition. Nul besoin de faire intervenir le second critère puisque l'activité ne s'enserre pas dans une réglementation.
- L'individu exerce une activité réglementée soit parce qu'elle est subordonnée à l'octroi d'une autorisation administrative, soit, mais le procédé ne diffère guère du précédent, parce que l'intéressé doit adhérer à une organisation professionnelle pour exercer son activité. Dans ces deux cas, l'individu a implicitement accepté la répression ultérieure. Dans cette hypothèse, afin de faire respecter cette réglementation, des sanctions sont créées. Et, cette fois, le second critère s'avère décisif :

▪ ou bien la sanction touche l'individu dans l'objet même de la réglementation. Celle-ci a conféré des droits, la sanction les lui retire provisoirement ou définitivement, partiellement ou complètement. Il y a alors sanction administrative[17].

▪ ou bien, la sanction n'a aucun rapport avec l'objet même de la réglementation. La sanction frappe l'individu mais sans chercher à

---

14 Ouvrage précité.

15 *Des délits et des peines,* éd. De 1856, p119.

16 Cité par M. Foucault, *Surveiller et punir,*p124.

17 Voir les exemples donnés par le Conseil d'État dans son rapport *Les pouvoirs de l'administration,* La documentation française, 1995. Ainsi, les agents de direction des organismes de sécurité sociale peuvent se voir retirer l'agrément (art. R. 123-48 C. de SS), art. L. 617-3 C. de la Santé publique : fabrication de médicaments vétérinaires selon des méthodes ne présentant pas les garanties requises : suspension o suppression de l'autorisation de mise sur le marché.

atteindre les droits qu'il détient de l'autorisation. Alors, il y a punition. L'exemple le plus manifeste est l'amende.

En conclusion, la sanction s'inscrit dans une réglementation qu'elle tend à faire respecter. Son contenu est proportionné et adapté à ce but. Quant à elle, la punition tend à réprimer les abus engendrés par une liberté ou prend des formes sans lien avec la réglementation qu'elle tend à appliquer.

Ces propositions ont une certaine parenté avec celles émises par le Doyen Auby, il y a trente ans. L'on se sépare toutefois de l'éminent auteur en ajoutant au critère du « lien de droit » celui de la « peine » infligée[18]. Il nous semble, en effet, qu'une théorie de la répression ne peut faire abstraction de la peine. En droit pénal, ce qui distingue le crime, le délit et la contravention, c'est le quantum de la peine. La Constitution, pas plus que la jurisprudence constitutionnelle, ne donne une définition de l'infraction criminelle ou correctionnelle. Et l'article L. 111-1 C. pén. Indique expressément que « les infractions pénales sont classées, suivant leur gravité, en crimes, délits et contraventions ». Il serait surprenant qu'il n'en aille pas de même pour le droit répressif non pénal. Ajoutons que les différentes décisions qui évoquent la notion de punition la singularise parmi les sanctions pour la subordonner au respect préalable de principes empruntés à la procédure pénale. L'on peut supposer que le juge constitutionnel se montre particulièrement attentif à leur égard en raison de leur gravité[19].

II- Le régime juridique de la punition

L'on sait avec certitude quelles sont les implications de la notion de punition pour le Conseil constitutionnel. Après avoir qualifié une sanction de punition, il affirme qu'il découle de l'article 8 de la Déclaration des droits de l'homme et du citoyen aux termes duquel « la loi ne doit établir que des peines strictement et évidemment nécessaires et nul ne peut être puni qu'en vertu d'une loi établie et promulguée

---

[18] Dans son article, J.M. Auby n'ignore pas ce critère éventuel. Mais il estime que les tentatives ébauchées dans cette direction se sont avérées vaines.

[19] Ce critère de la gravité ne peut, rappelons-le, jouer seul. Une interdiction professionnelle dès lors qu'elle est prononcée afin de sanctionner des infractions à la réglementation professionnelle en cause est une sanction administrative. Elle devient une punition si elle est prononcée par le juge pénal dans un tout autre but.

antérieurement au délit, et légalement appliquée » qu'une peine ne peut être infligée qu'à la condition que soient respectés les principes de légalité des délits et des peines, de nécessité des peines, et de non-rétroactivité de la loi répressive plus sévère ; que s'impose en outre le respect des droits de la défense[20].

La spécificité du régime juridique de la punition résiderait donc dans l'application de ces quatre principes.

Le juge constitutionnel s'est gardé de ces précisions pour les autres sanctions. Certes, le juge constitutionnel ne s'est que fort peu prononcé sur les sanctions non punitives[21]. Toutefois, deux éléments nous semblent déterminants :

- d'une part, puisqu'il faut croire en la cohérence des jurisprudences administrative et constitutionnelle, l'on constate que le Conseil d'État se conforme pour les punitions aux directives du Conseil constitutionnel alors qu'il continue à inscrire le droit disciplinaire dans un cadre différent.
- D'autre part, le Conseil constitutionnel, chaque fois qu'il applique à la répression administrative, un principe du droit pénal, prend soin de dire que c'est parce qu'il y a « sanction ayant le caractère d'une punition »[22]. Il faut lire que tel n'est pas le cas pour les sanctions n'ayant pas le caractère d'une punition.

Le Conseil d'État lui-même répugne d'ailleurs à classer toutes les sanctions administratives sous un label identique[23]. Il a notamment qualifié les amendes prononcées par la Cour de discipline budgétaire et financière de sanctions « *sui generis* »[24].

Mais il ne faut pas nier que l'évolution du droit répressif tendant à de plus en plus de garanties entraînant que peu à peu ces quatre principes s'appliqueront à toute sanction. C'est d'ailleurs déjà le cas pour les droits de la défense. En revanche, il existe un principe, selon nous, consubstantiel à la punition, c'est celui qui interdit que le pouvoir d'infliger des punitions soient infligées à une autorité non étatique. En

20 CC 29 décembre 1999 Loi de finances pour 2000.

21 Voir toutefois Décision n°84-182 DC du 18 janvier 1985 Loi relative aux administrateurs judiciaires, mandataires-liquidataires et experts en diagnostic d'entreprise (rec. P27).

22 CC 28 juillet 1989 Loi relative à la sécurité et à la transparence du marché financier pécitée, cons. 18.

23 Conclusions J.Cl. Bonichot sur CE 28 janvier 1994 M. Cohen, *RFDA* 1994 p443.

24 CE 30 juin 1961 Procureur général de la Cour des comptes c/ Sieur Mazer, *RDP* 1961 p845, concl. Bernard.

d'autres termes, il y aurait le régime juridique apparent de la punition (A) et le régime juridique dissimulé (B).

A- Le régime juridique apparent

Selon le juge constitutionnel, toute punition doit se former à quatre principes : respect des droits de la défense, principe de nécessité, principe de légalité des délits et des peines et principe de non-rétroactivité de la loi plus sévère. L'on peut sans doute considérer que les sanctions autres que punitives respectent peu ou prou également ces principes. Il en va ainsi du principe des droits de la défense, mais également du principe de non-rétroactivité de la loi plus sévère[25].

Seul le principe de légalité des délits et des peines semble appréhender différemment selon qu'il s'agit d'une punition ou d'une sanction. La règle « *Nulla poena sine lege* » signifie en droit pénal que seule peut être infligée la sanction prévue au moment où les faits ont été commis, que l'infraction doit être elle aussi définie avec précision et qu'un lin doit être légalement établi entre l'infraction et la sanction encourue.

Pour toutes les punitions recensées, le législateur a fait un réel effort de précision (légalité de l'incrimination). Que ce soit pour l'amende pour gestion de fait[26], les infractions à l'ordre budgétaire réprimées par la Cour de discipline budgétaire et financière[27] ou les sanctions fiscales, l'infraction est définie avec soin. Ainsi, pour les infractions réprimées par la Cour de discipline budgétaire et financière, le législateur (article L. 312-1 C. des Juridictions financières) énumère les personnes justiciables de la Cour ; énumération qui vaut surtout pour ses exclusions : les membres des exécutifs (membres du gouvernement, exécutif des collectivités locales) bénéficient en effet d'une immunité sans doute regrettable. Par dérogation, ils peuvent être traduits devant la Cour (art. L. 312-2) si leur agissement aura entraîné la condamnation d'une personne morale de droit public ou d'un organisme de droit privé chargé de la gestion d'un service public à une astreinte en raison de l'inexécution totale ou partielle ou de l'exécution tardive d'une décision de justice (art. L. 313-7).

---

[25] CE 13 mai 1881 Brissy, *DP* 1882 III 97, concl. Marguerie ; CE 6 février 1946 Crosa, p42 : illégalité d'une sanction infligée à un architecte par l'Ordre des architectes alors que les faits ont été commis à un moment où l'Ordre n'existait pas.

[26] Art. L.131-11 Code des juridictions financières.

[27] Art. L. 313-1 et s. Code des juridictions financières.

Quant au pouvoir de sanction dévolu au Conseil supérieur de l'audiovisuel, il peut être mis en œuvre, lorsque les titulaires d'autorisation pour l'exploitation d'un service de communication audiovisuelle ne respectent pas « les obligations qui leur sont imposées par les textes législatifs et réglementaires et par les principes définis à l'article 1er de la présente loi »[28]. Une telle dévolution peut sembler imprécise. Aussi le législateur a-t-il prévu que l'autorité administrative doit mettre en demeure le titulaire d'autorisation de respecter ses obligations avant de le sanctionner. Cette formalité vise essentiellement, en contraignant le CSA à indiquer quelle est l'obligation violée, à donner pleine efficacité au principe de légalité des délits et des peines[29].

Le droit des sanctions administratives ne parvient pas à ce degré d'achèvement. Le législateur peut bien entendu préciser dans une loi, les faits punissables[30]. Mais il n'y a là pour lui aucune obligation alors que, s'agissant des punitions, cette précision est constitutionnellement requise[31]. Le plus souvent, le législateur habilite l'organisme à sanctionner en donnant une définition très large de la faute[32].

Parfois discutée, la thèse de la liberté d'incrimination peut se recommander de l'arrêt Milhaud dans lequel le Conseil d'État se fonde sur des « principes déontologiques fondamentaux relatifs au respect de la personne humaine… »[33].

---

28 Art. 19 de la loi n°89-25 du 17 janvier 1989 modifiant l'article 42 de la loi n°86-1067 du 30 septembre 1986 relative à la liberté de communication, *JO* 18 janvier 1989, p728.

29 Voir à cet égard, les conclusions de P. Frydman sous CE 11 mars 1994 SA La Cinq, *RFDA* 1994 p429. Dans l'arrêt le Conseil d'État rappelle la décision du Conseil constitutionnel (voir infra) et la référence que celui-ci fit, à propos de la mise en demeure, à l'article 8 de la Déclaration des Droits de l'Homme. Voir aussi, pour les sanctions infligées par la Commission de contrôle des assurances : CE 21 février 1996 Mutuelle antillaise d'assurances et autres, *AJDA* 1996 p322 concl. D . Piveteau.

30 C'est ce que fait l'article R. 266 du Code de la route pour les sanctions en matière de circulation routière. Voir J.-Fr. Auby, « Les sanctions en matière de circulation routière », *Les Petites Affiches* 17 janvier 1990 n°8 p80.

31 Jurisprudence constitutionnelle précitée.

32 C'est le cas dans la fonction publique et pour les Ordres professionnels. Par exemple, le Conseil des bourses de valeurs doit sanctionner « tout manquement à leurs obligations professionnelles » commis par les sociétés de bourse (article 8) ou les personnes physiques relevant du pouvoir disciplinaire du Conseil (article 9) L. 22 janvier 1988.

33 CE 2 juillet 1993 M. Milhaud, *RFDA* 1993 p1002, concl. D. Kessler. Voir aussi CE 27 juin 1994 M. Lifschitz (n°152 225) : « cons. qu'en estimant que M. Lifschitz, médecin généraliste, a commis une grave faute déontologique… la Section disciplinaire du Conseil national de l'Ordre des médecins a suffisamment motivé sa décision qui n'avait pas, dans les circonstances de l'espèce, **à viser un article précis du code de**

En tout état de cause, le Conseil constitutionnel réclame du législateur une si grade précision dans la définition de l'infraction qu'il crée[34] qu'il est impossible d'assimiler le principe « *nullum crimen sine lege* » du droit pénal avec le sens que Jacques Mourgeon lui donne : « pas d'incrimination en dehors des règles »[35]. Il optait pour une telle conception afin de démontrer que le droit administratif répressif n'ignore pas le principe étudié. Selon lui, il le respecte tout en lui donnant un contenu différent (les règles jurisprudentielles pouvant se substituer à la définition législative des incriminations).

B-Le régime juridique dissimulé : l'impossibilité de déléguer le pouvoir de punir

Selon nous, le pouvoir de punir ne devrait pas pouvoir être délégué par l'État alors que le pouvoir de prononcer des sanctions pourrait lui être délégué.

Le monopole étatique sur le droit pénal se prolonge d'un monopole sur les punitions. Il n'y a là qu'une tendance que l'avenir démentira peut-être. Mais, l'on constate que ces punitions sont prononcées par des autorités administratives de l'État : la COB, le Conseil de la Concurrence, le CSA, *a fortiori* l'administration fiscale sont des organes non personnalisés de l'État.

Pourtant il existe des dérogations à ce principe :

- L'on peut tout d'abord citer le cas de l'amende que le directeur de l'Office des migrations internationales peut infliger à l'employeur de main d'œuvre entrée irrégulièrement en France[36],

---

déontologie… » Il est certain cependant que lorsqu'il existe un Code de déontologie, la liberté d'incrimination s'atténue et doit être justifiée. Par exemple, le Règlement intérieur de l'Ordre des géomètres-experts (art. 40-3) dispose que la décision de sanction « doit indiquer les articles de la loi, les articles du Code des devoirs professionnels et du Règlement intérieur qui sont violés ».

[34] Voir pour les punitions, par exemple, cons. 27 Décision n°92-301 DC du 25 février 1992 Loi portant modification de l'ordonnance n°45-2658 du 2 novembre 1945 modifiée relative aux conditions d'entrée et de séjour des étrangers en France, *JO* 27 février 1992 p3003.

[35] Thèse précitée, p254.

[36] M. Heers, « Le caractère de peine de la contribution spéciale infligée par l'Office des migrations internationales : portée de la qualification opérée au regard de la Convention européenne de Droits de l'homme et de la jurisprudence du Conseil constitutionnel », *D.* 1996 Chr. p15.

l'OMI étant un établissement public. L'on peut cependant se satisfaire du fait qu'il s'agit cependant d'un établissement public de l'État.

- L'on pourrait douter de la constitutionnalité d'une loi qui déléguerait à une personne privée le pouvoir de punir. C'est pourtant ce que le Conseil constitutionnel avait admis pour le Conseil des marchés financiers, organisme professionnel. Le Conseil des marchés financiers (CMF) est une autorité professionnelle dotée de la personnalité morale (art. 27). Le qualificatif « professionnel » présume en général la nature privée de la personne en cause[37]. Ce que la Cour d'appel a confirmé[38] qui juge que le CMF est « une autorité de tutelle professionnelle de droit privé auquel la mission de service public dont il est investi ne saurait conférer la nature de service de l'État ni d'établissement public ». Mais la loi du 1er août 2003 a substitué l'Autorité des marchés financiers au Conseil des marchés financiers. L'AMF est qualifié d'autorité publique indépendante. Il ne s'agit donc pas d'une autorité administrative indépendante. À la différence de ces autorités administratives indépendantes, elle est d'ailleurs dotée de la personnalité morale (art. L. 621-1 du Code monétaire et financier). L'AMF comprend un collège et une commission des sanctions. Le collège et la commission sont composés, comme il est de coutume, de membres des plus hautes juridictions, de représentants des salariés du secteur, de personnalités qualifiées. Mais les fonctions de membre de la commission des sanctions sont incompatibles avec celles de membre du collège. La commission des sanctions peut constituer des sections de six membres. Son président est élu par les membres (art. L. 621-2 CMF). L'AMF se substitue à la COB, au Conseil des marchés financiers et au Conseil de discipline de la gestion financière. La qualification de personne morale de droit privé ne peut plus être retenue dès lors qu'il est question « d'autorité publique indépendante ». Nul doute par conséquent que la loi donne naissance à l'une de ces personnes publiques *sui generis* apparues ces dernières années[39], la qualification

---

37 Voir à cet égard conclusions Labetoulle sur TC 13 février 1984 Cordier c/ Compagnie régionale des commissaires aux comptes de Paris, *Les Petites Affiches* 14 novembre 1984, n°129 p11.

38 CA Paris 11 juin 1997, *Banque et droit*, juillet / août 1997 n°54 p35 note H. de Vauplane

39 Pour la Banque de France : CE 22 mars 2000 Syndicat national autonome du personnel de la Banque de France c/ Banque de France, *AJDA* 2000 p410 chr. Mattias Guyomar et Piette Collin ; CE 2 octobre 2002 Banque de France et autres, *AJDA* 2002

d'établissement public paraissant peu adaptée à un organisme indépendant, doté qui plus est d'un pouvoir répressif.

Plus épineuse est la question de l'autorité compétente au sein de l'État pour prononcer la punition. Le Conseil constitutionnel a souvent insisté sur les garanties d'indépendance offertes[40] sans pour autant l'ériger en exigence constitutionnelle[41]. Il lui est arrivé de se satisfaire d'une compétence ministérielle[42]. Dans cette dernière hypothèse et en s'inspirant de la jurisprudence de la Cour européenne des Droits de l'Homme, les garanties offertes par le recours ultérieur[43] compensent les risques de partialité supposée de l'autorité administrative.

En revanche, pour les sanctions administratives, outre le monopole du juge pénal, le monopole de l'État peut s'effacer. L'État par la loi délègue son pouvoir répressif. C'est le sens, semble-t-il, de ces formules courantes telles que « tout manquement par un magistrat aux devoirs de son état, à l'honneur, à la délicatesse ou à la dignité, constitue une faute disciplinaire »[44]. La loi par des formules de ce genre concède une grande liberté de l'incrimination à des organes qui lui sont extérieurs.

L'on proposera donc cet axiome : l'État ne peut déléguer son pouvoir pénal alors qu'il peut (ce n'est pas une obligation) déléguer à un organe non étatique le pouvoir d'infliger des sanctions administratives[45].

---

p1345 note J6P. Markus ; pour le GIP : TC 14 février 2000 Groupement d'intérêt public « Habitat et interventions sociales pour les mal-logés et les sans-abris », *AJDA* 2000 p410. Voir Fr. Melleray, « Une nouvelle crise de la notion d'établissement public. La reconnaissance d'autres personnes publiques spécialisées », *AJDA* 2003 p711.

[40] Décision n°89-260 DC du 28 juillet 1989 Li relative à la transparence du marché financier (rec. P71) cons. n°10. Il est vrai que dans cette décision le juge répondait à un moyen critiquant l'absence d'indépendance de la Commission des opérations de bourse.

[41] M. Delmas-Marty, C. Teitgen-Colly, *Punir sans juger?*, p42 et s;

[42] CC 1993 précitée à propos de l'amende infligée par le ministre des transports. C'est le cas également des sanctions fiscales.

[43] Le recours de pleine juridiction souvent expressément choisi par le législateur ces dernières années. Voir par exemple M. Bernard, « Le recours pour excès de pouvoir est-il frappé de mort ? », *AJDA* 1995 n° spécial p190.

[44] Article 43 ordonnance 22 décembre 1958 à propos de la discipline des magistrats. C'est aussi la formulation adoptée pour les Ordres professionnels.

[45] Pour une analyse semblable : M. Verdussen, *Contours et enjeux du droit constitutionnel pénal*, Bruylant 1995 p80.

La notion de sanction pénale en droit interne

Loïc DE GRAËVE
ATER à l'Université Jean-Moulin Lyon 3

Pour un juriste, et davantage encore pour un pénaliste, définir la sanction pénale n'apparaît pas de prime abord comme un exercice insurmontable. Cette notion possède en effet un caractère familier manifesté par des représentations concrètes et symboliques. Mais, dès lors que nous avançons dans l'analyse de ce concept, cette familiarité traduit en définitive une fausse accessibilité, nous invitant à une plus grande prudence dans la tâche que nous nous sommes engagés à remplir. L'acception de la sanction pénale navigue sur des eaux juridiques troubles qu'il faut s'efforcer de clarifier pour donner à la pratique pénale une cohérence qui doit être la sienne.

Mais dès avant de percevoir les difficultés pouvant surgir à l'étude de la sanction pénale, nous ne pouvons nous empêcher de regarder ce concept comme un objet relativement intelligible dans la mesure où nous possédons à travers lui l'un des éléments fondamentaux de la théorie générale du Droit. Le thème de ce colloque et les locaux dans lesquels il se déroule nous renvoie à l'un des plus éminents représentants de cette Université. Selon Paul ROUBIER, en effet, « la possibilité d'une sanction judiciaire fait partie intégrante de la règle de droit » et « toute règle de droit postule une sanction »[1]. La sanction serait donc inhérente au droit ; à ce titre, elle doit être considérée comme la finalité, la caractéristique, l'extériorisation même du droit. Elle permet donc aux requérants d'avoir le sentiment que justice a été rendue. Par cette mission que la sanction se voit ainsi confiée, elle constitue l'indispensable du Droit et de la Justice.
À partir de cette donnée classique[2], la question que nous devons nous poser peut être celle de savoir si, confrontée au droit pénal, la sanction

---

[1]ROUBIER (P.), *Théorie générale du droit,* Sirey, Paris, 1951, p37.
[2] L'importance de la doctrine ayant défendu cette thèse nous permet en effet de parler d'un certain classicisme en la matière. V. notamment AUBRY (Ch.) et RAU (Ch.), *Cours de droit civil français,* t.1, Paris, Marchal et Billard, 1869, p1-2 ; ESMEIN (A.), *Éléments de droit constitutionnel français et comparé,* Paris, Sirey, 6e éd., 1914, p35 ; KELSEN (H.), *Théorie*

peut jouer un rôle identique, c'est-à-dire être l'indispensable du droit pénal ? *A priori* et de manière purement analogique, la réponse ne peut être qu'affirmative : s'il ne peut y avoir de droit sans sanction, il ne saurait y avoir de droit pénal sans sanction pénale[3].

À l'image du concept générique de Droit, il existe une cause profonde permettant de considérer la sanction comme un élément indispensable au droit pénal. La sanction pénale est l'essence même du droit pénal. Le Doyen DECOCQ nous précise sur ce point que « la spécificité du droit pénal s'impose, dès l'abord, par sa sanction »[4]. Sans l'existence d'une telle mesure, l'infraction ne peut être caractérisée : « un interdit ou une obligation qui n'est pas pénalement sanctionnée n'est pas une infraction »[5]. Suivant une telle logique, l'infraction ne serait qu'un comportement sanctionné pénalement. Rien d'autre. En conséquence, la sanction pénale poserait les frontières du droit pénal et, dès lors qu'il n'y aurait plus de sanction pénale – effectivement prononcée ou théoriquement prévue – il n'y aurait plus de droit pénal. La sanction est donc ce qui fait l'intégrité même du droit pénal.

Quel enjeu alors est donc celui de définir la sanction pénale ! Établir une telle définition serait en effet définir non seulement les contours mais également la substance du droit pénal. Notre devoir pourrait ainsi se résumer à l'énoncé suivant : « Dis-moi ce qu'est une sanction pénale, je te dirais ce qu'est le droit pénal ».

Qu'entend-on alors par sanction pénale ? a première voie, elle apparaît, nous l'avons dit, comme un élément juridique dont l'exposé de sa

---

pure du droit, trad. H. Thévenaz, Neuchâtel, éd. de la Baconnière, 1988, spéc. p 70-77 ; « La validité du droit international », *Recueil des Cours de l'Académie de droit international,* La Haye, 1932 –IV, spéc. p124 ; GENY (F.), *Science et technique en droit privé positif,* t.1, Paris, Sirey, 1913 ; MARTY (G.) et RAYNAUD (P.), *Introduction générale à l'étude du droit,* Paris, Sirey, 2e éd., 1972, n°34 ; MALAURIE (P.) et MORVAN (P.), *Introduction générale,* Paris, Defrénois, 2003, n°40.

3 Sur ce point, V. notamment LEVASSEUR (G.), CHAVANNE (A.), MONTREUIL (J.) et BOULON (B.), *Droit pénal général et procédure pénale,* Paris, Sirey, 13e éd., 1999, spéc. n°3. Pour ces auteurs, le droit pénal serait « l'ensemble de règles de droit positif, de normes écrites, auxquelles sont attachées des sanctions particulièrement énergiques… » (*Ibid*). V. également ROBERT (J.-H.), *Droit pénal général,* Paris, PUF, coll. Thémis, 4e éd., 1999, spéc. p54 où l'auteur nous précise que « des sanctions, le droit pénal fait son objet principal… ».

4 DECOCQ (A.), *Droit pénal général,* Paris, A. Colin, coll. U., 1971, p13. Sur cette idée de reconnaissance de la spécificité du droit pénal grâce à la sanction pénale. V. également DESPORTES (F.) et LE GUNEHEC (F.), *Droit pénal général,* Paris, Economica, 9e éd., 2002, n°23.

5 DESPORTES (F.) et LE GUNRHRC (F.), *op. cit.*, n°22.

définition ou l'amorce d'explication serait superfétatoire tant la sanction pénale nous apparaît familière *via* entre autres les médias. Sur ce point, pénalistes ou non-pénalistes, nous avons tous notre perception de ce qu'est la sanction pénale. Mais cette perception est-elle la réalité ? Majoritairement, c'est la prison qui constitue la sanction pénale par excellence. Or, il existe dans cette discipline nombre d'autres mesures dont la qualification de sanction pénale n'est pas aussi aisée ;

La définition de la sanction pénale reste donc très paradoxale, ou tout du moins décevante voire désespérante. Nous avons des éléments et des critères de définition de la sanction pénale mais ces données se révèlent défaillantes pour définir réellement ce concept. De ce fait, si nous estimons être face à une définition simple de la sanction pénale (I) révélant l'identité entre le droit pénal et la sanction pénale, nous devrons admettre qu'il ne s'agit que d'une apparence et que la sanction pénale reste imperceptible. Elle reste très complexe et sa définition ne sera que très difficilement accessible (II). Nous en arriverons ainsi, par cette complexité, à définir le droit pénal au-delà de la sanction pénale… à moins que nous acceptions d'élargir notre conception même du droit pénal.

I- Simplicité apparente de la définition de la sanction pénale en droit interne

Tout d'abord, la sanction pénale peut effectivement apparaître comme un concept juridique relativement simple. Une analyse de ces différents éléments caractéristiques nous permet d'obtenir une vue précise de ce que nous devons entendre par la dénomination « sanction pénale ». Une définition peut ainsi être avancée : cette sanction serait la *mesure qui, légalement définie par les textes pénaux et dont la mise en œuvre respecte les principes de droit pénal, punit un délinquant suite à la commission d'une infraction pénale.* Une lecture attentive de cette définition nous pousse certes à établir l'identité entre le droit pénal et sa sanction mais également à dégager trois critères de détermination du concept de sanction pénale. Ainsi, nous devons entreprendre l'étude de cette notion sous trois approches successives : formelle (A), organique (B) et substantielle (C).

A- Approche formelle de la sanction pénale

Nul ne saurait nier l'exigence selon laquelle la sanction pénale doive nécessairement présenter un caractère légal. Compte tenu du principe de légalité qui règne sur le droit pénal, aucune sanction ne peut exister dans le domaine pénal si elle n'a point été légalement prévue. Dès les prémices de ce sacro-saint principe, la nature légale de la réponse répressive devant être apportée à la transgression de la norme n'avait été nullement occultée. N'énonçait-on pas déjà *Nullum crimen, nulla poena, sine lege* ?
Consacré par la Déclaration des droits de l'homme et du citoyen[6] - texte se voulant notamment le réceptacle des idées nouvelles en matière de répression – le principe de légalité appliquée à la sanction ne semble souffrir d'aucun tempérament tant il est synonyme de certitude, d'équité et de justice. En d'autres termes, nulle attaque ne paraît pouvoir l'atteindre compte tenu de sa mission essentielle de lutte contre l'arbitraire répressif caractéristique de l'Ancien Régime. Avec un tel critère en effet, aucune inconstance ne semble permise sur la définition de la sanction pénale. Il nous suffit d'entreprendre une lecture avisée des articles 131-1 et suivants du Code pénal pour savoir non seulement ce qu'est véritablement une sanction pénale mais également pour déterminer quelle est la nature de l'infraction an cause (crime, délit ou contravention).

Ainsi, une mesure ayant une certaine connotation contraignante ou punitive est donc une sanction pénale si et seulement si le législateur l'a définie comme telle, c'est-à-dire l'a expressément insérée dans une disposition pénale. Selon Jacques –Henri ROBERT, « sont pénales les sanctions qu'il plaît au législateur de qualifier ainsi »[7]. Ce serait donc la seule volonté du législateur qui déterminerait si une mesure doit être ou non qualifiée de sanction pénale. Mais en faisant cela, le législateur ne se contente pas de prévoir une réaction pénale pour un acte anti-social mais décide véritablement si un comportement est ou non une infraction pénale et, dans l'affirmative, détermine *in fine* sa nature. Par ce double mécanisme, nous retrouvons alors l'importance que l'on doit accorder à la phase d'incrimination.
Face à la révélation de cette importance, l'on pourrait donc croire que cette étape subordonne voire supplante la phase de la pénalité. Mais il

---

[6] V. DELMAS-SAINT-HILAIRE (J.-P.), « 1789 : un nouveau droit pénal est né », *Mélanges Jaubert*, Presses universitaires de Bordeaux, 1992, p161.
[7] ROBERT (J.-H.), *op. cit.*, p55.

n'en est rien puisque d'une part l'une et l'autre étape sont d'une importance équivalente : « il ne peut y avoir d'infraction pénale si l'un de ces deux éléments fait défaut »[8] nous précise-t-on ; d'autre part, il apparaît que la prévision d'une sanction pénale pour un comportement déterminé soit véritablement l'élément qui emporte un symbolisme plus fort dans la sphère sociale.

De ce fait, le caractère légal de la sanction pénale présuppose la reconnaissance par le législateur d'une valeur sociale précise dont l'importance est révélée à la société par le prononcé et l'exécution de cette sanction. L'incrimination joue certes le rôle principal –puisque liminaire – de la consécration d'un ordre social préexistant et devant de ce fait être protégé, mais la sanction pénale, à son niveau, joue un rôle identique. L'acte même par lequel un individu se voit effectivement infliger une telle sanction démontre la portée de chaque valeur officiellement identifiée.

Proche de ce symbolisme issu du critère formel, nous pouvons soulever un nouvel indice permettant d'approcher plus précisément la définition de la sanction pénale. Il s'agit du critère organique.

B- Approche organique de la sanction pénale

Outre le caractère légal, la sanction pénale doit être juridictionnelle. En effet, « le principe de légalité impose, en matière pénitentiaire qu'une sanction pénale ne puisse être ramené à exécution que si elle a été *préalablement prononcée par une juridiction légalement habilitée*, et à la suite d'un *procès mené régulièrement* »[9]. Cette exigence se divise donc en plusieurs composantes que nous devons dès présent préciser.

Tout d'abord, le caractère juridictionnel de la sanction pénale rend compte de la nécessité du juge pénal. La sanction prononcée lors d'un procès pénal est une atteinte évidente –mais légitime – à la liberté individuelle et, de ce fit et en vertu de l'article 66 de la Constitution[10], ne

---

[8] DESPORTES (F.) et LE GUNEHEC (F.), *op. cit.*, n°22.

[9] MERLE (R.) et VITU (A.), *Traité de droit criminel*, Cujas, Paris, 7e éd., 1997, n°666 (c'est nous qui soulignons). Les auteurs citent sur ce point l'adage *nemo damnatus sine juridictio* qui résume cet aspect du principe de légalité.

[10] Selon cet article, « nul ne peut être arbitrairement détenu. L'autorité judiciaire, gardienne de la liberté individuelle, assure le respect de ce principe dans les conditions prévues par la loi ». Ces dispositions ont une forte connotation pénale de sorte que l'autorité judiciaire en question revêt les traits du juge pénal.

peut que résulter naturellement d'une décision d'une juridiction répressive. En effet, « il paraît naturel que ce soit le juge pénal qui connaisse de toute accusation [et sanction] pénale[e] puisque la liberté et, en tout cas, l'honneur des personnes accusées est en cause »[11].

Devant la prégnance du *juge* répressif en matière de sanction pénale, la question que nous sommes en droit de poser est celle relative à la fonction du ministère public en ce domaine. La juridiction de jugement est en toute logique un indice nous permettant de déterminer ce qu'est une sanction pénale. Les autorités dépendant du Parquet peuvent-elles identiquement apporter leur aide à cette détermination ? Il semble que nous devions répondre par l'affirmatif. Le pouvoir de requérir en matière de sanction pénale n'appartient en effet qu'aux seuls membres du ministère public. Nous avons donc par cette référence au Parquet et au pouvoir de réquisitions un élément supplémentaire nous permettant de reconnaître une sanction pénale.

Nous remarquons donc que la sanction pénale suppose une double présence judiciaire représentée par les magistrats du Siège et du Parquet. Nulle incertitude ne règne donc en la matière dans la mesure où le statut du juge ou plus largement de magistrat en droit pénal ne semble nullement donner naissance à des difficultés particulières. Celles-ci n'interviennent qu'en ce qui concerne les qualités exigées pour cette mission, telles l'indépendance et l'impartialité et non en ce qui concerne la désignation comme autorité judiciaire d'une institution donnée. Mais énoncer les qualités requises nous amènent à la deuxième composante de l'approche organique.

Le juge répressif qui doit être seul à l'origine de la sanction pénale doit en toute logique respecter les principes fondamentaux du droit pénal et de la procédure pénale. À titre d'exemple, citons les principes d'équité et du contradictoire, le respect des droits de la défense, le respect de la présomption d'innocence, les principes de légalité et de non-rétroactivité des lois pénales plus sévères, le principe de l'interprétation stricte de la loi pénale, le droit à l'information... La liste peut être augmentée et l'apport symbolique[12] de la loi du 15 juin 2000 ayant intégré un article préliminaire en tête du Code de procédure pénale doit à ce titre être signalé. La sanction pénale est donc le résultat d'une instance suivie par une juridiction répressive compétente et respectant les voies du droit.

---

[11] GUINCHARD (S.) et BUISSON (J.), *Procédure pénale*, Litec, Paris, 2e éd., 2002, n°292.

[12] Sur cet apport strictement symbolique de l'article préliminaire du Code de procédure pénale, V. par exemple GUINCHARD (S.) et BUISSON (J.), *op. cit.*, n°289 ;

De ces différentes caractéristiques d'ordre juridictionnel découlent une autre condition qui doit davantage être perçue comme une conséquence de cette approche organique. Ainsi, compte tenu de la présence impérative d'une juridiction pénale, aucune peine ne peut être appliquée si elle n'a pas été expressément prononcée par cette dernière. Nous retrouvons ici l'interdiction des peines accessoires énoncée à l'article 132-17 du Code pénal. En forte opposition avec le précepte intégré à l'article 8 de la Déclaration des droits de l'Homme et du citoyen selon lequel « la loi ne doit établir que des peines strictement et évidemment nécessaires », ces peines accessoires ou automatiques doivent être bannies de tout le processus pénal[13] qui se trouve progressivement irrigué par une volonté d'individualisation de la sanction pénale. Or, il apparaît pour le moins criant que l'automaticité de ces peines va à contre-courant de toute cette philosophie pénale progressive.

Au-delà de ces approches organique et formelle qui finalement révèlent des critères de distinction extrinsèques à la sanction pénale, nous pouvons soulever un élément de définition qui lui est plus immanent. Il s'agit du critère substantiel.

C- Approche substantielle de la sanction pénale

Cette approche, que d'aucuns présentent sous le vocable de critère matériel[14], fonctionnel[15] ou encore finaliste[16], s'intéresse à l'essence même de la sanction pénale. Elle permet d'apporter une réponse au problème de la détermination exacte de la détermination exacte de la ou des fonctions de ce type de sanctions. En d'autres termes, aborder la sanction pénale sous un angle substantiel revient à se demander pour quelle raison cette dernière est infligée en réponse à une infraction.

La seule réponse que nous semblons devoir avancer peut apparaître à première vue lapidaire. Selon nous en effet, la sanction pénale n'existe

---

13 Cette disparition des peines accessoires du champ pénal demeure pour partie un vœu et non une réalité. En effet, de nombreuses législations pénales extérieures au Code pénal contiennent des dispositions auxquelles ont intégrées des peines accessoires étant pour la plupart des interdictions professionnelles.

14 V. entre autres MERLE (R.) et VITU (A.), *op. cit.*, n°655.

15 DESPORTES (F.) et LE GUNEHEC (F.), *op. cit.*, n°26.

16 Pour une vision sceptique du critère finaliste V. ROBERT (J.-H.), *op. cit.*,p54. Pourtant l'importance accordée à ce critère serait semble-t-il conforme à la conception de la jurisprudence du Conseil constitutionnel.

que pour *punir*. Mais la réponse se dédouble car la sanction pénale doit, à ce titre, être perçue comme une *mesure totalement déconnectée de toute idée de réparation.* Ainsi, classiquement, une distinction fondamentale peut être établie entre les sanctions punitives et les sanctions réparatrices[17] ; les sanctions pénales se plaçant semble-t-il exclusivement dans la première catégorie.

La sanction pénale se présente donc comme une réaction sociale gratuite, dont le seul but est d'infliger à une délinquante une réponse au mal commis. Cela renvoie aux « aspects matériels et moraux »[18] de la sanction à savoir ses côtés afflictif et infamant. Même si aujourd'hui le nouveau Code pénal occulte toute référence à ces caractères, il nous est impossible de ne pas percevoir avec une intensité certaine la prégnance de l'affliction ou de l'infamie.

Selon M.M. Conte et Maistre du Chambon, les sanctions pénales doivent donc être perçues « comme des châtiments infligés au condamné en rétribution de l'infraction qu'il a commise et du résultat néfaste qui en découle »[19]. Ainsi, si l'on décide d'infliger une sanction, c'est principalement parce que m'on se trouve devant un impératif de punition. On doit répondre par une souffrance au mal initialement répandu dans le groupe social par le délinquant. Le prononcé et l'exécution de la sanction pénale s'imposent dans la mesure où il existe une véritable obligation morale de punir ; cette obligation prenant naissance par le seul fait que l'on doit punir tout comportement contraire à l'ordre social. Difficile de ne pas entrevoir ici la pensée kantienne selon

---

[17] Il semble que malgré une histoire pour partie commune, le droit pénal et le droit civil, dans leur manifestation classique respective – punition pour le premier et réparation pour le second – aient conservé une relative indépendance. Les systèmes – celui de la loi des XII Tables notamment – qui peuvent paraître très proches de ces deux droits respectent la distinction dominante entre punition et réparation. Soit les mesures se succèdent : la composition pécuniaire s'est progressivement substituée au talion ; soit elles coexistent maintenant une stricte séparation entre les deux fonctions –comme la distinction entre le *fredus et le faidus.* Il y a certes un lien étroit entre ces fonctions – le mot *poena* en est la preuve marquante – mais ce lien ne saurait évoluer en une véritable confusion. Dès lors que l'autorité publique s'est développée, elle s'est sans cesse efforcée de garantir le clivage entre réparation et punition. Sur ce point, V. GAZZANIGA (J.-L.), *Introduction historique au droit des obligations*, PUF, coll. Droit fondamental, Paris, 1992, pp233-252, spéc. p234-235 et p239 ; CARBASSE (J.M.), *Histoire du droit pénal et de la justice criminelle,* PUF, coll. Droit fondamental, Paris, 2000, n°30.

[18] MERLE (R.) et VITU (A.), *op. cit.,* n°655.

[19] CONTE (P.) et MAISTRE DU CHAMBON (P.), *Droit pénal général,* A. Colin, Paris, 6e éd., 2002, n°76.

laquelle la punition doit intervenir de manière absolue, quelles que soient les circonstances, même si cette punition s'opérera sur une île déserte[20]. Il n'y aurait plus d'intérêt spécifique à prononcer une sanction pénale sinon d'apporter une réponse inexpressive et insipide à une infraction. D'ailleurs pourrions-nous encore parler de réponse dans la mesure où cette sanction pénale, froidement infligée, ne trouverait nul homme intéressé pour lui faire écho ?

De par ces quelques précisions, la vision que l'on a de la sanction pénale est pour le moins sombre. Mais ce caractère strictement punitif est-il pour autant négatif ? Le principe de gratuité, de pure rétribution, c'est-à-dire ce caractère exclusivement punitif de la sanction pénale soit-il être combattu ? Rien n'est moins sûr dans la mesure où découlent de ce caractère deux principes essentiels du droit pénal que sont la nécessité et la proportionnalité de la sanction pénale[21].

Il est donc indispensable de relativiser le caractère *a priori* péjoratif de la qualité punitive de la sanction pénale et percevoir derrière elle l'exigence d'un respect de la personne humaine à travers l'affirmation de préceptes pénaux issus de la philosophie des Lumières.

Mais relativiser la nature péjorative du critère principal de définition de la sanction pénale qu'est la punition, ne revient nullement à dévaloriser le caractère punitif lui-même. Il reste au contraire pour la sanction pénale sa donnée essentielle voire unique de sa signification.

Face à ce caractère exclusivement punitif comment faut-il alors considérer les autres fonctions affichées de la sanction pénale que sont notamment l'intimidation, la prévention, l'éducation, l'amendement, la réinsertion, la moralisation… ? Ces fonctions qui sont naturellement loin d'être critiquables ou condamnables, ne sont que des finalités souhaitées et donc incertaines alors même que la punition est le fondement, la substance même de la sanction pénale et par là-même du droit pénal. Il y a donc une certitude quant au caractère punitif de la sanction pénale alors que ses autres fonctions sont seulement hypothétiques. La perspective d'un monde meilleur, imaginé par Marc Ancel, grâce à la mise en place d'une politique criminelle de Défense sociale est-elle devenue une réalité quotidienne ? Nulle réponse ne semble ici nécessaire tant les difficultés – s'agissant notamment des détenus souffrants de

---

[20] KANT (E.), *Métaphysique des mœurs*, Vrin, Paris, 1979, p216.

[21] V. sur ce point l'article 8 de la Déclaration des droits de l'Homme et du citoyen selon lequel « la loi ne doit établir que des peines strictement et évidemment nécessaires ».

pathologies mentales – au sein de l'univers carcéral nous donne un éclairage criant du leurre entretenu par les finalités artificielles dévolues à la sanction pénale. La sanction pénale punit et satisfait éventuellement d'autres exigences mais elle punit avant tout et de manière certaine.

Joint aux éléments formel et organique, ce critère substantiel paraît nous offrir le sésame pour la construction d'une définition intelligible de la sanction pénale. Comme nous l'avons exposé précédemment[22], la sanction pénale serait une mesure qui, légalement définie par les textes pénaux et dont la mise en œuvre respecte les principes de droit pénal, punit un délinquant suite à la commission d'une infraction pénale.

Mais de cet exposé des éléments de définition, avons-nous véritablement une vision claire des choses ? Ces critères respectent-ils la réalité, c'est-à-dire démontrent-ils ce qu'est la sanction au sein du droit pénal ? Avons-nous véritablement l'identité selon laquelle le droit pénal se retrouverait à travers l'unique sanction pénale ? Est-ce que ces critères qui restent valables dans une grande mesure n'occultent pas finalement une part de la réalité pénale ?

C'est parce que nos réponses à ces questions restent relativement pessimistes que nous devons nous résigner à concevoir la simplicité de la définition de la sanction pénale comme une illusion. La définition de la sanction pénale qui se dégagerait des critères précédemment énoncés ne pourrait s'identifier avec le droit pénal, ou plus précisément le droit pénal ne pourrait s'identifier, de manière exclusive, avec cette définition. Le droit pénal existe certes à travers la sanction pénale mais également au-delà. Tentons à présent de cerner plus en détails pourquoi nous arrivons à une telle illusion et complexité du concept.

II- Complexité réelle de la définition de la sanction pénale en droit interne

Il nous suffit de reprendre chaque critère de définition, formel (A), organique (B) et substantiel (C) pour s'apercevoir à quel point ils sont incapables de rendre compte de la réalité. Une défaillance quasi-généralisée des éléments distinctifs est de ce fait perceptible. Un doute semble toutefois perdurer s'agissant du critère substantiel.

---

22 Cf *supra*, n°5.

A- Défaillance de l'approche formelle

L'impossibilité ou plus raisonnablement la difficulté d'apporter une définition de la sanction pénale *via* l'approche formelle peut prendre naissance dans une défaillance beaucoup plus profonde et atteignant le principe de la légalité lui-même. Ce précepte que nous avons précédemment sacralisé se trouve largement remis en cause ; certains auteurs allant même jusqu'à affirmer « le déclin manifeste du principe de légalité »[23]. En toute logique donc, la loi n'est plus à même de retranscrire parfaitement les diverses composantes du droit pénal dont fait partie la sanction.
Mais l'affaiblissement du légalisme pénal reste une question controversée voire réfutée. La légalité étant devenue un objet aux contours extensibles. Dès lors, prouver la faiblesse de l'approche formelle en démontrant la variabilité du principe de la légalité rend quelque peu aléatoire la pertinence de nos propos. C'est pourquoi nous devons percevoir de manière plus objective les raisons permettant d'affirmer que l'approche formelle demeure défaillante dans l'énoncé d'une définition de la sanction pénale.

Cette approche, donnant un rôle éminent à la loi, entraîne plusieurs conséquences : que la loi donne une définition précise de la sanction pénale et que la sanction pénale, légalement déterminée, soit la seule réponse possible à l'infraction. En d'autres termes, la norme doit définir non seulement *la* sanction pénale mais *toutes les* sanctions pénales. Or, nous nous rendons compte qu'aucune de ces deux exigences n'est parfaitement remplie.

L'importance accordée au caractère légal de la sanction pénale impose tout d'abord que la loi définisse la sanction pénale *lato sensu*. Pour déterminer ce qu'est une telle sanction, nous devions nous contenter de

---

[23] REBUT (D.), « Le principe de la légalité des délits et des peines », *in* CABRILLAC (R.), FRISON-ROCHE (M.A.) et REVET (T.) (sous la dir.), *Libertés et droits fondamentaux*, Dalloz, Paris, 9e éd., 2003, p512. Cet auteur conserve toutefois un très large optimisme quant au rôle et à l'importance actuels du principe de légalité. V. également CERF-HOLLENDER (A.), *Le déclin du principe de la légalité en droit pénal du travail*, thèse, Montpellier I, 1992 ; ZEROUKI (D.), *La légalité criminelle. Enrichissement de la conception formelle par une conception matérielle*, thèse, Lyon III, 2001 ; TERRE (F.), « La crise de la loi », *Archives de philosophie du droit*, 1980, p17.

lire la loi qui serait tenue de définir ce concept. La forme conditionnelle irrigue sciemment notre propos puisque nous ne pouvons nier le triste constat selon lequel la loi ne définit en rien ce qu'est une sanction pénale. Elle ne définit en effet nullement ce concept et le Code pénal n'utilise pas une seule fois le terme de sanction pénale. Il s'appuie exclusivement sur le concept de *peine*, sans d'ailleurs apporter la moindre définition générale de celle-ci. Il énonce certes ce que l'on doit entendre ou ce que regroupent les « peines criminelles », les « peines correctionnelles », les « peines contraventionnelles » ou encore les « peines complémentaires ». Mais rien n'est avancé sur *la* peine et encore moins sur la sanction. L'objet même de notre étude est donc ignoré par la loi.

En d'autres termes, pour se pourvoir d'une définition satisfaisante de la sanction pénale, nous ne pouvons nous référer à la loi et ce pour une double raison : elle ne fait aucune référence au concept de sanction pénale mais simplement à celui de peine et quand bien même nous assimilerions les deux concepts – ce que nous refuserons finalement -, nous serions incapables de nous référer à la définition légale de la peine car celle-ci n'existe pas.

Si nous occultons ce manque de définition, pourrions-nous toutefois assimiler sanction pénale et peine ? Le langage courant effectue e effet cette assimilation. Mais une telle démarche retranscrirait-elle la réalité ? La réponse demeure malheureusement négative et toutes nos tentatives pour parvenir à une acception stricte de la sanction pénale s'avèrent infructueuses. En effet, les sanctions pénales sont un ensemble composé de deux sous-ensembles que sont les peines et... les autres sanctions pénales. Mais en énonçant cette seconde catégorie de sanction, nous en arrivons alors à notre seconde exigence posée par l'approche formelle.

La stricte légalité des sanctions pénales impose en effet que d'autres mesures ne devraient pas pouvoir se voir attribuer un objectif identique aux mesures identifiées légalement. Or, nous venons de préciser qu'il existe, à côté des peines identifiées par la loi, d'autres sanctions pénales, rendant ainsi l'identité peine – sanction pénale totalement impossible.

Nous pourrions effectivement concevoir que l'ensemble dénommé « sanction pénale » soit composé de deux sous-ensembles distincts que seraient les « peines » et... les « autres sanctions pénales ». Mais le problème intervient dès lors que nous nous penchons plus en détail sur ces autres sanctions pénales qui finalement jouent un rôle identique à celui des peines et qui, malgré cela, ne possèdent nullement une nature légale. Explicitons notre propos par quelques exemples caractéristiques.

Il en est tout d'abord ainsi des *mesures de sûreté* qui ne sont pas prévues par la loi[24]. Ni définitions, ni énumérations exhaustives de ces mesures ne sont présentées au sein du troisième titre du Livre 1er du Code pénal. Ces mesures ont comme objectif affiché non de punir mais de protéger la société. Contrairement à la peine qui n'a comme fin que la seule application d'une certaine souffrance, les mesures de sûreté quant à elles visent un objectif plus profond et, *a priori* plus utile. Elles tendent en effet « à garantir la société contre le délinquant, soit en l'éliminant s'il n'est pas amendable, soit en l'amendant par des mesures appropriées, si la chose paraît possible… [et] s'inspire[nt] seulement de l'intérêt social auquel elle[s] associe[nt]… celui du coupable »[25]. Malgré cette spécificité, les mesures de sûreté demeurent des sanctions pénales mais ne sont pas naturellement considérées comme des peines ; leur nature utilitaire et non strictement répressive interdisant une telle assimilation.

Mais retenir le qualificatif de sanction pénale pour ces mesures de sûreté fait naître un inévitable paradoxe. Il ne suffirait pas en effet de lire la loi pour avoir une connaissance précise de ce qu'est la sanction pénale puisqu'une partie de cet ensemble – les mesures de sûreté – n'est pas contenue dans la loi. Pourtant, on nous rétorquera que toutes les dispositions considérées comme des mesures de sûreté sont incluses dans la loi. Certes, mais elles sont intégrées dans la catégorie des peines puisqu'elles trouvent leur fondement dans le titre III du Livre 1er du Code pénal[26]. Ce n'est qu'implicitement et par une lecture positiviste[27] de ces dispositions textuelles que les mesures de sûreté ont été révélées. Cette mise en avant de ces mesures a été accentuée par la Défense sociale nouvelle, de sorte qu'une nouvelle catégorie – officieuse – de sanctions pénales est née.

---

24 Notons toutefois que l'article 137 du Code de procédure pénale fait référence à la mesure de sûreté en énonçant qu'« en raison des nécessités de l'instruction ou à titre de mesure de sûreté, elle [la personne mise en examen] peut être astreinte à une ou plusieurs obligations du contrôle judiciaire ». Et cet article poursuit : « Lorsque celles-ci [les obligations] se révèlent insuffisantes au regard de ces objectifs [nécessité de l'instruction ou à titre de mesure de sûreté], elle [la personne mise en examen] peut, à titre exceptionnel ; être placé en détention provisoire ».

25 PATIN (M.), « La place des mesures de sûreté dans le droit pénal positif moderne », *RSC* 1948, p415.

26 Un exemple caractéristique peut être trouvé dans le suivi socio-judiciaire (C. pén., art. 131-36-1 à 131-36-8) qui doit être considéré à plusieurs titres comme une mesure de sûreté mais qui, textuellement parlat, est une peine.

27 Il faut entendre le terme « positiviste » dans le sens de l'École positiviste italienne née à la fin du XIXe siècle sous l'impulsion de LOMBROSO, FERRI et GAROFALO.

À côté des mesures de sûreté, il existe dans le sous-ensemble « autres sanctions pénales » les mesures décidées par le procureur de la République. Mais les étudier revient davantage à rendre compte de la faiblesse inhérente à l'approche organique.

B- Défaillance de l'approche organique

Nous avons énoncé précédemment[28] que la sanction pénale doit émaner d'une décision du juge, qu'elle doit être le fruit d'un jugement pénal respectueux des règles pénales de fond et de forme. Mais ce critère de définition est également défaillant dans la mesure où le prononcé d'un jugement, et par là-même la présence effective d'un juge, ne sont plus des éléments distinctifs de la sanction pénale pertinents. Deux situations peuvent en effet se rencontrer : soit il y a une absence de jugement, soit il y a une absence de juge. Notons que cette distinction se veut purement didactique et que les deux hypothèses sont fortement interdépendantes l'une de l'autre de sorte que la première situation entraîne inexorablement la non-intervention immédiate d'un juge.

Une sanction pénale peut tout d'abord être prononcée en l'absence de tout jugement. En est-il ainsi de l'amende forfaitaire prévue aux articles 529 à 230-3 du Code de procédure pénale ou de l'amende transactionnelle intervenant à la suite d'une transaction opérée notamment par les administrations des Eaux et Forêts ou des Douanes. Par une lecture attentive de l'article 6 du Code de procédure pénale, nous ne pouvons ignorer la nature strictement pénale des procédures suivies devant ce genre d'administrations[29]. La dénomination « sanction pénale » pour ce genre de mesures ne fait donc aucun doute ; et pourtant aucune autorité judiciaire n'intervient et, conséquemment, aucun jugement n'est prononcé.

L'exigence d'un jugement pour prouver l'existence d'une sanction pénale troue donc ses limites dès lors que nous débordons le cadre strict du droit pénal classique et que nous considérons ses aspects plus techniques.

---

[28] Cf *supra*, n° 9 et 10.

[29] L'alinéa 3 de l'article 6 du Code de procédure pénale énonce effectivement que l'action publique peut « s'éteindre par transaction lorsque la loi en dispose expressément », ce qui est le cas s'agissant des administrations précitées.

La faiblesse de l'approche organique s'accentue dès lors qu'il nous est possible d'avancer qu'une sanction pénale peut émaner d'une autre autorité que le juge. Certes, il existe les administrations que nous venons de préciser et sur lesquelles nous ne reviendrons pas. Nous devons ici porter une large attention à une autorité judiciaire susceptible de prononcer des mesures qualifiées pour certaines de sanctions pénales alors même que son rôle originel reste très lointain de ce prononcé. Cette autorité est le procureur de la République. Depuis la loi du 23 juin 1999, le procureur de la République a effectivement la possibilité de prononcer des sanctions pénales. Que ce soient les mesures de l'article 41-1 (rappel de la loi, orientation vers une structure sanitaire, réparation du dommage, médiation…) ou de l'article 41-2 du Code de procédure pénale relatif à la composition pénale (amende, suspension du permis de conduire, « TIG », réparation du dommage…), toutes doivent se voir attribuer la dénomination « sanctions pénales ».

Cette assimilation peut apparaître audacieuse voire fortement contestable. Ces mesures sont en effet considérées comme des mesures alternatives aux poursuites et à ce titre il semble discutable de les considérer comme de véritables sanctions pénales. Si le législateur met en œuvre un système de substitution afin d'éviter le déroulement d'un procès pénal, et d'une certaine manière l'application d'une sanction pénale, c'est qu'au préalable les mesures prévues se sont vues refuser le qualificatif *a priori* restreint de sanctions pénales.

Pourtant, et grâce notamment à l'infaillibilité probable de l'approche substantielle de la définition de la sanction pénale, le rapprochement entre ces mesures et les sanctions pénales paraît inévitable[30]. Il nous est de ce fait bel et bien possible d'avancer qu'une partie des sanctions pénales est prononcée en l'absence de juge.

Pour être précis, nous devons souligner que cette absence n'est pas totale. Le juge du siège n'est pas complètement absent puisqu'il intervient *in fine* en validant la proposition de composition pénale ; il s'agira dans ce cas du président du tribunal de grande instance ou du juge d'instance. Malgré ce bémol procédural, il faut tout de même noter qu'aucun jugement n'intervient, ce qui maintient intacte notre analyse.

L'approche organique, pareillement à ce que nous avons pu avancer pour l'approche formelle, est incapable de nous fournir des indications claires et invariables pour construire une définition de la sanction pénale.

---

[30] Pour une remise en cause de l'assimilation des dispositions de l'article 41-1 aux sanctions pénales, cf *infra*, n° 31.

Celle-ci semble s'émanciper du carcan sémantique dans lequel elle demeurait depuis des siècles. La sanction pénale n'est plus ce qu'elle a été plus précisément n'est plus seulement ce qu'elle a été. Que ce soit l'immixtion des mesures de sûreté ou des mesures prises par le procureur de la République ou les diverses administrations, la sanction pénale s'est diversifiée rendant par là-même inefficaces tous les critères distinctifs que nous avons pu soulever. Nos efforts restent-ils pour autant vains ? Ne possédons-nous pas toutefois une ultime chance de parvenir à une définition explicite de la sanction pénale ? Cette aide ne prend-elle pas les traits du caractère substantiel de cette sanction, caractère que nous espérons quant à lui infaillible ?

C- Infaillibilité de l'approche substantielle ?

De toutes les remises en cause que nous venons d'avancer, il semble avoir été révélé un principe directeur : le caractère punitif de la mesure. Seul ce critère peut finalement apparaître comme l'élément fédérateur de définition de la sanction pénale.

Même si le concept de *sanction* possède une connotation tant positive[31] que négative[32], nous ne pouvons nier le fait que, dès lors qu'il se voit attribuer l'adjectif *pénale*, il ne restitue que sa composante négative et donc répressive, c'est-à-dire la punition. Demeurant de ce fait dans une stricte pensée kantienne, ce ne serait donc pas seulement la peine mais bien plutôt l'ensemble "sanction pénale" qui possèderait ce caractère punitif.

Mais asséner une telle vérité emporte de lourdes conséquences qui devront tout d'abord être précisées et qui *in fine* repousseront notre entreprise -tenter de définir la sanction pénale en droit interne -vers les plus profonds abîmes sémantiques.

Suivant une telle logique d'assimilation de la sanction pénale à la punition, nous devrions reconnaître avant toute chose le caractère punitif des mesures de sûreté. La nécessité d'une infraction préalable va en ce sens et facilite cette reconnaissance ; la mesure de sûreté apparaît en effet comme la réponse à une infraction, réponse qui n'est pas exempte de

---

[31] En matière constitutionnelle, sanctionner revient à approuver, entériner ou consacrer officiellement une loi, un usage, un mot ou toute autre chose.

[32] L'acception négative de la sanction renvoie à sa signification la plus courante que nous connaissons en droit et qui indique le blâme ou le châtiment. Cette double perception -positive et négative -de la sanction pourrait être résumé par le titre de l'ouvrage de Jeremy BENTHAM, *Théorie des peines et des récompenses*.

contrainte et de souffrance. La mesure de sûreté, même si son objectif principal n'est pas de punir, exerce toutefois une punition dans la mesure où le fait n'est pas occulté et la mesure elle-même peut parfois être fortement contraignante[33]. Selon Jean PRADEL, « la mesure de sûreté, sans avoir pour but de faire souffrir le délinquant, le fait pourtant souffrir en réalité. »[34]. Comment pourrait-on soutenir par exemple qu''une interdiction professionnelle de cinq ans est moins sévère qu'un emprisonnement avec sursis ?

Dès lors que nous nous trouverions devant une mesure de sûreté, il nous serait donc très difficile de ne pas voir en elle ses traits punitifs qui, sans complètement la dénaturer, la défigure tout de même sensiblement. Ce caractère peut d'ailleurs être renforcé en pratique dans la mesure où par exemple les mesures de sûreté ne bénéficient pas de l'amnistie.

La même démarche d'intégration à une sphère punitive peut-elle être suivie s'agissant des mesures prises par le procureur de la République ?

S'agissant tout d'abord de la composition pénale, le caractère punitif des mesures édictées à l'article 41-2 du Code de procédure pénale peut être avancé sans réelle difficulté. Il nous suffit de citer ces mesures pour prendre conscience du rapprochement qui peut exister entre le mécanisme de la composition pénale et celui de la sanction pénale classique. Ainsi, notons par exemple l'amende de composition pour laquelle le caractère punitif s'induit de sa dénomination. Il en est de même de la remise au greffe du tribunal de grande instance du permis de conduire ou de chasser, qui sans reprendre le terme de suspension ou de retrait renvoie irrémédiablement à la sanction pénale -et donc punitive – de l'article 131-6 1°, 2° ou 8° du Code pénal. Un raisonnement identique peut être tenu en ce qui concerne le dessaisissement « au profit de l'État de la chose qui a servi ou était destinée à commettre l'infraction ou qui en est le produit »[35] ou bien encore l'accomplissement « au profit de la collectivité [d '] un travail non rémunéré »[36] pour une durée et dans un délai déterminés qui n'est autre qu'un "TIG bis". Enfin, l'obligation de

---

33 À titre d'exemples, nous pouvons citer la cure de désintoxication ou le suivi socio-judiciaire avec ou non une injonction de soins. Le terme même d' « injonction » démontre clairement que la mesure de sûreté peut être ure, disposition assez coercitive et finalement perçue comme une véritable punition.

34 PRADEL (J.), *Droit pénal général,* Cujas, Paris, 2000, n°555. L'auteur poursuit en précisant que « cette idée… s'est peu à peu développée avec la multiplication de ces mesures ».

35 Article 41-22° du Code de procédure pénale *Comp.* avec l'article 131-610° du Code pénal

36 Article 41-24° du Code de procédure pénale *Comp.* avec l'article 131-8 du Code pénal.

suivre un stage ou une formation dans un service ou organisme sanitaire, social ou professionnel de l'article 41-25° du Code de procédure pénale a trouvé son écho en tant que sanction pénale classique dans la loi du 12 juin 2003 ayant intégré au sein du Code pénal un article 131-35-1 relatif à l'obligation d'accomplir un stage de sensibilisation à la sécurité routière.
Ainsi, nous nous apercevons que l'ensemble des mesures inscrites comme instruments de la composition pénale se rapproche nettement de par leur nature des sanctions pénales. Elles renferment une donnée punitive identique à ce que nous connaissons classiquement pour les sanctions et que nous avons précisé. Ainsi, dans l'hypothèse où nous croyons à l'infaillibilité du critère substantiel de la sanction pénale, nous devons conclure d'une part au fait que les mesures de l'article 41-2 du Code de procédure pénale sont des sanctions pénales mais également et surtout que l'infaillibilité de l'approche substantielle se trouve ici confirmée. Ces mesures ayant effectivement une nature punitive.

S'agissant ensuite des dispositions de l'article 41-1 du Code de procédure pénale, plusieurs problèmes tendent à se poser. D'une part, sont-ce de véritables sanctions pénales ? Si oui ont-elles vraiment un caractère punitif ? Sur la première question, il conviendrait de raisonner par analogie. Si les mesures alternatives aux poursuites proposées par les dispositions de l'article 41-2 sont des sanctions pénales, il serait logique de voir dans les mesures alternatives aux poursuites proposées à l'article 41-1 des sanctions de nature identique. Il nous est possible de suivre effectivement une telle analogie tant les incidences d'une telle qualification ne sont pour l'instant nullement conséquentes[37]. Il en va autrement concernant la seconde question et la logique semble ici se rompre. Si nous estimons que ces mesures sont des sanctions pénales, cela signifierait – si nous continuons de croire en l'infaillibilité du critère substantiel – qu'elles ont une nature punitive. Or, s'agissant pourtant de véritables sanctions pénales, il apparaît plus délicat voire impossible de relever un quelconque caractère punitif pour ce type de mesure.
Mais refouler la nature punitive de ces mesures revient à occulter une vue entière de l'approche substantielle que nous avons mis en exergue. En effet, nous avons relevé précédemment que la sanction pénale devait se définir comme une mesure déconnectée de toute idée de réparation. Ce critère, plus large que celui relatif au caractère punitif de la mesure,

[37] Il n'y a en effet aucune incidence à dénommer une mesure de sanction pénale si aucun critère de définition de la sanction pénale n'est déterminé. Cette dénomination reste donc une simple formalité.

permettait de considérer les mesures de l'article 41-1 du Code de procédure pénale (rappel de la loi, orientation vers une structure sanitaire, régularisation de la situation, médiation) comme des sanctions pénales. Toutefois, cette dénomination ne pourra jamais être générale dans la mesure où parmi les mesures proposées figure expressément la réparation (!).

Nous ne pouvons donc nous satisfaire de telles fluctuations. Une catégorie de mesures doit recevoir une seule et même qualification. Or, si nous portons notre dévolu sur la dénomination de sanction pénale pour ce type de mesures, cela revient à admettre la défaillance du critère substantiel quant à l'élaboration d'une définition de la notion de sanction pénale en droit interne. Des sanctions pénales serait donc pour certaines, punitives pour d'autres non punitives mais déconnectée de toute idée de réparation ou pour d'autres encore en rapport étroit avec la réparation. N'y aurait-il pas alors un manque manifeste de clarté et surtout une déception face à un critère que nous avons cru incontestable ?

Conclusion

La sanction pénale est l'un des éléments constitutifs du droit pénal et à ce sujet elle doit être déterminée avec une certaine précision puisque de cet examen découlera la perspective de ce qu'est finalement le droit pénal. Mais « au moment de [la] définir, chacun se dérobe et la sanction reste une belle inconnue »[38]. Nous avons certes des indices nous permettant de savoir si telle mesure peut être intégrée dans la catégorie sanction pénale ; mais ces indices, valables pour un certain nombre d'outils juridiques, s'avèrent insuffisants pour beaucoup d'autres mesures.

Le critère substantiel tiré du caractère punitif des mesures ne permet pas, à l''instar des autres approches, d'apporter un élément de définition stable. La sanction pénale resterait donc sans définition stricte. Elle regrouperait un ensemble de mesures hétérogènes à finalités diverses.

Faut-il accepter un tel échec ? Devons-nous véritablement croire en l'impossibilité d'une définition claire de la sanction pénale alors que de celle-ci dépend l'intégrité même du droit pénal ? Nous ne pouvons nous résigner à un tel épilogue et tentons en conclusion d'énoncer des ultimes clés de lecture. Deux options s'offrent à nous. Du choix que nous ferons,

[38] JESTAZ (:P), « La sanction ou l'inconnue du droit », D. 1986, chr. 32, p. 197.

découlera une conception du droit pénal dans la mesure où, nous l'avons vu, une forte dépendance caractérisait le droit pénal et la sanction pénale.

Soit nous estimons que la sanction pénale ne peut se comprendre que comme une mesure punitive ou déconnectée de toute idée de réparation. Cette première solution reviendrait alors à exclure notamment les mesures de l'article 41-1 du Code de procédure pénale de l'ensemble « sanction pénale ». Cela serait plus conforme à leur esprit et conforterait le critère substantiel -caractère punitif ou mesure déconnectée de toute idée de réparation - dans son infaillibilité. Mais dans ce cas, au sein du droit pénal, à côté des sanctions pénales vont coexister d'autres sanctions non pénales[39]. La conséquence sera donc que l'identité selon laquelle le droit pénal ne se manifeste qu'à travers la sanction pénale est erronée. Le droit pénal existant en effet dans une telle hypothèse au-delà de la seule sanction pénale.

Soit nous estimons que la sanction pénale n'est pas seulement punitive et le droit pénal existerait alors exclusivement à travers la sanction pénale. Mais énoncer cela fait apparaître une nouvelle difficulté[40]. Quid en effet des sanctions administratives, comme le retrait de points, qui n'ont pas la dénomination de sanction pénale mais sont pourtant punitives et interviennent dans le droit pénal ? Le droit pénal existerait alors encore ici au-delà de la seule sanction pénale et notre identité entre droit pénal et sanction pénale tomberait à nouveau.
On se retrouve alors devant une situation plus ambiguë et plus complexe suivant laquelle le droit pénal semble perdre ses attributions les plus essentielles et les plus élémentaires, à savoir la sanction pénale comme critère principal de définition. Faut-il accepter cette altération des contours du droit pénal ? Comment sortir de l'incertitude ? Une aide semble provenir du domaine extra-pénal -droit constitutionnel -voire supra-national - Cour européenne des droits de l'Homme. Que le droit pénal saisisse ce renfort sous peine de ne plus savoir qui il est, comment se manifester et quel rôle jouer.

[39] Ce qui semble déjà être le cas avec les mesures de retrait de points

[40] Outre naturellement celle de mettre en exergue la faiblesse de l'approche substantielle.

Titre II
Les sanctions particulières

Des sanctions mixtes : l'exemple des sanctions fiscales et sanctions douanières

Wilfried JEANDIDIER
Professeur à l'Université Jean Moulin Lyon 3

Distinctions.- Il en va des sanctions comme des denrées alimentaires : certaines sont de la plus haute qualité, exprimant la quintessence de leur fonction et d'autres sont de qualité inférieure, peu ou. prou abâtardies, mais pas forcément moins redoutables. Comme il y a des croissants pur beurre et des croissants sans précision (c'est-à-dire à la margarine), des jus de fruits 100 % fruits et des jus à base de fruits, il y a les sanctions pénales et les autres sanctions. La sanction pénale est la sanction par excellence, c'est l'art optimal de punir et elle est prononcée par le meilleur des juges parce qu'il est indépendant et garant des libertés, le juge judiciaire. Pour garder un vocabulaire consumériste, on peut parler sans exagération de sanction pénale extra et cette sanction prend la forme d'une peine ou d'une mesure de sûreté. Mais l'art de punir, on le sait, n'est plus l'apanage du juge judiciaire et d'autres autorités ont été investies de ce redoutable pouvoir. C'est ainsi le cas de l'administration qui par exemple en matière fiscale peut prononcer l'impossibilité d'obtenir des commandes de l'État ou le retrait du permis de conduire ou en matière disciplinaire sanctionner à des degrés fort divers ses fonctionnaires. On peut dire qu'il s'agit de sanctions extra-pénales. Et c'est encore le cas d'autorités administratives indépendantes comme le Conseil de la concurrence ou la Commission des opérations de bourse devenue depuis peu Autorité des marchés financiers, qui peuvent prononcer notamment des sanctions pécuniaires confinant parfois au gigantisme.
Comme de telles sanctions ressemblent fort à des amendes pénales ces autorités indépendantes évoquent de véritables juridictions, on peut sans excès parler ici de sanctions para-pénales. Mais il arrive aussi à la sanction de punir et également de réparer, d'indemniser la victime qui n'est autre alors que l'État. C'est la sanction mixte : mi-pénale, mi-réparatrice, objet de cette étude.

Pérennité.- Il est a priori surprenant d'isoler ainsi une telle catégorie de sanctions. Ne peut-on en effet considérer que l'amende pénale, archétype de la sanction pénale et plus particulièrement de la peine, est *nolens volens* une sanction mixte ? Elle punit certes le délinquant mais étant recouvrée par le Trésor Public elle est ainsi perçue par la collectivité à laquelle l'infraction a nécessairement causé préjudice. L'observation n'est pas inexacte mais elle doit être relativisée car dans l'hypothèse de la sanction mixte l'État est la seule victime alors que dans l'hypothèse de l'amende pénale classique il y a non seulement la collectivité publique victime mais aussi le plus souvent au premier plan une victime privée. Lorsqu'il y a escroquerie, il y a atteinte aux intérêts de la personne escroquée et atteinte à l'ordre public ; lorsqu'il y a fraude fiscale, il y a atteinte aux intérêts de la personne fraudée qui est le fisc, soit une administration de l'État et atteinte à l'ordre public. L'osmose entre les préjudices s'exprime parfaitement par le concept de sanction mixte qui va punir l'agent pour l'atteinte à l'ordre public et simultanément dédommager la victime. La confusion des genres n'en est pas moins certaine et, comme tout hybride, la sanction mixte procède du monstre. C'est donc un monstre juridique. Monstre évolutif car ses deux faces changent au fil du temps, ce qui finit par devenir irritant, sauf pour l'État qui y a toujours trouvé son compte. Cet égocentrisme pénal exacerbé explique la vigueur de ces sanctions mixtes devenues pourtant anachroniques. Ne font-elles pas en effet songer à un pouvoir d'un autre âge, au pouvoir régalien, logiquement friand de confusions puisque le roi était source de tous les pouvoirs ? Comme le droit de grâce, les sanctions mixtes défient le temps et ont su s'adapter. On s'en convaincra aisément en commençant par dresser un inventaire de ces sanctions mixtes (I) puis en procédant ensuite à l'étude de leur régime (II).

I- Inventaire

Double domaine.- La sanction mixte ne se conçoit que si l'État, est une victime financière. Ce n'est à l'évidence pas le cas s'il y a atteinte à la sûreté de l'État et la répression des complots satisfait parfaitement de sanctions pénales pures, souvent d'ailleurs fort élevées. Mais lorsqu'il y a. fraude fiscale (A) ou fraude douanière (B), les intérêts financiers de l'État sont alors frappés de plein fouet et ces deux domaines sont ainsi le terreau des sanctions mixtes[1].

[1] On laissera de côté, pour ne pas surcharger l'exposé, le domaine forestier où les amendes mixtes ressemblent comme des sœurs triplées aux amendes fiscales et douanières (V. ainsi Crim. 25 novembre 1992, *Bull.* n° 392).

A) En matière fiscale

Amende.- La sanction réparation dans le droit des impôts prend principalement la forme d'une sanction pécuniaire et accessoirement d'une confiscation. La sanction pécuniaire, à lire le Code général des impôts, se matérialise de plusieurs façons, les textes visant tantôt une amende fiscale, tantôt une pénalité proportionnelle, tantôt une majoration de droits, tantôt des intérêts de retard. L'amende fiscale est la plupart du temps prononcée par l'administration elle-même, juge et partie, mais il arrive qu'elle soit prononcée par un juge, juge de l'impôt en cas de contravention aux dispositions relatives au droit de communication (CGI art. 1740) ou juge correctionnel pour les infractions à la réglementation en matière de contributions indirectes (CGI art. 1791 et LPF art. 1.235). Très souvent l'amende fiscale est d'un montant fixe : par exemple 15 euros pour le défaut de production dans les délais prescrits de l'un quelconque des documents tels que déclarations, états, relevés, extraits, pièces ou copies de pièces devant être remis à l'administration fiscale (CGI art. 1725) ; 1500 euros pour toute contravention aux dispositions relatives au droit de communication (CGI art. 1740) ; 15 euros à 750 euros pour les infractions aux lois régissant les contributions indirectes (CGI art. 1791). Mais il arrive aussi que l'amende fiscale ait un taux mobile, procédant d'un pourcentage prédéfini. Par exemple, lorsqu'il est établi qu'une personne, à l'occasion de l'exercice de ses activités professionnelles, a travesti ou dissimulé l'identité ou l'adresse de ses fournisseurs ou de ses clients ou sciemment accepté l'utilisation d'une identité fictive ou d'un prête-nom, elle est redevable d'une amende fiscale égale à 50 % des sommes versées ou reçues au titre de ces opérations (CGI art. 1740 ter, al.1). Et il arrive aussi que les deux systèmes soient combinés : ainsi les organismes qui ne se conforment pas aux obligations de communication à l'administration du montant des sommes transférées à l'étranger encourent une amende égale à 5 % du montant des sommes non communiquées ; mais si le contribuable apporte la preuve que le Trésor n'a subi aucun préjudice le taux de l'amende est ramené à 5 % et son montant plafonné à 150 euros en cas de première infraction (CGI art. 1740 bis).

Autres sanctions.- À côté de l'amende fiscale il peut aussi être prévu une pénalité proportionnelle dont un exemple typique est donné par l'article 1791 CGI précité en matière de contributions indirectes, texte fulminant une pénalité dont le montant est compris entre une et trois fois celui des droits, taxes, redevances, soultes ou autres impositions fraudés ou compromis. Cette pénalité proportionnelle est une sorte d'amende fiscale bis, se surajoutant ainsi à l'amende fiscale classique de taux fixe et illustrant, à merveille l'implacabilité intéressée de la répression fiscale. Autres formes assez proches de cette voracité punitive : les majorations de droits et les intérêts de retard. Pour illustrer les premières on prendra l'exemple de l'article 1728 CGI qui majore d'abord (al.1) de 10 % le montant des droits lorsqu'une personne physique ou morale tenue de souscrire une déclaration s'est abstenue de souscrire cette déclaration. La majoration est portée à 40 % si le document n'a pas été déposé dans les trente jours suivants la réception d'une mise en demeure notifiée par pli recommandé (al.2) et à 80 % si le document n'a pas été déposé dans les trente jours suivants la réception d'une deuxième mise en demeure notifiée dans les mêmes formes (al.3) ou en cas de découverte d'une activité occulte (al.4). Quant aux intérêts de retard ils complètent avantageusement cet arsenal fiscal, étant normalement dus en cas de défaut ou d'insuffisance dans le paiement ou de versement tardif de l'un des impôts, droits, taxes, redevances ou sommes établis ou recouvrés par la direction générale des impôts, le taux de cet intérêt étant fixé à 0,75 % par mois (CGI art. 1727). Enfin, autre sanction mixte, bien moins fréquente : la confiscation. Elle est notamment prévue en matière de contributions indirectes, la loi (CGI art. 1.791) visant ainsi la confiscation des objets, produits ou marchandises saisis en contravention, et en matière de droits de timbres, les timbres étant alors confisqués au profit du Trésor (CGI art. 1840 R).

B) En matière douanière

Amende.- On retrouve en droit douanier la dualité sanction pécuniaire-confiscation. La sanction pécuniaire est l'amende douanière qui a soit un taux fixe, soit un taux mobile. Le taux fixe des amendes est propre à trois des quatre classes de contraventions douanières, avec une hiérarchie à rebours, défiant l'entendement. Ainsi la première classe de contraventions est punie de l'amende fixe la plus élevée, allant de 300 à 3000 euros (CD art.- 410) alors que la classe la plus grave, soit la cinquième, connaît une amende fixe comprise seulement entre 90 et 450 E (CD art. 413 bis). La troisième classe, intermédiaire, connaît des amendes fixes oscillant entre 150 E et 1500 E (CD art. 412). Les amendes à taux mobile caractérisent les autres infractions douanières, à savoir les contraventions de la deuxième classe et les délits. Pour les premières le Code des douanes (art. 411) prévoit une amende comprise entre une et deux fois le montant des droits et taxes éludés ou compromis. Pour les délits douaniers de la première classe (soit contrebande, importation et exportation sans déclaration) l'amende est comprise entre une et deux fois la valeur de l'objet de fraude (CD art. 414, al.1) mais elle devient simplement égale à la valeur des marchandises lorsque le délit porte sur des marchandises non prohibées dont la valeur n'excède pas 770 euros (art. 414~ al.2). Cette dernière disposition, due à une loi récente (loi du 8 juillet 1987) étant un bel exemple de coquecigrue législative puisque pour des faits identiques soumis à un concours de qualifications (délit de la première classe d'un côté, contravention de la troisième classe de l'autre), la qualification la plus élevée est porteuse de l'amende la plus faible... Pour les délits de la deuxième classe (soit blanchiment de l'argent de la drogue ou de la contrebande), l'amende est comprise entre une et cinq fois la somme sur laquelle a porté l'infraction ou sa tentative (CD art. 415, al.1). Mais, innovation introduite récemment par une loi du 18 mars 2003 dite "pour la sécurité intérieure", si les faits portent sur des marchandises dangereuses pour la santé, la moralité ou la sécurité publique (leur liste étant dressée par décret) ou si les faits ont été commis en bande organisée, l'amende peut aller jusqu'à cinq fois la valeur de l'objet de fraude (CD art. 415 ; al.2).

Confiscation.- Cette sanction redoutable n'est prévue, en matière de contraventions, que pour leur troisième classe, le Code (art. 412) visant à cet égard la confiscation des marchandises litigieuses. En revanche, pour les délits douaniers la confiscation est omniprésente. On la rencontre d'abord pour la première classe de ces infractions, la confiscation étant alors d'une autre envergure, pouvant porter sur les moyens de transport, sur les objets servant à masquer la fraude et bien entendu sur l'objet de fraude (CD art. 414). Pour les délits de la deuxième classe la confiscation porte sur les sommes en infraction ou sur une somme en tenant lieu lorsque la saisie n'a pu être prononcée (CD art. 415, al.1).

Avec le bref inventaire qui vient d'être fait, on parvient en quelque sorte à une connaissance panoramique des sanctions mixtes, fiscales et douanières. Mais cette connaissance reste superficielle et pour la parfaire il convient désormais de mesurer l'hybridité de ces sanctions en examinant leur régime.

II) REGIME

Dualité. L'intérêt d'une telle étude est de permettre de découvrir l'importance respective de chacune des deux fonctions, la fonction punitive (A) et la fonction réparatrice {B). Faute d'un véritable équilibre entre ces deux fonctions, l'hybridité des sanctions mixtes devient problématique, et aussi à l'évidence la catégorie elle-même des sanctions mixtes.

A) Fonction répressive

Premiers indices.- Il est d'abord certain que les sanctions mixtes sont soumises à des grands principes qui caractérisent la matière répressive ou, si on préfère, pénale (lato sensu). Ainsi, la Cour européenne des droits de l'homme, dans son arrêt Bendenoun[2], rendu à propos des majorations de retard prévues par l'article 1729 CGI, a jugé que ces majorations ne tendent pas à la réparation d'un préjudice pécuniaire mais "à punir pour empêcher la réitération d'agissements semblables.", ces majorations se fondant "sur une norme de caractère général dont le but est à la fois préventif et répressif". D'où applicabilité de l'article 6 de la Convention européenne des droits de l'homme avec notamment l'exigence d'un procès équitable dans un délai raisonnable. Le Conseil d'État a adopté la même position[3]. Et les amendes douanières elles aussi ressortissent à la matière pénale en raison de leur sévérité[4]. D'ailleurs la contrainte par corps qui permet de garantir le recouvrement des amendes douanières (CD art. 382) et aussi des sanctions fiscales (LPF art. L.272) doit être considérée comme une peine[5]. Autre règle phare indice d'une véritable répression : la proportionnalité, qui n'est pas nécessairement limitée aux sanctions prononcées par une autorité judiciaire[6] et qui notamment a investi les amendes douanières[7]. Mais la règle, du moins selon la Cour de cassation, n'est pas absolue puisqu'elle n'a pas prise sur

---

2 CEDH, 24 févr. 1994, Bendenoun c. France, *JCP* 1995, II, 22372.

3 CE avis, 31 mars 1995, *AJDA* 1995, p.739.

4 CEDH, 24 sept. 1997, Carrafyllou Aebe c. Grèce, *AJDA* 1997, 982.

5 CEDH, 8 juin 1995, Jamil c. France, *AJDA* 1995, 727.

6 Cons. const. 30 déc. 1987, *JO* 31 déc. 1987.

7 CJCE, 15 déc. 1976, Donckerwolcke, Rec. CJCE, 1921 et 30 nov. 1977, Cayrol c. Rivoira, Rec. CJCE, 2261 ; Crim.5 déc. 1983, *Bull.* n° 325 à 327.

des comportements frauduleux. De toute façon l'évolution législative révèle la montée en puissance de cette proportionnalité à propos des pénalités... proportionnelles faisant référence à des multiples, le législateur ayant pris soin d'abaisser ces multiples réduits désormais au double ou au triple (sauf l'hypothèse paroxystique du blanchiment de l'argent de la drogue). Quant à la confiscation et plus particulièrement la confiscation en valeur, elle devient une sanction disproportionnée au regard du principe de libre circulation des marchandises lorsqu'elle sanctionne une omission de procéder à des formalités douanières portant sur des marchandises pouvant être importées librement[8]. Et l'application des principes classiques de solution du droit transitoire pénal en droit douanier et aussi fiscal conforte leur aspect répressif[9]. Enfin le principe de la personnalité des peines n'est pas inconnu des sanctions mixtes. Ainsi l'action publique est éteinte -par le décès du prévenu avant condamnation définitive et l'amende douanière ne pourra atteindre ses héritiers[10].

Autres indices.- D'autres manifestations de la fonction répressive peuvent être rapidement mentionnées. L'une des plus spectaculaires est la- contamination des sanctions mixtes par la règle, de l'individualisation de la répression et plus particulièrement par le jeu de la mitigation de la répression. C'est évoquer directement le mécanisme des circonstances atténuantes. Elles se sont ainsi développées en matière fiscale permettant désormais {depuis 1977) de fixer le minimum des condamnations encourues dans le cadre des contributions indirectes au tiers de la somme servant de base au calcul de la pénalité proportionnelle alors qu'auparavant l'abaissement ne pouvait excéder le montant des droits fraudés (CGI art. 1800). Non seulement le délinquant verra de la sorte sa pénalité proportionnelle réduite mais il pourra en outre être libéré de la confiscation encourue (sauf pour les objets prohibés). L'évolution est comparable en matière douanière où depuis 1977 le tribunal peut réduire les amendes douanières jusqu'au tiers de leur montant minimal sans pouvoir descendre au-dessous de 150 euros ou 300 euros selon que les amendes sont définies en fonction des droits ou de la valeur (CD art. 437). Quant à la confiscation douanière, la juridiction peut en libérer le contrevenant s'il s'agit de moyens de transport ou d'objets ayant servi à masquer la fraude ou encore réduire le montant des sommes tenant lieu

---

[8] Crim. 24 janv. 2001, *D.* 2001, 1976.
[9] Crim. 17 déc. 1984, *Bull.* n° 405 ; 13 déc. 2000, *Bull.* n° 376.
[10] Crim. 4 oct. 1972, *D.* 1973, 278.

de confiscation des marchandises de fraude jusqu'au tiers de leur valeur (CD art. 369). Autre assimilation d'un mécanisme pénal : celle du sursis. Il est ainsi possible dans le cadre des contributions indirectes si le condamné n'a jamais été l'objet d'un procès-verbal suivi de condamnation de transaction et ce sursis ne peut concerner que la partie de la peine excédant la somme servant de base au calcul de la pénalité d'une à trois fois les droits (CGI art. 1801) : Enfin se rattachent sans conteste à l'aspect sanctionnateur l'impossibilité d'affecter les fonds saisis au paiement de l'amende douanière (Crim. 19 janv. 2000, B. n° 31), le délai de prescription quinquennale tant de l'amende douanière (CD art. 382-5) que de l'amende fiscale du moins lorsque celle-ci est prononcée par la juridiction pénale (LPF art. L. 188, al.3), l'impossibilité d'exercer la contrainte par corps après l'expiration du délai de prescription de la peine[11], le défaut d'effet des actes interruptifs de prescription sur l'amende douanière, énumérés par l'article 2244 C. civ. s'ils sont invoqués par l'auteur du délit douanier, la possibilité de prononcer l'amende en préjudice causé au Trésor[12], la non-soumission des amendes douanières et des peines prévues par l'article 1879 CGI à la suspension des poursuites individuelles en cas de mise en redressement judiciaire de la personne poursuivie[13] et le doublement de la répression en cas de récidive (CGI art. 1804 A ; CD art.370).

B- Fonction réparatrice

Premiers indices.- La fonction réparatrice des sanctions mixtes s'exprime elle aussi de manière diversifiée. Ainsi tout d'abord en cas de pluralité de contrevenants il ne sera prononcé qu'une amende douanière s'il n'y a qu'une infraction[14]. Ainsi encore l'amende pourra être prononcée même en l'absence de poursuites du ministère public lorsque l'administration lésée (douanes) exerce l'action pour l'application des sanctions fiscales[15] et l'amende douanière à laquelle a été condamné le préposé pourra être mise à la charge du civilement responsable[16]. Une manifestation particulièrement caractéristique de la fonction indemnisatrice est l'ignorance du principe du non-cumul des peines :

[11] Crim. 31 1983, *Bull.* n° 39.
[12] Crim. 17 mai, *Bull.* n° 749, pour une amende douanière.
[13] Crim. 20 nov. 1978, *D.* 1979, 525 ; 28 avr. 1997, *Bull.* n° 149.
[14] Crim. 6 mai 1971, *Bull.* n° 139.
[15] Crim. 7 avr. 1992, *Bull.* n° 145.
[16] Crim. 19 févr. 2003, *Bull.* n° 43.

seront dès lors prononcées cumulativement les pénalités autant de fois qu'il y aura eu de droits de nature diverse lésés, en matière de pénalités fiscales[17] comme d'amendes douanières (CD art. 439-2) ou de confiscation douanière (même texte). Et, conséquence logique, l'amende douanière pourra se cumuler avec l'amende prononcée pour une infraction de droit commun[18]. Au demeurant, d'une manière plus générale, la jurisprudence estime qu'il est possible de prononcer des sanctions fiscales parallèlement à des sanctions classiques infligées par un jugé répressif[19]. Ce cumul semble peu conforme aux dispositions de la Convention européenne des droits de l'homme et notamment au principe "Non bis in idem" consacré par un de ses Protocoles additionnels.

Autres indices.- Une autre solution remarquable est l'inapplicabilité du sursis aux amendes douanières, le Code (CD art. 369-1) ne prévoyant en effet le sursis que pour les sanctions pénales, c'est-à-dire l'emprisonnement[20] et on retrouve logiquement la même exclusion pour la confiscation douanière (CD art. 360, 1°). S'agissant ensuite des sanctions fiscales en matière de contributions indirectes, il a été jugé que le principe de proportionnalité du droit communautaire ne s'applique pas à elles[21]. Quant à la confiscation fiscale, elle peut être poursuivie, tout comme d'ailleurs la pénalité proportionnelle, contre les héritiers en cas de décès du prévenu avant jugement définitif et elle n'est pas systématiquement liée à la condamnation de l'agent[22]. Pour ce qui concerne ensuite les intérêts de retard et en particulier ceux prévus par l'article 1727 CGI, le Conseil d'État a émis l'avis[23] qu'ils visent essentiellement à réparer les préjudices de toute nature subis par l'État à raison du non-respect par les contribuables de leur obligation de déclarer et payer l'impôt aux dates légales. Ces intérêts ne sont donc pas une sanction dès lors que leur niveau, certes triple de celui de l'intérêt légal, n'est pas manifestement excessif au regard du taux moyen pratiqué par les prêteurs privés pour un découvert négocié". Enfin la possibilité pour le tribunal de prononcer une confiscation en valeur au lieu d'une

---

17 Crim. 1.7 févr. 1992, *Bull.* n° 75.
18 Crim. 12 déc. 1983, *Bull.* n° 337.
19 Crim. 4 sept. 2002, *Bull.* n° 157.
20 Crim. 23 nov. 1987, *Bull.* n° 422, premier arrêt.
21 Crim. 15 janv. 1995, *Bull.* n° 19.
22 Crim. 23 nov. 1981, *Bull.* n° 310.
23 12 avr. 2002, *D.* 2002, p. 1467.

confiscation en nature de l'objet de fraude (CD art. 435), en particulier si cet objet s'est déprécié, participe plutôt d'une logique réparatrice.

Conclusion.

De quel côté penche en définitive la balance ? Peine ou réparation ? Lorsqu'ils prennent ouvertement position sur cette délicate question, les arrêts de la Cour de cassation ne sont pas unanimes. Certains évoquent la double nature des sanctions mixtes[24], d'autres leur caractère pénal prédominant[25], d'autres leur caractère pénal, tout court[26]. Il est certain qu'au fil du temps l'aspect sanctionnateur s'est renforcé mais l'aspect indemnisateur n'a pas pour autant capitulé. Un observateur avisé ne saurait se contenter d'enregistrer cette évolution en ayant recours au paravent de l'hybridité. La monstruosité des sanctions mixtes, déjà mentionnée, perdure et même s'aggrave dans la mesure où une sanction devient moins mixte si elle est devenue plus punitive et moins réparatrice qu'autrefois. Le droit positif en la matière reste fort critiquable. Ainsi certains intérêts de retard sont des sanctions et d'autres non. Ainsi le principe de proportionnalité est à géométrie variable et la règle "Non bis in"idem" fantomatique. Il faut ainsi souhaiter que l'essor du concept de matière pénale et la fascination pour les modèles supra-nationaux conduisent à un arrimage définitif des sanctions mixtes dans le port des vraies sanctions. Et il faut aussi craindre que les intérêts financiers n'entravent la désagrégation des sanctions mixtes, la fin (financière) justifiant toujours les moyens (dérogatoires).

---

[24] Crim. 28 avr. 1997, *Bull.* n° 149 ; 19 janv. 2000, *Bull.* n° 30.

[25] Crim. 31 janv. 1983, *Bull.* n° 39 ; 28 avr. 1986, *Bull.* n° 42.

[26] Crim. 29 janv. 1998, *Bull.* n° 36.

Les sanctions des atteintes au milieu : domaine public naturel et environnement : Les sanctions administratives et fiscales

Sylvie CAUDAL
Professeur à l'Université Jean Moulin Lyon 3

Les sanctions administratives, définies comme les mesures répressives infligées par l'administration, ne cessent, bien que décriées, de se développer. Longtemps condamnées par la doctrine, qualifiées voici près de quarante ans de « pseudo-droit pénal »[1], ou plus récemment résumées par la formule « Punir sans juger »[2], elles font *a priori* figure d'anomalie dans un système juridique bâti autour de la séparation des pouvoirs : car s'il s'agit bien, comme pour les sanctions pénales, de mesures répressives[3], elles sont infligées en dehors de la voie répressive judiciaire (le juge pénal), mais aussi de la voie répressive juridictionnelle administrative (à laquelle se rattachent les contraventions de grande voirie). Pourtant le Conseil constitutionnel, au départ réservé voire hostile à cette technique[4], a fini par en admettre la constitutionnalité, mais à condition que ne soient pas prononcées des peines privatives de liberté, et que soient sauvegardés les droits constitutionnellement garantis[5].

Quoi qu'il en soit, cette répression administrative fait toujours l'objet d'un fort engouement. Au départ cantonnée à des domaines bien limités – fonction publique, impôts, contrats – elle a pris de l'ampleur à partir des années quarante, avec en particulier les problèmes d'organisation du

---

[1] M. Waline, *Traité de droit administratif*, Sirey, 9ème éd. 1963.

[2] M. Delmas-Marty, C. Teitgen-Colly, *Punir sans juger ? de la répression administrative au droit administratif pénal*, Economica, 1992.

[3] Ce qui les distingue en principe non seulement des mesures de police administrative, mais aussi des mesures restitutives tendant à la réparation des dommages. Ceci étant, la séparation n'est pas aussi claire qu'il paraît entre prévention et répression, ce qui engendre parfois des difficultés de qualification.

[4] La décision la plus rigoureuse à cet égard étant la décision n° 84-181 DC des 10 et 11 octobre 1984, *Rec.* p. 73. Pour un rappel de la position initiale du Conseil constitutionnel, voir par ex. : F. Moderne, *Sanctions administratives et justice constitutionnelle*, Economica, 1993, p. 183.

[5] Décisions n° 88-248 DC du 17 janvier 1989 (*Rec.* p. 18 ; *GDCC* n° 42) et n° 89-260 DC du 28 juillet 1989 (*Rec.* p. 71).

ravitaillement[6], et s'est ensuite développée et diversifiée : aujourd'hui, si les sanctions fiscales en constituent la plus grande partie elle a dépassé le strict cadre des relations entre l'administration et son entourage immédiat pour investir le monde économique et le quotidien des individus. On la trouve dans les secteurs de la santé, du travail et de la formation professionnelle, de la culture et de la communication, des relations financières et des marchés, des transports et de la circulation, mais aussi de l'enseignement, de la sécurité, du sport, de l'habitat et du logement... et bien sûr de l'environnement. Quant au cercle des détenteurs du pouvoir de sanction, il s'est lui aussi élargi : aux autorités publiques traditionnelles, s'ajoutent les autorités administratives indépendantes. Les avantages en termes de rapidité, d'efficacité et d'adaptation de la répression[7] expliquent ce développement croissant, auquel l'environnement n'a pas échappé : les sanctions administratives, qui existent ici de longue date, ont commencé à véritablement se diversifier depuis 1992 (I). Le régime juridique en résultant apparaît fort disparate, ce qui n'est pas sans susciter certaines interrogations (II).

I) UN DOMAINE EN EXPANSION CONSTANTE

Apparues dès la loi du 19 décembre 1917, les sanctions administratives font alors figure de précurseur s'agissant d'environnement (A), avant de connaître, depuis une trentaine d'années, un développement exponentiel (B).

---

[6] M. de Juglart, « Les sanctions administratives dans la législation récente », *JCP éd. G*, 1942, I, n° 283.

[7] V. par ex. : Conseil d'État (Étude), *Les pouvoirs de l'administration dans le domaine des sanctions*, Documentation française, 1995, p. 70 ; H.-M. Crucis, « Sanctions administratives », *J.-Cl.A*, Fasc. 108-40, n° 4.

A- Le caractère précurseur de la législation relative aux établissements dangereux, insalubres ou incommodes

À partir de 1917, le dispositif de sanctions administratives va être régulièrement enrichi, à tel point que la panoplie apparaît aujourd'hui fort diversifiée.

L'ancienneté et l'enrichissement progressif du dispositif

La réglementation sur les établissements insalubres fait partie des plus anciens outils de protection de l'environnement puisqu'elle remonte à un décret du 15 octobre 1810. Mais même s'il faut attendre son remplacement par la loi du 17 décembre 1917[8] pour voir apparaître les sanctions administratives, il s'agit de l'une des toutes premières instaurations de celles-ci : au sein du titre V relatif aux pénalités, il est en effet prévu qu'en cas d'inobservation des conditions et réserves « essentielles » fixées à l'industriel, le préfet peut suspendre provisoirement les autorisations des établissements de première ou deuxième classe, voire fermer temporairement les établissements de troisième classe. Toute une procédure, à la fois longue et complexe, préalable à l'édiction de la sanction est d'ores et déjà mise en place : premier procès-verbal de l'inspecteur des établissements classés constatant les carences, application des pénalités et mise en demeure par le tribunal correctionnel, puis second procès-verbal constatant l'inobservation persistante (article 34). Logiquement, la décision préfectorale est susceptible dans les deux mois de recours devant le Conseil de préfecture, puis éventuellement d'appel devant le Conseil d'État. Mais l'un comme l'autre peuvent, avant dire droit, ordonner la réouverture provisoire de l'établissement (article 35). On le voit, la procédure est mixte, à la fois correctionnelle et administrative.

Si la loi du 20 avril 1932, dite « Morizet »[9], distingue mieux la répression pénale et la répression administrative, elle vient en revanche imbriquer plus étroitement l'intervention du préfet, laquelle est diversifiée, et celle du juge administratif. Elle prévoit qu'« indépendamment des poursuites correctionnelles », et toujours à la suite du rapport de l'inspecteur des établissements classés, le préfet a le pouvoir d'adresser à l'industriel une mise en demeure de se mettre en conformité ; en cas d'échec, le préfet

---

[8] Loi du 19 décembre 1917 relative aux établissements dangereux, insalubres ou incommodes, *JO* 21 décembre 1917.

[9] Loi du 20 avril 1932, modifiant la loi du 19 décembre 1917, *JO* 21 avril 1932.

transmet son arrêté au Conseil de préfecture, lequel peut confirmer l'injonction et la mise en demeure, et fixer toute mesure de nature à faire cesser un danger grave d'insalubrité ou d'incommodité. En cas de nouvel échec, le préfet peut alors suspendre provisoirement le fonctionnement de l'établissement, et procéder soit à l'apposition de scellés[10], soit à l'exécution d'office des mesures prescrites, aux frais de l'industriel. La même procédure est possible s'agissant de la fermeture d'un établissement de troisième classe. Mais il semble que ce système de sanctions très graves soit pratiquement resté lettre morte[11].
L'adoption de la Constitution du 4 octobre 1958 ayant conduit à la distinction des matières législatives et réglementaires, un décret du 27 décembre 1958[12] est venu non seulement en tirer ici les conséquences mais aussi apporter quelques modifications importantes. Si le préfet dispose des mêmes pouvoirs qu'auparavant, l'exigence d'une inobservation des conditions et réserves « essentielles » a disparu ; et, du point de vue de la procédure, toute intervention en amont du Tribunal administratif[13] a disparu. Seulement, un système de contrôle hiérarchique y est substitué, car si le préfet ordonne la suspension de l'établissement (voire, la fermeture d'un établissement de troisième classe), il doit immédiatement transmettre son arrêté au ministre de l'Industrie, lequel statue après avis du comité consultatif des établissements classés. En outre apparaît la faculté d'obliger l'industriel à continuer de payer les salaires des employés.
Ce décret fut déclaré illégal par le Conseil d'État : par l'étendue des pouvoirs conférés à l'autorité administrative, notamment la possibilité d'une fermeture provisoire d'un établissement « sans la garantie que constituait précédemment l'intervention du Conseil de préfecture », il portait atteinte aux principes fondamentaux du régime de la propriété[14]. Mais comme entre-temps ses dispositions avaient été intégralement

[10] Selon la loi de 1917, seul le tribunal pouvait ordonner l'apposition de scellés (article 35, dernier al.).
[11] En ce sens, voir C. Gabolde, *Les installations classées pour la protection de l'environnement*, Sirey, 1978, n° 468.
[12] Décret n° 58-1458 du 27 décembre 1958, *JO* 4 janvier 1959 : c'est l'article 2 qui nous intéresse ici.
[13] On rappelle que les Tribunaux administratifs ont, en 1954, remplacé les Conseils de préfecture.
[14] CE Sect. 16 octobre 1964, Ministre de l'Industrie c/ Sieur Rollet, *Leb.* p. 472.

reprises par la loi du 2 août 1961[15], le dispositif n'a pas cessé de s'appliquer.
On voit donc à travers ces textes que la dissociation entre l'intervention de l'autorité administrative et celle du juge, d'abord correctionnel puis administratif, s'est progressivement affirmée, en même temps que s'étoffait la gamme des sanctions.

Une panoplie aujourd'hui diversifiée

La loi du 19 juillet 1976[16], qui s'est substituée à celle de 1917, consacre son titre VII aux sanctions administratives : il s'agit des articles 23 à 25, plusieurs fois modifiés depuis, et aujourd'hui codifiés aux articles L. 514-1 à 514-3 du code de l'environnement[17] (c. env.). D'une façon générale, toute intervention ministérielle est en 1976 supprimée[18] : on est revenu au système de 1917 et 1932, mais sans intervention préalable d'aucune juridiction, qu'elle soit correctionnelle ou administrative. Plus précisément, la loi distingue deux hypothèses de sanctions administratives.

Tout d'abord, en cas de non-respect, constaté par un inspecteur ou un expert, des prescriptions imposées à l'exploitant, le préfet met celui-ci en demeure de satisfaire à ces conditions. Si l'irrégularité persiste, le préfet peut prendre trois types de mesures (article L. 514-1-I c. env.) :

- la consignation d'une somme répondant du montant des travaux à réaliser, qui sera restituée au fur et à mesure de l'exécution des mesures prescrites : l'instauration d'une telle possibilité représente une innovation de la loi de 1976 ;

---

15 Article 13 de la loi n° 61-842 du 2 août 1961 relative à la lutte contre les pollutions atmosphériques et les odeurs et portant modification de la loi du 19 déc. 1917, *JO* 3 août 1961. Son article 14 ajoute la possibilité pour le préfet de faire procéder à l'apposition de scellés.

16 Loi n° 76-663 du 19 juillet 1976 relative aux installations classées pour la protection de l'environnement (ICPE), *JO* 20 juillet 1976.

17 Bien que l'article 26 (actuel article L. 514-4) relatif aux pouvoirs du préfet en cas d'installation non comprise dans la nomenclature mais présentant de graves dangers ou inconvénients pour l'environnement, renvoie aux mesures prévues à l'article 23 (article L. 514-1), et soit souvent cité parmi les sanctions administratives, il nous semble qu'une telle présentation, d'ailleurs non retenue par le législateur en 1976, est critiquable : ils se rattachent en effet aux pouvoirs de police spéciale du préfet, en ce qu'ils poursuivent une finalité préventive, et non répressive.

18 A propos de l'article L. 514-7 c. env., voir ci-dessous, note 19.

- la prescription d'office, aux frais de l'exploitant, de l'exécution des mesures prescrites ;
- enfin, mesure la plus grave, la suspension, après avis de la commission départementale consultative compétente, de l'installation.

Depuis la loi du 13 juillet 1992[19], qui consacre elle-même une évolution jurisprudentielle, ces mesures sont cumulables[20] ; en outre, les sommes consignées peuvent être utilisées pour régler les dépenses correspondant aux deuxième et troisième types de mesures (article L. 514-1-II c. env.). Pour la période s'écoulant entre 1998 et 2002, on constate que les mesures de consignation occupent une place écrasante, et d'ailleurs en expansion ; tandis que les mesures de suspension, elles aussi en légère augmentation, viennent nettement derrière ; quant aux mesures de suspension, elles sont franchement marginales, et en régression[21].

À cette hypothèse d'application de l'article L. 514-1 vient, depuis 1993, s'ajouter le cas de méconnaissance de l'obligation de constitution de garanties financières exigée entre autres des installations définies par décret en Conseil d'État présentant des risques importants de pollution ou d'accident : mais seule la procédure de consignation peut alors être mise en jeu[22].

Le deuxième cas d'édiction de mesures administratives mis en place en 1976 réside dans l'hypothèse, beaucoup plus grave, de fonctionnement sans l'autorisation ou la déclaration adéquate (article L. 514-2 c. env.). Le préfet met alors en demeure l'exploitant de régulariser sa situation dans un délai déterminé, et il « peut », par arrêté motivé, suspendre l'exploitation de l'installation jusqu'au dépôt de la déclaration ou jusqu'à la décision relative à la demande d'autorisation : en fait, et malgré la rédaction, il faudrait qu'aucun préjudice aux intérêts énumérés à l'article L. 511-1 n'existe pour que le préfet puisse ne rien faire[23]. En cas d'échec de la mise en demeure, ou si la demande d'autorisation est rejetée, celui-

---

19 Article 7-V de la loi n° 92-654 du 13 juillet 1992 relative aux organismes génétiquement modifiés et modifiant la loi du 19 juillet 1976, *JO* 16 juillet 1992.

20 Ce qui résulte de la disparition, avant l'énoncé de chaque type de mesures, de la conjonction « soit ».

21 Pour une comparaison, par exemple sur la période 1998-2002, voir les chiffres cités dans le *Code permanent Environnement et nuisances*, à la rubrique Installations classées, n° 122 : en 1998, les préfets ont prononcé 2865 mises en demeure, 226 consignations, 34 mesures de travaux d'office et 167 suspensions ; en 2002, 3046 mises en demeure, 439 consignations, 18 mesures de travaux d'office et 173 suspensions.

22 Article 2-1 de la loi n° 93-3 du 4 janvier 1993 relative aux carrières, *JO* 5 janvier 1993 : il est codifié à l'article L. 516-1 c. env.

23 CE 20 février 1987, M. Chevalerias, *RJE* 1987, p. 377.

ci peut, en cas de nécessité, ordonner la fermeture ou la suppression de l'installation : il s'agit ici de la sanction administrative la plus lourde. En outre, si l'exploitant n'obtempère pas, le préfet peut ordonner la consignation et (ou) l'exécution d'office prévues à l'article L. 514-1. Pour faire respecter ses décisions, il peut aussi faire apposer des scellés sur l'installation.
Par ailleurs il faut préciser que, dans ce cas de suspension comme dans le précédent, l'exploitant est tenu de payer les salaires (article L. 514-3 c. env.).

Enfin, s'il existe des possibilités de suspension provisoire ordonnée par le ministre de l'Environnement[24], voire de suppression d'une installation classée décidée par décret en Conseil d'État[25], elles ne semblent pas constitutives, faute de finalité répressive, de sanctions administratives, mais plutôt de mesures de police administrative[26] : il reste que la distinction entre les deux n'est pas forcément chose aisée.

B-Un développement exponentiel

Sans que l'étude soit exhaustive[27], il faut s'efforcer néanmoins de recenser les principaux cas de recours aux sanctions administratives : si la présence des sanctions administratives apparaît quasi-systématique en matière de pollutions et nuisances (1/), elle s'avère plus épisodique dans le domaine de la protection de la nature (2/).

---

24 Article L. 514-7, 1er al. c. env, introduit par la loi n° 92-654 du 13 juillet 1992 précitée, et applicable s'il apparaît qu'une installation classée présente des dangers ou des inconvénients qui n'étaient pas connus lors de son autorisation ou de sa déclaration.

25 Article L. 514-7, 2ème al. c. env., résultant de l'article 15 de la loi du 19 juillet 1976, et applicable lorsqu'une installation, figurant ou non à la nomenclature, présente des dangers ou inconvénients tels que les mesures prévues ne peuvent les faire disparaître : comme l'observe Michel Prieur, il ne s'agit pas d'une sanction véritable, mais du constat d'une impossibilité (technique ou économique) de faire disparaître les pollutions d'une entreprise (M. Prieur, *Droit de l'environnement*, Précis Dalloz, 5ème éd. 2004, n° 717).

26 En ce sens, et à propos de l'équivalent de l'article L. 514-7, 2ème al. dans la loi du 19 décembre 1917 (soit son article 31, modifié par un décret du 1er avril 1964), voir : CE 2 février 1977, Demoiselles Picon, *Rec.* p. 56.

27 Laquelle devrait aussi inclure par exemple le contrôle des produits chimiques, les pollutions marines, la surveillance biologique du territoire, la législation minière, la pêche maritime et les cultures marines, ou encore les activités en Antarctique : cf M. Prieur, *op. cit.*, n° 1146 et 1147).

Une présence quasi-systématique en droit des pollutions et nuisances

Six domaines, en plus des installations classées, vont être ici envisagés, selon un classement fondé sur la date d'apparition des premières sanctions afférentes au secteur.

- **Les déchets** : Dès 1975, la loi sur les déchets donne à l'autorité de police le pouvoir, en cas de méconnaissance de la réglementation et après mise en demeure, d'assurer d'office l'élimination de déchets abandonnés, déposés ou traités contrairement à la réglementation, le tout aux frais du responsable[28]. S'y ajoute en 1988[29] la faculté d'obliger ce dernier à consigner entre les mains du comptable public une somme répondant du montant des travaux à réaliser, celle-ci pouvant aujourd'hui[30] être utilisée pour régler les dépenses entraînées par l'exécution d'office. Quant à la loi du 2 février 1995[31], elle prévoit l'intervention possible de l'ADEME[32] qui, si elle exécute les travaux, peut demander que les sommes consignées lui soient réservées. Enfin, la loi du 30 juillet 2003[33] ouvre au cas de pollution des sols ou de risque d'une telle pollution l'application de tout ce dispositif : encore faut-il observer qu'en en cas de simple « risque » de pollution, on ne se trouve plus en présence de sanctions administratives, mais de mesures de police administrative. D'autre part, cette loi permet d'imposer au responsable « l'exécution des travaux nécessaires » : la notion est évidemment beaucoup plus large que celle d' « élimination » et permet notamment de prescrire des analyses des sols et des travaux de dépollution (actuel article L. 541-3, 1er al. c. env.).

En outre, cet ensemble a été étoffé en 1993 du fait de l'institution, déjà évoquée à propos des installations classées, d'une obligation de garanties financières : celle-ci est en effet également applicable aux installations de

---

[28] Article 3 de la loi n° 75-633 du 15 juillet 1975 relative à l'élimination des déchets et à la récupération des matériaux, *JO* 16 juillet 1975.

[29] Loi n° 88-1261 du 30 décembre 1988, *JO* 4 janvier 1989.

[30] Depuis la loi n° 92-646 du 13 juillet 1992 relative à l'élimination des déchets ainsi qu'aux installations classées pour la protection de l'environnement, *JO* 14 juillet 1992.

[31] Article 63 de la loi n° 95-101 du 2 février 1995 relative au renforcement de la protection de l'environnement, *JO* 3 février 1995.

[32] Agence de l'environnement et de la maîtrise de l'énergie.

[33] Article 32 de la loi n° 2003-699 du 30 juillet 2003 relative à la prévention des risques technologiques et naturels et à la réparation des dommages, *JO* 31 juillet 2003.

stockage de déchets[34], de même que, en cas de manquement, la procédure de consignation prévue à l'article L. 514-1-I-1° c. env. (article L. 516-1, dernier al. c. env.). Mais le système est encore renforcé dans le cas des déchets, car si ces garanties ne sont plus constituées, le ministre de l'Environnement peut infliger, après mise en demeure, une amende administrative[35] - potentiellement très élevée[36] - à l'exploitant. Le produit en est alors affecté à l'ADEME pour des opérations de réaménagement ou de surveillance de centres de stockage de déchets ultimes (article L. 541-26, 2ème al. c. env.).

Enfin, on observe que des systèmes spécifiques allant au-delà de ce qui est autorisé par le législateur, et plus précisément jusqu'au retrait, par une autorité administrative, de l'agrément des organismes chargés de traiter certaines catégories de déchets, sont prévus par de simples décrets : en cas d'inobservation par l'organisme chargé de prendre en charge les emballages usagés de ses cocontractants, des clauses de son cahier des charges[37] ; ou encore, en cas de manquement à ses obligations, par une installation classée traitant certaines catégories de déchets, et de ce fait également soumise à un agrément en vertu de l'article 9 de la loi du 15 juillet 1975 modifiée[38].

Par conséquent, l'appareil de sanctions administratives existant en matière de déchets ne se contente pas de reprendre une partie du dispositif applicable aux installations classées : il est complété par l'instauration législative d'amendes administratives, système qui va être rapidement repris par d'autres législations et - plus étonnant - par la création de cas de retraits d'agrément par voie réglementaire.

---

[34] Article 2-I de la loi n° 93-3 du 4 janvier 1993 précitée.

[35] Article 29 de la même loi.

[36] Dont le montant est égal à trois fois la valeur de la différence entre le montant des garanties exigées et celui des garanties constituées, dans la limite de 30 millions d'euros : article L. 541-26, 1er al.

[37] Article 9 du décret n° 92-377 du 1er avril 1992 portant application pour les déchets résultant de l'abandon des emballages de la loi n° 75-633 du 15 juillet 1975 (*JO* 3 avril 1992).

[38] L'article 9 de la loi du 15 juillet 1975 est codifié à l'article L. 541-22 c. env. Quant au mécanisme de retrait (ou de suspension), il a été institué par l'article 7 du décret n° 94-609 du 13 juillet 1994 portant application de la loi du 15 juillet 1975 (*JO* 21 juillet 1994) : cet article 7 insère un titre III *ter* dans le décret n° 77-1133 du 21 septembre 1977, consistant en un article unique, l'article 40-1 (lequel deviendra ensuite l'article 43-2), dont le § III instaure le mécanisme de sanction administrative.

- **Les publicités, enseignes et préenseignes** : Depuis la loi du 29 décembre 1979[39] existent des mécanismes assez élaborés de sanctions administratives, insérés dans le chapitre IV relatif aux sanctions[40]. En cas d'irrégularité du dispositif de publicité, et « nonobstant la prescription de l'infraction ou son amnistie », le maire ou le préfet ordonne par arrêté[41] soit la suppression, soit la mise en conformité ainsi que, le cas échéant, la remise en état des lieux (article L. 581-27 c. env.). Un délai est fixé par l'autorité administrative, et en cas de non-respect, une astreinte est automatiquement infligée, sauf cas exceptionnel, et sauf possibilité ultérieure de remise ou de reversement partiel (article L. 581-30 c. env.). Enfin, sans préjudice de l'application de ces mesures d'astreinte, le maire ou le préfet peut faire exécuter d'office les travaux qu'il a prescrits (article L. 581-31, 1er al. c. env.).
La loi du 2 février 1995[42] étoffe encore un peu le dispositif, en reprenant justement la possibilité, pour le seul préfet cette fois, de prononcer une amende administrative - d'un montant aujourd'hui de 750 euros - en cas d'absence de déclaration préalable ou de non-conformité à cette déclaration, voire en cas de violation de certaines des interdictions édictées (article L. 581-26 c. env.). Elle ajoute aussi, notamment, des possibilités d'injonction de mise en conformité[43] (article L. 581-28 c. env.), ou de suppression d'office (article L. 581-29 c. env.) entre les mains du maire et du préfet.
Il résulte donc de ces deux lois une gamme assez large de sanctions administratives, ouvertes au surplus, dans la plupart des cas, au maire, lequel se trouve être également l'autorité de police spéciale en matière d'enseignes et de publicités.

- **La pollution de l'eau** : La loi du 3 janvier 1992[44] instaure en cas d'inobservation de ses dispositions, ou de celles de ses textes d'application, le triptyque de sanctions - consignation, exécution d'office,

---

[39] Loi n° 79-1150 du 29 décembre 1979 relative à la publicité, aux enseignes et préenseignes, *JO* 30 décembre 1979.
[40] Lequel ne comprend pas uniquement des sanctions administratives, mais aussi des sanctions pénales (articles 29 à 37). En revanche, le code de l'environnement distingue, en deux sous-sections, la procédure administrative et les sanctions pénales.
[41] Même si l'article 24 utilise l'indicatif, la loi prévoit au surplus que si une association mentionnée à l'article 35 ou le propriétaire de l'immeuble sur lequel a été apposé, sans son accord, le dispositif litigieux, le demande, le maire ou le préfet est tenu de faire usage de ses pouvoirs (article 27).
[42] Article 53-IV à IX de la loi n° 95-101 préc.
[43] Auxquelles s'applique le dispositif d'astreinte (article L. 581-30 c. env.).
[44] Article 27 de la loi n° 92-3 du 3 janvier 1992 sur l'eau, *JO* 4 janvier 1992.

suspension – inspiré de la législation relative aux installations classées, toujours entre les mains du préfet et après mise en demeure préalable (article L. 216-1 c. env.). Mais, à la différence de la loi « ICPE », aucune distinction, quant au type de sanction applicable, n'est opérée selon qu'il s'agit du non-respect d'une obligation administrative ou du défaut de titre. La possibilité de cumul des sanctions administratives n'est pas non plus explicitement prévue. Par ailleurs, aucune consultation – on songe à celle du conseil départemental d'hygiène – n'est exigée préalablement à la décision de suspension. Enfin, la loi sur l'eau désigne deux catégories de destinataires des sanctions : l'exploitant, et (s'il n'y en a pas), le propriétaire de l'installation. Sébastien Le Briero évoque à cet égard le pragmatisme du législateur[45].
En outre, et comme en matière de déchets, le pouvoir réglementaire va au-delà de ce que prévoit la loi : le décret du 29 mars 1993 relatif aux procédures d'autorisation ou de déclaration prévues à l'article 10 de la loi sur l'eau donne ainsi au préfet la possibilité de retirer une autorisation et de prescrire la remise en état du site, le tout après observation d'une procédure contradictoire[46].

- **Les organismes génétiquement modifiés (OGM)** : Ce sont les articles 23 à 26 de la loi n° 92-654 du 13 juillet 1992 précitée (aujourd'hui codifiés aux articles L. 535-5 à L. 535-8 c. env.) qui instaurent des sanctions administratives. Tout d'abord, le triptyque déjà évoqué, prévu à l'article L. 514-1 en matière d'installations classées, s'applique en cas de méconnaissance des prescriptions imposées lors de la délivrance des autorisations requises et après mise en demeure ; la possibilité d'une utilisation des sommes consignées pour régler les dépenses entraînées par l'exécution d'office est aussi explicitement envisagée (article L. 535-5-III c. env.).
Ensuite, s'il y a dissémination volontaire sans autorisation, l'autorité administrative en ordonne la suspension, et en cas de menace grave pour la santé publique ou l'environnement, elle peut fixer les mesures provisoires destinées à prévenir les dangers, voire faire procéder d'office, et aux frais du responsable, à la destruction des organismes concernés (article L. 535-6 c. env.).

---

45 S. Le Briero, « Les sanctions administratives de la police des eaux et des milieux aquatiques, Conditions de mise en œuvre de l'article L. 216-1 du Code de l'environnement », *Rev. Dr. Rur.*, 2002, p. 279.
46 Articles 23 à 28 du décret n° 93-742 du 29 mars 1993, *JO* 30 mars 1993.

Enfin, si des produits sont mis sur le marché sans autorisation, l'autorité administrative peut ordonner leur consignation ou leur saisie ; elle peut aussi, en cas de menace grave, prendre les mêmes mesures que celles qui viennent d'être énoncées : mesures provisoires, destruction d'office (article L. 535-7 c. env.). On retrouve, dans ces deux derniers cas, l'enchevêtrement entre mesures répressives de sanction et mesures préventives de police administrative.

- **Le bruit :** La loi du 31 décembre 1992[47] prévoit dans son dernier chapitre des mesures administratives. Il s'agit d'abord, en cas de non-respect des dispositions relatives aux objets destinés à réduire les émissions sonores, et après mise en demeure et procédure contradictoire, de prendre toute mesure destinée à faire cesser les troubles en résultant, et de décider à titre provisoire « l'arrêt du fonctionnement, l'immobilisation, l'interdiction de mise sur le marché ou la saisie » de l'objet en cause, voire de demander au juge que celui-ci soit rendu inutilisable ou détruit (article L. 571-17-I c. env.).
Ensuite la méconnaissance, par les activités bruyantes, des prescriptions applicables déclenche, toujours après mise en demeure, le triptyque classique, y compris la possibilité d'utiliser les sommes consignées (article L. 571-17-II et III c. env.).
Enfin, il faut signaler le cas spécifique des nuisances sonores aéroportuaires : en effet, la volonté de mettre en place un organe réellement indépendant des contrôlés devait conduire à la création, par la loi du 12 juillet 1999[48], d'une autorité administrative indépendante, l'Autorité de contrôle des nuisances sonores aéroportuaires. Celle-ci est entre autres chargée de prononcer des amendes administratives, après notification de procès-verbaux aux personnes concernées, et proposition de la commission nationale de prévention des nuisances, pour non-respect des réglementations visées à l'article L. 227-4 du code de l'aviation civile.

- **L'air :** Jusqu'à la loi du 30 décembre 1996 étaient prévues d'une part l'application éventuelle de la loi du 19 décembre 1917, d'autre part diverses amendes en cas de non-respect de certaines prescriptions[49]. La

[47] Loi n° 92-1444 du 31 décembre 1992 relative à la lutte contre le bruit, *JO* 1er janvier 1993.
[48] Loi n° 99-588 du 12 juillet 1999 portant création de l'Autorité de contrôle des nuisances sonores aéroportuaires, *JO* 13 juillet 1999.
[49] Articles 1er et 13 du décret n° 74-415 du 13 mai 1974 relatif au contrôle des émissions polluantes dans l'atmosphère et à certaines utilisations de l'énergie thermique.

loi du 30 décembre 1996[50] a substantiellement étoffé le dispositif en instaurant un double mécanisme de sanctions administratives : le premier (article L. 226-7 c. env.) permet la mise en œuvre de mesures prévues à certains articles du code de la route[51], pour les véhicules ou propriétaires en infraction avec cette loi ou ses décrets d'application (immobilisation, mise en fourrière, destruction du véhicule, ou encore, retrait de points du permis de conduire) ; le second (article L. 226-8 c. env.) consiste dans la transcription du triptyque classique, toujours précédé de la mise en demeure, auquel s'ajoutent la possibilité d'utiliser les sommes consignées et l'obligation d'assurer le paiement des salaires au personnel.

Une présence plus ponctuelle en droit de la protection de la nature

Deux domaines vont être ici plus particulièrement examinés.

- Les **parcs nationaux :** Le décret du 31 octobre 1961[52] pris pour l'application de la loi du 22 juillet 1960 donne au préfet le pouvoir, après avis de l'établissement public (le parc), de suspendre les mesures et travaux dont le ministre de l'Agriculture a été saisi[53], et qui sont contraires à la réglementation du parc et de nature à altérer gravement son caractère. Cette disposition, dont il faut souligner le caractère réglementaire, est restée inchangée, si ce n'est pour substituer le ministre de l'Environnement à celui de l'Agriculture ; elle est aujourd'hui codifiée à l'article R. 241-48 c. env.

- **Les établissements recevant des animaux :** La loi du 10 juillet 1976[54] prévoit qu'ils peuvent faire l'objet de « mesures administratives » décidées par le ministre de l'Environnement, et pouvant aller jusqu'à la fermeture de l'établissement. C'est le décret du 25 novembre 1977 concernant ces établissements[55] qui précise les mesures dans un titre

---

50 Article 38 de la loi n° 96-1236 du 30 décembre 1996 sur l'air et l'utilisation rationnelle de l'énergie, *JO* 1er janvier 1997.

51 Les articles L. 25 à L. 26 du code de la route visés par l'article L. 226-7 c. env. sont devenus, depuis la refonte de ce code par l'ordonnance du 22 septembre 2000, les articles L. 121-4, L. 234-1, L. 325-1 à 3, L. 325-6 à 11 et L. 417-1.

52 Article 19, 2ème al. du décret n° 61-1195 du 31 octobre 1961, *JO* 4 novembre 1961.

53 En application de l'al. 1er de l'article 19 précité.

54 Article 7, avant-dernier al. de la loi n° 76-629 du 10 juillet 1976 relative à la protection de la nature, *JO* 13 juillet 1976.

55 Décret n° 77-1297 du 25 novembre 1977, *JO* 27 novembre 1977.

relatif aux sanctions administratives : les dispositions s'avèrent très proches de celles de la loi « ICPE », à commencer par la distinction des deux cas de figure, accompagnés à chaque fois d'une mise en demeure préalable. Mais il existe aussi quelques différences notables par rapport au titre VII de la loi du 19 juillet 1976.
Tout d'abord, en cas d'inobservation des conditions imposées, c'est la trilogie classique « exécution d'office, consignation, suspension[56] » qui s'applique : encore faut-il y ajouter la possibilité pour le préfet de proposer au ministre la fermeture de l'établissement (article 21). Ensuite, en cas de fonctionnement sans déclaration ou autorisation, on retrouve un dispositif voisin de celui de l'article L. 514-2 c. env., sauf que le préfet peut simplement proposer au ministre la fermeture ou la suppression de l'installation (article 22). Enfin, dans les deux hypothèses, on retrouve pour l'exploitant l'obligation de paiement des salaires, à laquelle s'ajoute celle, en cas de fermeture, d'assurer le placement des animaux (article 23). Ces mesures, après avoir été codifiées dans le code rural[57], se retrouvent aujourd'hui, moyennant quelques changements, dans la partie réglementaire du code de l'environnement (articles R. 213-44 à R. 213-50). Quant à la disposition de la loi du 10 juillet 1976, elle est codifiée à l'article L. 413-5 c. env. : le plus étonnant est, à quelques mois d'écart, le rôle ici quasi-exclusif joué par le règlement, lequel va parfois au-delà de la loi « ICPE » elle-même[58].

Au terme de ce panorama s'impose le constat d'un extraordinaire essor des sanctions administratives en matière d'environnement, ce qui conduit à une très grande diversité des systèmes mis en place. Toutefois une tendance commune, et spécifique par rapport au développement de ces sanctions en général, se dégage : le fait que les bénéficiaires en soient les autorités classiques de police de l'État, et non de nouvelles autorités administratives indépendantes. La seule exception, récente et très ponctuelle, concerne le cas des nuisances sonores aéroportuaires : restera-t-elle longtemps isolée ?

---

[56] Sauf que l'avis de la commission départementale des sites se substitue à celui du conseil départemental d'hygiène : dernier al. de l'article 21du décret n° 77-1297.

[57] Articles R. 213-28 à 34 c. rural.

[58] Sur la question de sa légalité, voir ci-dessous, II-A-1/.

II) UN RÉGIME JURIDIQUE SOUVENT DISPARATE ET SOURCE D'INCERTITUDES

Si ce régime emprunte pour l'essentiel au droit commun des sanctions administratives, il hérite d'un certain flou en la matière. Mais il connaît aussi certaines spécificités, inégalement réparties, et source d'autres incertitudes : qu'il s'agisse du prononcé des sanctions (A), ou de leur contentieux (B)[59].

A- Le prononcé des sanctions : des interrogations d'ampleur inégale

Ce prononcé obéit à des principes tant de fond que de procédure le plus souvent dérivés du droit pénal, mais dont la portée n'apparaît pas toujours bien fixée.

Le flou entourant certains principes de fond

La plupart ont une valeur constitutionnelle, et ont été énumérés par le Conseil constitutionnel, notamment dans sa décision du 17 janvier 1989. Celui-ci considère en effet que les exigences des principes, tant de légalité des délits et des peines, de nécessité des peines, que de non-rétroactivité de la loi pénale d'incrimination plus sévère, « s'étendent à toute sanction ayant le caractère d'une punition, même si le législateur a laissé le soin de la prononcer à une autorité de nature non judiciaire »[60].
Or, la portée juridique de certains de ces principes paraît encore bien floue, ce qui n'est pas sans poser ici des difficultés du point de vue de la constitutionnalité ou (et) de la légalité de quelques sanctions administratives environnementales. Il en va ainsi en premier lieu du

---

59 Faute de pouvoir procéder ici à une étude exhaustive de ce régime juridique, nous nous attacherons seulement à évoquer les principaux points qui posent des difficultés.

60 Décision préc., cons. 35 et 36.

principe, pourtant essentiel, de légalité des délits et des peines. Quant à la légalité des infractions tout d'abord, on s'aperçoit que sa portée est appréciée différemment par le Conseil constitutionnel et par le Conseil d'État. Le premier estime en effet que la « définition des infractions sanctionnées se trouve satisfaite en matière administrative par la référence aux obligations auxquelles le titulaire d'une autorisation administrative est soumis en vertu des lois et règlements »[61]. Le Conseil d'État, lui, dans un important arrêt récent, semble moins exigeant, dès lors qu'il se contente de ce que les « infractions soient définies par référence aux obligations auxquelles est soumise une personne en raison de l'activité qu'elle exerce, de la profession à laquelle elle appartient ou de l'institution dont elle relève »[62] : la définition par un texte ne serait donc même pas nécessaire.
Surtout, du point de vue de la légalité des sanctions, la seule certitude concerne l'exigence d'un texte, lequel doit être suffisamment précis. Quant à savoir s'il doit toujours s'agir d'un texte législatif, la question n'apparaît pas encore tranchée par le Conseil constitutionnel[63], même si le plus logique serait, au moins pour les sanctions pécuniaires, qu'il transpose sa jurisprudence relative aux contraventions de grande voirie : ceci impliquerait que le législateur serait seul compétent dès lors que le montant des amendes excéderait celui prévu pour les contraventions de police[64]. Le Conseil d'État, dont la position a pu être qualifiée d' « indécise » par Henry-Michel Crucis[65], vient, dans son arrêt précité, de faire preuve de la plus large compréhension à l'égard du pouvoir réglementaire : si celui-ci « est compétent pour fixer certaines règles d'exercice d'une profession », il l'est également « pour prévoir des sanctions administratives qui, par leur objet et leur nature, (sont) en rapport avec cette réglementation ». On voit bien qu'une telle position aurait l'avantage, pour l'administration, de ne pas remettre en cause la légalité des dispositions réglementaires qui, loin d'être isolées en matière environnementale, prévoient des sanctions administratives allant jusqu'à la fermeture d'établissement par exemple. Toutefois, elle paraît critiquable, en ce qu'elle ignore justement la nature des sanctions qui peuvent être infligées. Or une suspension d'activité, une fermeture d'établissement, voire un retrait d'autorisation, portent atteinte à la

---

[61] Décision préc., cons. 37.

[62] CE Ass. 7 juillet 2004, Ministère de l'Intérieur, de la sécurité intérieure et des libertés locales c/ M. B., req. n° 255136.

[63] En ce sens, voir H.-M. Crucis, *op. cit.*, n° 62.

[64] Cf CC, déc. n° 87-151 L, 23 septembre 1987, cons. 5, *Rec.* p. 54.

[65] H.-M. Crucis, *op. cit.*, n° 62.

liberté d'entreprendre : celle-ci, rattachée par le Conseil constitutionnel à la liberté protégée par l'article 4 de la Déclaration du 26 août 1789[66], n'est certes « ni générale ni absolue », mais elle « ne peut exister que dans le cadre d'une réglementation instituée par la loi »[67]. Il semble en effet qu'elle constitue non seulement une liberté fondamentale[68], mais aussi une liberté publique, pour laquelle l'article 34 de la Constitution réserve au législateur le soin de fixer les règles relatives à ses garanties essentielles. Par conséquent, la position du Conseil d'État ne va pas sans soulever quelques difficultés au regard de la Constitution et de la jurisprudence actuelle du Conseil constitutionnel.

En second lieu, le principe de nécessité des peines, issu de l'article 8 de la Déclaration du 26 août 1789, apparaît lui aussi affecté de quelques incertitudes. Celles-ci ne concernent pas tant l'exigence de proportionnalité dont le Conseil constitutionnel sanctionne les violations manifestes, que ses éventuelles conséquences en termes de possibilités de cumul de sanctions pour un même fait. S'agissant tout d'abord du cumul de sanctions administratives, le Conseil constitutionnel a une position pour le moins floue : s'il prend en compte l'absence de cumul possible pour admettre la conformité à la Constitution d'un système de sanctions administratives[69], il ne l'a pas explicitement érigée au rang de condition nécessaire. En revanche le Conseil d'État admet traditionnellement que le non-cumul de sanctions administratives constitue un principe général du droit [70]: ceci implique alors que l'interdiction s'impose au pouvoir réglementaire, mais que la loi peut en disposer autrement. Donc, si nombre de législations environnementales – à commencer par la loi « ICPE » – prévoient un tel cumul, aucun grief d'inconstitutionnalité ne peut, en l'état actuel des jurisprudences constitutionnelle et administrative, être retenu.

Quant au cumul entre sanctions pénales et administratives, le Conseil constitutionnel en a admis la possibilité[71], mais sous réserve de certaines limites. Il estime d'abord que le montant global des sanctions prononcées ne doit pas dépasser le montant le plus élevé de l'une des sanctions encourues[72]. Il interdit ensuite le cumul d'une sanction

---

66 CC, déc. n° 81-132 DC, 16 janvier 1982, cons. 16, *Rec.* p. 22.

67 CC, déc. n° 82-141 DC, 27 juillet 1982, cons. 13, *Rec.* p. 51.

68 V. par exemple : CE, ord. réf., 25 avril 2002, Sté Saria-industries, *Leb. T.* p. 871.

69 V. not. CC, déc. n° 88-248 DC, 17 janv. 1989, préc ., cons. 30.

70 CE 23 avril 1958, Commune du Petit-Quevilly, *AJDA* 1958, p. 383 ; CE 12 avril 1995, Sté PME Assurances, *Leb. T.* p. 670.

71 CC, déc. n° 89-260 DC, 28 juillet 1989, cons. 16, *Rec.* p. 71.

72 CC, déc. n° 89-260 DC, préc., cons. 22.

administrative de nature pécuniaire avec une sanction pénale[73]. Cependant tout ceci ne trouve pas - encore ? - à s'appliquer lorsque les sanctions administratives en cause ne sont pas pécuniaires, ce qui n'est pas rare en matière d'environnement.

Les interrogations relatives à certaines obligations procédurales

Sans insister sur les quelques spécificités, tenant par exemple à la fréquence de la consultation préalable de certains organes (tels le conseil départemental d'hygiène) prévues par des réglementations environnementales, on voudrait plutôt s'attacher à la question de l'application à la matière des principes classiques de procédure.
Il faut d'abord relever que le principe de l'opportunité des poursuites en procédure pénale semble inexistant en matière de sanctions administratives, et tout spécialement en matière d'environnement : non seulement la rédaction des textes laisse souvent à penser qu'il s'agit d'une obligation pour l'autorité compétente, mais, de façon plus générale, une action en responsabilité pour inaction de l'État, sur le fondement de la faute simple, pourrait être intentée[74].
La présomption d'innocence y est aussi absente, du fait du privilège du préalable.
En revanche s'imposent l'obligation de motivation, explicitement prévue par la loi du 11 juillet 1979 en matière de sanctions[75], ainsi que le principe des droits de la défense, qui occupe ici une place essentielle : impliquant le respect d'une procédure contradictoire, il s'appliquait de longue date, en tant que principe général du droit, aux sanctions administratives[76], avant d'avoir été élevé en 1989 par le Conseil constitutionnel au rang de principe fondamental reconnu par les lois de la République[77]. Des textes

[73] CC, déc. n° 96-378 DC, 23 juillet 1996, cons. 15, *Rec.* p. 102.
[74] En ce sens, v. not. : CE 18 décembre 1987, Reulet, req. n° 68821 ; CAA Paris 30 mars 1999, El Shikh, *AJDA* 1999, p. 951, obs. M. Heers, p. 883.
[75] Article 1er, 4ème al. de la loi n° 79-587 du 11 juillet 1979 relative à la motivation des actes administratifs et à l'amélioration des relations entre l'administration et le public, *JO* 12 juillet 1979. La motivation doit être écrite, et comporter l'énoncé de toutes les considérations de fait ou de droit qui fondent la décision (article 3). Cette obligation ne cède qu'en cas d'urgence absolue (article 4).
[76] CE Sect. 5 mai 1944, Dame veuve Trompier-Gravier, *Leb.* p. 133 ; *GAJA* n° 57.
[77] D'abord reconnu en matière pénale (CC, déc. n° 76-70 DC, 2 décembre 1976, *Rec.* p. 39), il a ensuite été étendu à l'ensemble des « sanctions ayant le caractère d'une

à portée générale sont venus en préciser les modalités : l'article 8 du décret du 28 novembre 1983, aujourd'hui abrogé, mais repris et renforcé à l'article 24 de la loi du 12 avril 2000[78]. Ainsi, cet article 24, dont le respect s'impose donc au pouvoir réglementaire, oblige à permettre à l'intéressé de présenter des observations écrites, voire orales, et de se faire assister par un conseil ou représenter par un mandataire de son choix. Il concerne l'édiction de sanctions administratives[79] (notamment en matière d'environnement) sauf dans certains cas, parmi lesquels : l'urgence ou des circonstances exceptionnelles, le risque de compromettre l'ordre public, ou encore les cas où le législateur a instauré une procédure contradictoire particulière. La fréquence, en matière environnementale, des dérogations à cette exigence législative dépend donc de l'interprétation opérée par le juge, et de la conception plus ou moins large qu'il se fait, par exemple de la notion d'urgence, ou d'atteinte à l'ordre public[80]. Ceci étant, ces incertitudes sont largement inhérentes au travail jurisprudentiel.

Reste une question non encore tranchée par le Conseil d'État, qui concerne une garantie importante et souvent prévue en matière de sanctions administratives (y compris environnementales) : la mise en demeure est-elle soumise à l'exigence de la contradiction[81] ? Lorsqu'elle s'accompagne d'un acte plus contraignant comme la fixation d'une astreinte ou l'obligation de consignation d'une somme, la réponse est incontestablement positive. En revanche, si elle n'est que préalable au prononcé de la sanction, la réponse est plus délicate. Ou bien on peut l'analyser comme la première étape d'une procédure contradictoire, car son édiction va justement permettre à l'intéressé de présenter ses observations, en retardant le moment de la sanction. Ou bien elle constitue une véritable décision en tant que telle qui, parce qu'elle est

---

punition » même prononcées par une « autorité de nature non judiciaire » (CC, déc. n° 89-248 DC, préc., cons. 35).

78 Loi n° 2000-321 du 12 avril 2000 relative aux droits des citoyens dans leurs relations avec l'administration, *JO* 13 avril 2000.

79 Du fait que l'article 24 renvoie, pour son champ d'application, et sauf exceptions, aux décisions individuelles qui doivent être motivées en application des articles 1 et 2 de la loi du 11 juillet 1979 précitée.

80 V. par ex., pour ces deux cas : CE 31 mai 1989, Ministre de l'Environnement c/ Soc. Corse de pyrotechnie Socopy et a., *Leb.* p. 801.

81 Bien d'autres questions se posent à propos de ces mises en demeure, à commencer par celle de la nécessité, pour le législateur, d'en faire un préalable au prononcé d'une sanction administrative : v. not. H.-M. Crucis, *op. cit.*, n° 51 ; F. Moderne, Le pouvoir de sanction administrative au confluent du droit interne et des droits européens, *RFDA* 1997, pp. 22 et s.

soumise à l'obligation de motivation posée par la loi du 11 juillet 1979[82], est depuis le décret du 28 novembre 1983, et aujourd'hui la loi du 12 avril 2000 (sauf exceptions prévues par ces textes), soumise à la contradiction. Cette seconde analyse est plus conforme à la jurisprudence qui admet la recevabilité du recours contre la mise en demeure elle-même[83], mais elle ne va pas forcément dans le sens de la logique[84] ni de l'opportunité : comme l'observe Franck Moderne, « le plus souvent, les auteurs d'infractions en puissance sont des professionnels ou des administrés pour le moins avertis, conscients des conséquences de leurs comportements »[85]. Dès lors, l'exigence d'une mise en demeure, certes assortie d'un délai raisonnable de mise en conformité, apparaît comme une garantie suffisante. En tout état de cause, force est de reconnaître que l'état actuel de la jurisprudence sur cette question est pour le moins confus[86].

Quant aux éventuelles incidences, du point de vue de la procédure d'édiction des sanctions administratives, de l'article 6 §1 de la Convention européenne de sauvegarde des droits de l'homme, elles semblent ici plutôt minces. Pour la Cour de Strasbourg en effet, le respect de cet article s'apprécie de façon globale, et ne s'impose pas à tous les stades de la procédure[87]. Il en résulte qu'à l'heure actuelle, les stipulations de l'article 6 §1 n'ont pas forcément à être respectées au moment du prononcé des sanctions par des autorités administratives

---

[82] En ce sens : CAA Lyon, 8 mars 1994, Soc. Elf France, *Leb. T.* p. 1055 ; *BDEI* 4/95, p. 25, note C. Chanel et J.-P. Boivin ; *CJEG* 1994, p. 538, concl. Chanel ; *Dr. Env.* 1994, n° 25, p. 58, obs. Romi ; *RJE* 1995, p. 164.

[83] Cf ci-dessous, B, 1/.

[84] Dès lors qu'il n'y a aucun élément décisoire dans la mise en demeure, il paraît plus logique de l'analyser « comme un des moments d'un processus décisionnel, un des éléments (...) d'une opération administrative complexe » : cf C. Lavialle, « Les mises en demeure administratives », *AJDA* 1980, p. 280.

[85] F. Moderne, art. préc., p. 25.

[86] Dans le sens de l'application de la procédure de l'article 8 du décret de 1983 ou de l'article 24 de la loi aux mises en demeure prononcées sur le fondement de l'article L. 514-1 c. env. : TA Lille, 19 avril 2000, SA Vandamme recyclage c/ Préfet du Pas-de-Calais, concl. Brenne, *BDEI* 1/2001, p. 21 ; TA Poitiers, 24 janvier 2002, Coopérative agricole Vienne-Anjou-Loire, req. n° 01788 ; TA Poitiers, 2 mai 2002, Et Aubrun SA, req. n° 013011 ; TA Lille, 15 mai 2003, Soc. BP France, req. n° 03-32. Dans le sens inverse, c'est-à-dire celui de la non-application de principe : TA Caen, 4 février 2003, Soc. Guimor, req. n° 01-858 ; TA Amiens, 8 avril 2003, Soc. UCAVO c/ Préfet de l'Oise, req. n° 014166 ; CAA Douai, 30 décembre 2003, Sté ND Logistics, req. n° 02DA00896.

[87] CEDH 23 juin 1981, Le Compte, Van Leuven et De Meyere c/ Belgique, *série A*, vol. 43.

« classiques », à condition toutefois qu'elles le soient au stade ultérieur de l'examen par une juridiction interne[88]. En revanche, tant la Cour de Cassation[89] que le Conseil d'État[90] et la Cour de Strasbourg[91] considèrent l'article 6 §1, et notamment son exigence d'impartialité, applicable aux sanctions administratives édictées par les autorités administratives indépendantes, alors assimilées à des « juridictions » au sens de cette disposition. Pour revenir à notre matière, seul le prononcé de sanctions par l'autorité de contrôle des nuisances aéroportuaires semble donc relever des exigences de l'article 6 §1.
Toutefois, cet article comporte des incidences plus importantes sur la procédure suivie en cas de contentieux relatif aux sanctions administratives en cause.

B- Le contentieux des sanctions : une forte hétérogénéité sans véritable logique d'ensemble

Pour le Conseil constitutionnel, il faut que toute décision infligeant une sanction puisse faire l'objet d'un recours[92] : ceci découle de la garantie des droits exigée par l'article 16 de la Déclaration de 1789[93]. C'est pourquoi les conditions dans lesquelles se déroule ce contentieux sont particulièrement importantes : elles intéressent tant la saisine du juge que ses pouvoirs.

---

88 CEDH 10 février 1983, Albert et Le Compte c/Belgique, *série A*, vol. 58. Sur l'application, en particulier, du principe de contradiction, voir not. : C. Ferrari-Breeur, La contradiction et le pouvoir de sanction de l'Administration, *RFDA* 2001, p. 33.
89 Cass. Ass. plén., 5février 1999, COB c/ Oury et autres, *JCP éd. G* 1999, II, 10 060, note H. Matsopoulou.
90 CE Ass. 3 décembre 1999, Didier, *Leb.* p. 399 ; *GAJA*, n° 110 ; *JCP* éd. *G* 2000, II, 10 267, note F. Sudre ; *RFDA* 2000, p. 584, concl. A. Seban. Voir aussi, pour une formulation assez différente : CE 28 octobre 2002, Laurent, *AJDA* 2002, p. 1492, note D. Costa.
91 CEDH, 27 août 2002, Didier c/ France, *RDP* 2003, p. 697, obs. G. Gonzalez.
92 Dès la décision du 17 janvier 1989 préc., le Conseil constitutionnel relève, pour admettre la conformité à la Constitution du pouvoir de sanction du Conseil supérieur de l'audiovisuel, « que toute décision infligeant une sanction peut faire l'objet (...) d'un recours (...) » (cons. 31).
93 CC, déc. n° 88-248 DC, 17 janvier 1989, préc., cons. 32. V. aussi, en dehors du cas des sanctions administratives : CC, déc. n° 96-373 DC, 9 avril 1996, *Rec.* p. 43, cons. 85 ; CC, déc. n° 2000-437 DC, 19 décembre 2000, *Rec.* p. 190, cons. 44.

La saisine du juge : la multiplication des spécificités

Il faut commencer par rappeler l'existence de délais de saisine parfois spécifiques qui, plus longs que les délais classiques, bénéficient aux tiers seulement : fixés par la loi du 19 juillet 1976 (article 14-2°) à quatre ans[94] en ce qui concerne, entre autres[95], le contentieux des sanctions administratives relatif aux autorisations d'exploiter les installations classées[96], ils ont ensuite été étendus par la loi du 3 janvier 1992 (article 29) à ce même contentieux en matière d'eau (article L. 216-2 c. env.). Mais ils ont aussi fait l'objet de restrictions : ils sont ainsi passés à six mois pour les autorisations d'exploitation de carrière[97]. Enfin, ils ont été ramenés à un an pour les installations classées concourant à l'exécution de services publics locaux ou d'intérêt général[98]. On constate donc que ces cas de dérogation sont restés très ponctuels tout en se complexifiant, le tout sans véritable logique, tandis que les avantages conférés aux tiers ont été progressivement rognés.

D'ailleurs, ces quelques facilités mises à part, plusieurs éléments témoignent en revanche d'une particulière rigueur du juge ou du législateur dans cette matière, notamment à l'égard des destinataires des sanctions. Ainsi, la mise en demeure précédant l'édiction d'une sanction, non seulement peut être déférée au juge, mais doit l'être si l'on entend en contester la légalité : d'une part, un éventuel recours gracieux ou hiérarchique n'interrompt pas le délai du recours contentieux ; d'autre part, le défaut de contestation contentieuse interdit ensuite d'exciper de l'illégalité de la mise en demeure à l'appui d'un recours contre la sanction elle-même[99].

Quant à cette dernière, si elle est susceptible de faire l'objet d'un recours administratif, il faut néanmoins noter la position restrictive -mais

---

[94] Sous réserve d'exception ou de prolongation : articles L. 514-6-III et L. 514-6-I-2° c. env.

[95] Car les cas d'application de ces délais spéciaux excèdent largement les hypothèses de sanctions administratives : v. l'énumération de l'article L. 514-6-I, 1er al. c. env.

[96] Article 14-2° de la loi préc., aujourd'hui codifié à l'article L. 514-6-I-2° et III c. env. Il faut rappeler qu'avant cette loi, aucune limite dans le temps n'était fixée.

[97] Article 6 de la loi n° 93-3 du 4 janvier 1993, codifié à l'article L. 514-6-II, 1er al. c. env.

[98] Article 148 de la loi n° 2002-276 du 27 février 2002, codifié à l'article L. 514-6-II, 2ème al.

[99] CE 16 novembre 1998, Ministère de l'Environnement c/ SA Cie des Bases lubrifiantes, *Leb.* p. 412 ; *BDEI* 4/99, p. 27, concl. Seban : à propos d'une mise en demeure édictée sur le fondement de la loi du 19 juillet 1976.

classique- du juge administratif qui estime que, des dispositions spécifiques étant prévues par la loi du 19 juillet 1976 en matière de délais de recours, cela fait obstacle à ce qu'un recours administratif puisse conserver le délai de recours contentieux[100].

Enfin, en cas de mesure de consignation ordonnée en matière d'installation classée, le recouvrement de la somme donne lieu à l'émission d'un état exécutoire qui peut classiquement être contesté devant le juge administratif : or, si le recours a en principe un effet suspensif[101], la loi du 13 juillet 1992 a donné la possibilité au président du Tribunal administratif, statuant en référé, d'en ordonner autrement, à la demande du préfet ou de toute personne intéressée, dès lors que les moyens avancés ne paraissent pas sérieux[102]. Il faut dire que ce sont les excès des recours intentés par les industriels qui ont motivé l'intervention du législateur. Et la même solution a été étendue aux déchets (article L. 541-3, 3ème al. c. env.), aux OGM (article L. 535-8, 2ème al. c. env.), ainsi qu'à la pollution de l'air[103].

Les pouvoirs du juge : une application aujourd'hui incomplète des principes du contentieux de pleine juridiction

Des exigences particulières au contrôle du juge sur les sanctions administratives découlent d'une part de l'article 6 §1 de la convention européenne des droits de l'homme, d'autre part de la jurisprudence du Conseil constitutionnel. Le premier, s'il ne s'applique pas forcément directement à l'autorité administrative qui inflige la sanction[104], doit être en effet intégralement respecté par le juge qui la contrôle. Or ceci implique, pour la Cour européenne, que le juge puisse exercer un plein contrôle et, en matière pénale plus précisément, qu'il détienne « le pouvoir de réformer en tous points, en fait comme en droit, la décision entreprise »[105]. Lorsque le contrôle incombe au juge administratif français, une telle formule paraît impliquer que le recours se rattache au

---

[100] CE 19 mars 1993, Ollitrault, *Leb.* p. 78 : cette solution était déjà retenue sous l'empire de la loi du 19 décembre 1917 (CE 16 février 1940, Soc. de pyrotechnie du Sud-Ouest, *Leb.* p. 64).
[101] Article 11 du décret n° 86-620 du 14 mars 1986.
[102] Article 26, 2ème al. de la loi n° 92-654 préc., codifié à l'article L. 514-1-III c. env.
[103] Article 38, avant-dernier al. de la loi n° 96-1236 du 30 décembre 1996 préc., codifié à l'article L. 226-8-V c. env.
[104] CEDH 23 juin 1981, Le Compte, Van Leuven et de Meyre, préc., note 81.
[105] CEDH 23 octobre 1995, Gradinger c/ Autriche, *série A*, n° 328.

contentieux de pleine juridiction dès lors que celui-ci permet au juge non seulement d'annuler la sanction, mais aussi de la réformer. Il faut toutefois indiquer que la doctrine est divisée sur ce point[106].

De son côté le Conseil constitutionnel, saisi en 1989 de la constitutionnalité de sanctions administratives, a, pour répondre positivement, commencé par énumérer les garanties offertes, parmi lesquelles l'existence d'un recours de pleine juridiction devant le juge administratif[107] : a-t-il pour autant érigé celle-ci en condition nécessaire ? La lecture de la décision ne permet pas à elle seule de l'affirmer.

En tout état de cause, l'existence d'un contentieux de pleine juridiction est, dans le cas des installations classées, admis de longue date par le juge administratif. Si le législateur a attendu 1992 pour l'entériner [108], cela a entraîné le rattachement à ce type de contentieux des recours contre les sanctions prévues dans le domaine de l'eau[109]. La même qualification a ensuite été successivement prévue par la loi du 2 février 1995 pour la législation relative aux enseignes et publicités (article L. 581-26 c. env.), la loi du 30 décembre 1996 pour l'air (article L. 226-8-IV c. env.), la loi du 12 juillet 1999 pour les nuisances sonores aéroportuaires (article L. 227-IV, avant-dernier al. du code de l'aviation civile), et enfin l'ordonnance du 11 avril 2001[110] pour les produits chimiques (article L. 521-20 c. env.).

On constate donc que si la liste des sanctions administratives relevant d'un contentieux de pleine juridiction est de plus en plus longue en matière environnementale, elle n'est pas non plus exhaustive et laisse de côté, sans aucune justification apparente et avec le risque d'une contradiction avec l'article 6 §1, des domaines importants tels que le bruit, les déchets ou encore les OGM. Or, en l'absence de précision du législateur, la jurisprudence administrative actuelle ne conclut pas

---

106 Voir not. : C. Mamontoff, « La notion de pleine juridiction au sens de l'article 6 de la Convention européenne des droits de l'homme et ses implications en matière de sanctions administratives », *RFDA* 1999, p. 1004.

107 De même que la possibilité de recours suspensif ou de sursis à exécution : CC, déc. du 17 janvier 1989, préc., cons. 31.

108 Article 7-IV de la loi n° 92-654 du 13 juillet 1992 préc., et codifié à l'article L. 514-6-I c. env.

109 L'article L. 216-II c. env., issu de la loi du 3 janvier 1992, renvoyant directement aux dispositions en matière d'installations classées.

110 Article 1er-IV de l'ordonnance n° 2001-321 du 11 avril 2001 relative à la transposition de directives communautaires et à la mise en œuvre de certaines dispositions du droit communautaire dans le domaine de l'environnement, *JO* 14 avril 2001.

forcément à un recours de pleine juridiction[111]. Quoi qu'il en soit, cette distinction des recours n'a pas d'incidence sur l'intensité du contrôle opéré par le juge : notamment, le recours pour excès de pouvoir peut très bien donner lieu à un plein contrôle de proportionnalité[112].

Quant aux éventuelles exigences en matière de sursis, l'application des règles générales en matière de référé posées par la loi du 30 juin 2000 suffit : qu'il s'agisse du référé-suspension classique de l'article L. 521-1 du code de justice administrative, ou du référé-liberté de l'article L. 521-2. On relèvera toutefois qu'à la différence de ce qui est parfois prévu pour d'autres sanctions administratives, les textes ne mentionnent pas ici que les recours puissent être suspensifs.

Enfin, une partie de la doctrine s'est émue de l'absence d'application, en particulier dans le contentieux des installations classées[113], du principe général de non-aggravation de la sanction, pourtant consacré par le Conseil constitutionnel en matière de sanctions administratives[114] : il n'est pas rare en effet que le juge, saisi par l'exploitant visé par la mise en demeure ou la sanction, aggrave la mesure contestée. Cependant, le Conseil constitutionnel réserve le principe précité au cas où le droit de recours n'appartient qu'à la personne sanctionnée ; le fait qu'il en aille autrement, notamment en contentieux des installations classées, justifie dès lors qu'un tel principe ne soit pas appliqué.

Conclusion

Au regard de la variété actuelle des réglementations prévoyant des sanctions administratives en matière d'environnement, comme de l'ampleur des sanctions encourues, il apparaît urgent de donner plus d'homogénéité à l'ensemble et de le rendre plus clairement conforme au

---

111 V. par exemple (en dehors du droit de l'environnement) le choix en faveur du recours pour excès de pouvoir s'agissant des sanctions prononcées par l'ex-Conseil des bourses et valeurs : CE Ass. 1er mars 1991, Le Cun, *Leb.* p. 70 ; *AJDA* 1991, p. 358, chron. R. Schwartz et C. Maugüé ; *RFDA* 1991, p. 613, concl. M. de Saint-Pulgent. V. aussi l'étude du Conseil d'État, *Les pouvoirs de l'administration dans le domaine des sanctions*, *op. cit.*, pp. 64 et 65.

112 Selon l'expression de R. Chapus, *in Droit du contentieux administratif*, Montchrestien, 11ème éd. 2004, n° 268. L'arrêt Le Cun (note précédente), notamment, illustre ce plein contrôle.

113 En ce sens : J.-P. Boivin, *Les installations classées*, Le Moniteur, 2ème éd. 2003, pp. 404-405 ; M. Memlouk, « L'état du droit dans le domaine des installations classées », *AJDA* oct. 2001, n° spécial sur les sanctions administratives, p. 46.

114 V. not. : CC, déc. du 17 janvier 1989, préc., cons. 31 ; déc. du 25 février 1992, préc., cons. 30.

droit commun des sanctions administratives (lequel, il est vrai, gagnerait aussi à être précisé sur certains points essentiels) : qu'il s'agisse des sources, de la procédure suivie ou encore des modalités de recours. La tâche est vaste, mais il y va de la légitimité de ce système, certainement appelé à se développer encore dans un proche avenir.

Les sanctions des atteintes au milieu : domaine public naturel et environnement :
Les sanctions pénales

Annie BEZIZ-AYACHE
Maître de conférences à l'Université Jean Moulin Lyon3

Il est largement admis aujourd'hui que la protection de l'environnement est aussi essentielle que celle de la vie ou de la propriété. La qualité de l'environnement dans lequel nous vivons constitue une valeur fondamentale. Ace titre, elle mérite d'être protégée de 1a manière la plus efficace c'est-à-dire par la sanction pénale définie simplement comme la peine infligée aux délinquants en rétribution des infractions qu'ils commettent. En même temps qu'elle est le critère de reconnaissance de l'infraction et la marque forte de la réprobation sociale, la sanction pénale fonde la spécificité du droit répressif de l'environnement. En effet, cette discipline regroupe non seulement les incriminations d'atteintes à l'environnement mais aussi un ensemble impressionnant d'infractions consommées par le seul non-respect de prescriptions techniques ou administratives relatives aux activités comportant un risque pour l'environnement[1]. Elle présente à la fois une orientation disciplinaire à caractère technique en raison de l'accumulation de polices spéciales et une orientation sanctionnatrice à caractère moral qui traduit la reconnaissance de l'environnement comme une valeur à protéger.

Dans l'exercice de son pouvoir de légiférer le législateur définit des infractions environnementales assorties de sanctions auxquelles il confère une dimension technique ou éthique (I). Il revient au juge répressif d'opérer un choix dans la diversité des sanctions en fonction des caractères de ces dernières (II).

---

[1] A. BEZIZ-AYACHE, « Environnement », *Rép. Pén. et proc. Pén., Dalloz* ; D. GUIHAL, *Droit répressif de 1'environnement*, Litec, 2e éd. ; « Répression et réparation des atteintes à l'environnement », *Gaz. Pal.* 1993, 1, doc. 123 ; D. ROETS « Les sanctions pénales du droit de l'environnement sont-elles utiles ? », *R.D.rur.* 1992,323.

I- Les dimensions techniques et éthiques de la sanction pénale environnementale

Prévoir des sanctions pénales traduit la volonté du législateur d'orienter la politique criminelle dans un sens déterminé. Cela se vérifie d'autant mieux en droit de l'environnement que les préoccupations environnementales n'ont pas toujours eu la même intensité dans le débat public. La dimension éthique de la sanction (B) ne doit cependant pas occulter le fait que cette même sanction pénale permet de réprimer de simples actes d'indiscipline sociale (A).

A- La dimension technique ou la sanction de l'indiscipline sociale

Le droit répressif de l'environnent peut être présenté en partie comme l'exemple du droit pénal de réglementation permettant la sanction des manquements à des prescriptions administratives. Ces dernières considérées comme des actes d'indiscipline sociale n'ont aucune coloration morale et n'impliquent aucune atteinte à des valeurs essentielles. Instrument d'un droit pénal purement technique la sanction permet d'atteindre les auteurs d'infractions contraventionnelles dont la création est liée à des circonstances particulières. Il en résulte que des activités humaines irrégulières, c'est-à-dire celles qui transgressent la réglementation, sont réprimées indépendamment de tout dommage. Destinées à assurer l'efficacité de prescriptions techniques ou administratives, la sanction frappe les auteurs d'infractions pour l'essentiel, d'omission, auteurs qui ne sont pas perçus comme de véritables délinquants. Il en est ainsi des sanctions prévues en cas d'inobservation de la réglementation relative à l'exercice d'activités comportant un risque pour l'environnement : par exemple :

- Exploitation d'une installation classée[2]

sans autorisation (C.env. art. L514-9) ou sans déclaration (D.21 sept 1977, art.43).

---

[2] A. BEZIZ-AYACHE, « Installations classées », *Rép. pén. et proc. pén., Dalloz.*

. ▪ Élimination de déchets[3] sans agrément administratif (C. env. art. L 541-16).

▪ Défaut d'autorisation pour toute modification d'une réserve naturelle (C. env. art L332-25).

Il en est ainsi également des sanctions prévues en cas de non-respect des modalités d'exercice de certaines activités, par exemple :

▪ Non-respect des prescriptions des arrêtés ministériels et préfectoraux dans une installation classée (D. 21 sept. 1977, art. 43-2 à 8).

▪ Non-respect de la réglementation des parcs nationaux (C. env. art. R241-61).

▪ Inobservation des prescriptions spéciales pour l''élimination et la récupération des déchets (C. env. art.L541-46).

Mais la sanction pénale n'est pas l'instrument d'un droit se limitant à réprimer les violations de normes techniques.

B- La dimension éthique

La dimension éthique de la sanction pénale environnementale résulte de la reconnaissance tardive par les pouvoirs publics de l'environnement comme une valeur sociale à protéger.

Dès 1977, le Conseil européen préconisait que chaque Code pénal doit contenir les sanctions des actes de pollution, nuisance, dégradation et destruction. En France, la doctrine souhaitait la création d'un délit général d'atteinte à l'environnement. Déception, puisque le nouveau Code pénal, texte expressif des valeurs de la société, ne contient pas une telle incrimination. Mais, il range, pour la première fois, à l'article 410-l « l'équilibre du milieu naturel et de l'environnement » parmi les intérêts fondamentaux de la Nation. De plus, il définit, à l'article 421-2, une nouvelle infraction, le terrorisme écologique. Enfin, le délit de mise en danger qu'il instaure peut être perçu comme un délit de non-respect du principe de précaution, principe fondamental du droit de l'environnement. Progressivement, on a donc assisté à l'émergence puis à l'affirmation d'une nouvelle valeur protégée. Affirmation, par exemple, dans la loi Barnier (L. n° 95-101 2 février 1995) qui fait des différentes composantes de l'environnement (espaces, ressources naturelles,

---

[3] A. BEZIZ-AYACHE, « Déchets », *Rép. pén. et proc. Pén., Dalloz.*

paysages, espèces animales et végétales) le patrimoine de la Nation. Affirmation aussi dans la Convention sur la protection de l'environnement par le droit pénal adoptée par le Conseil de l'Europe le 4 novembre 1998[4]. Et comment ne pas voir, au-delà du symbole, la volonté politique de défendre l'environnement dans l'actuel projet constitutionnel qui doit permettre : d'adosser, en quelque sorte, à la Constitution, la Chartre de l'environnement au même titre que la Déclaration des droits de l'Homme et du citoyen. Pour autant, le législateur n'avait pas attendu la reconnaissance «officielle» de l'environnement comme valeur sociale pour conférer une dimension éthique à certaines incriminations. Il en est ainsi du délit de pollution des eaux douces prévu par l'article L 432-2 du Code de l'environnement ou du délit spécial de pollution des eaux prévu par l'article L 216-6 du Code de l'environnement punis d'une peine d'emprisonnement de deux ans et d'une amende de 18 0000 pour le premier, de 75 OOO euros pour le second[5]. La vigilance croissante pour le dommage écologique, ici l'altération de la qualité des eaux et ses conséquences pour la faune, la flore et la vie humaine, a conduit les pouvoirs publics à donner à la sanction une orientation sanctionnatrice à caractère moral. La gravité de l'atteinte au milieu ou son caractère irréversible explique la gravité des sanctions, même si elles ne sont pas proportionnées au préjudice écologique, ce que l'on peut regretter.

C'est justement en prenant en considération la spécificité du dommage, mais pas seulement, que l'on relève les caractères de la sanction pénale environnementale.

---

[4] J.-H. ROBERT, « La Convention sur la protection de l'environnement par le droit pénal », *Dr. Env.* sept. 1999 nº 71, p15.

[5] A BEZIZ-AYACHE, « Eau », *Rép. pén. et proc. Pén.*, *Dalloz.*

II- Les caractères de la sanction pénale environnementale

La nature et le taux des sanctions pénales dont dépend l'efficacité de la répression constituent un révélateur de l'importance attachée aux différentes infractions. Ces sanctions se présentent comme une arme punitive et régulatrice (A) ou bien restitutive (B).

A. La sanction pénale environnementale, arme punitive et régulatrice

Sauf en matière de terrorisme écologique et, bientôt, peut-être, en cas de pollution marine, il n'y a pas de peines criminelles.
Seules les peines principales d'emprisonnement et d'amende peuvent être prononcées. Elles ont, en principe, un caractère punitif et personnel dans un système répressif hétéroclite. La sévérité de la sanction dans certains cas s'oppose à sa faiblesse dans d'autres : 1 500 000 euros d'amende par hectare de bois défriché en cas de défrichement illicite (C. rur. art.L 313-1), mais seulement 1500 euros d'amende en cas de pollution radioactive commise par l'exploitant d'une installation nucléaire de base[6]. Autre manifestation du système répressif : pour des faits rigoureusement identiques, les sanctions sont différentes selon les lois environnementales qui les ont prévues. Par exemple, le délit d'obstacle aux fonctions des agents chargés de la constatation des infractions et sanctionné par un emprisonnement de deux ans et une amende de 75000 euros dans 1aloi Déchets n° 75-633 du 15 juillet 1975 {C. env. art.L 441-46-1) mais l'emprisonnement est de six mois et l'amende de 7500 euros dans la loi sur l'eau n° 92-3 du 3 janvier 1992 (C. env. art.L216-10).
Une tendance à l'aggravation des sanctions se manifeste depuis quelques années. Elle se traduit par une correctionnalisation de certaines infractions qui étaient des contraventions et par une aggravation des peines délictuelles. Par exemple, en matière d'installations classées, le dispositif répressif initialement prévu par la loi n° 76-663 du 19 juillet 1976 a été sensiblement renforcé par la loi du n° 85-661 du 3 juillet 1985. La répression sévère des auteurs de rejets polluants dans la mer témoigne de la volonté du législateur d'utiliser la sanction pénale comme arme punitive et dissuasive. Avant 1976, les rejets d'hydrocarbures étaient

---

[6] D. n° 63-1228 du 11 déc. 1963 relatif aux installations nucléaires, art. 12, *D.*1964 8, rect. 88.

sanctionnés par une amende de 2000 à 20 000 F. Après les premières marées noires et l'émotion suscitée dans l'opinion publique, la loi du 16 mai 1976 porte ces amendes à 30 000 F. Et c'est le naufrage de l'Amoco-Cadiz en 1978 et le début d'une répression qui va s'amplifier avec le temps et la répétition des marées noires. La loi n° 2001-380 du 3 mai 2001 prévoit alors des sanctions qui peuvent atteindre selon l'importance du navire à l'origine de la pollution, 4 ans d'emprisonnement et 600000 euros d'amende (C. env. art. L. 218-10, 11, 13). Ce n'est pas tout, puisque le projet Perben portant adaptation de la justice aux évolutions de la criminalité porte la peine d'emprisonnement à 10 ans et celle de l'amende à 100 000.

Les peines d'amende correctionnelles sont d'un montant souvent élevé aussi bien en cas de délit d'inobservation de prescriptions administratives (75 000 euros dans l'hypothèse de mise en service d'une installation classée sans autorisation (C. env. art. L514-9) qu'en cas de délit autonome (18 000 euros dans l'hypothèse de délit de pollution de cours d'eau (C. env. art. L218-6). Mais aussi lourde soit-elle, l'amende reste sans commune mesure avec, par exemple, la création d'une station d'épuration qui seule permettrait la cessation de l'atteinte au milieu aquatique. On peut s'interroger sur le caractère dissuasif de ces amendes lorsque certains chefs d'entreprise intègrent le risque d'amende dans leur coût de production. Quant à l'emprisonnement, sa durée varie généralement, selon l'infraction, entre six mois et deux ans, de plus longues durées étant exceptionnelles. On peut aussi s'interroger sur le bien-fondé de cette sanction privative de liberté car, le plus souvent, lorsque l'emprisonnement est prononcé, il est accompagné du sursis. En effet, lorsque l'auteur de l'infraction est un dirigeant social, il est facile d'échapper à la récidive grâce à la délégation de pouvoir qui le met à l'abri de nouvelles poursuites, la sous-traitance des activités polluantes ou la délocalisation de l'entreprise[7]. Il demeure néanmoins que lorsqu'un délit environnemental est puni d'une peine d'emprisonnement, des peines alternatives peuvent s'y substituer (jour-amende, travail d'intérêt général, peines restrictives ou privatives de droit).

Les peines d'amende contraventionnelles sont très largement prévues dans les lois environnementales mais on constate que la faiblesse de leur montant est perçue comme un véritable permis de polluer.

D'autres sanctions, des sanctions complémentaires font du juge pénal un régulateur d'activités pouvant porter atteinte à l'environnement dans le domaine des installations classées, des produits chimiques, des déchets,

---

[7] P. MISTRETTA, *La responsabilité pénale du délinquant écologique*, 2001, éd Septentrion.

des pollutions des eaux douces et marines. Il s'agit de l'interdiction d'utiliser une installation qui n'a pas été autorisée (C. env. art. L 514-9 et 10), de la suspension du permis de conduire pour les infractions commises à l'aide d'un véhicule (C. env. art. L 541-46), de la confiscation de l'instrument du délit, de l'interdiction d'exercer l'activité à l'occasion de laquelle l'infraction a été commise lorsqu'une personne morale en est l'auteur. Ces peines complémentaires ont les faveurs du législateur puisque le projet PERBEN (préc.) prévoit, en cas de pollution marine, l'interdiction d'exercer l'activité professionnelle ainsi que la confiscation du navire et des biens.

Arme punitive et régulatrice, la sanction pénale environnementale a toute sa raison d'être lorsqu'elle est arme restitutive.

B-. La sanction pénale environnementale, arme restitutive

Parmi les mesures restitutives, la remise en état des lieux est une sanction particulièrement intéressante en cas d'atteinte à l'environnement[8]. Sanction à caractère réel, elle consiste en une obligation d'exécuter une prestation en nature pour rétablir la situation antérieure à l'infraction. Elle ne fait l'objet d'aucun texte à portée générale et ne figure, ni parmi les peines énoncées aux articles 131-3 et 131-6 du Code pénal, ni parmi celles applicables aux personnes morales. De nombreuses lois environnementales la prévoient : par exemple, remise en état des lieux endommagés par les déchets (C. env. art. L 541-46. II) ou par les conséquences d'une infraction à la législation sur les installations classées (C. env. art. L514-9, III), restauration du milieu aquatique (C. env. art. L216-6 al 2). Souvent prononcée lors d'un ajournement de peine avec injonction ou assortie d'une astreinte, la remise en état présente deux avantages ; elle est adaptée à l'environnement qui se trouve ainsi rétabli dans son état antérieur, même s'il est vrai que le total rétablissement est impossible ; c'est un moyen de favoriser l'amendement du délinquant par son respect pour l'avenir, de l'environnement. Ainsi faut-il souhaiter que les peines pécuniaires soient très largement accompagnées de cette

[8] M.-J. LITTMANN-MARTIN, « Les infractions relatives à l'environnement et la remise en état des lieux prononcée par le juge pénal », in *Mélanges A. KISS*, éd. Frison-Roche p44l.

sanction restitutive. Il est intéressant de remarquer que, d'une part, la remise en état peut être prononcée, non seulement par le juge répressif mais aussi par le préfet qui l'ordonne, éventuellement, lors d'une mise en demeure (par exemple : art. 3461 D. 21 sept 1977 relatif aux installations classées). D'autre part, le juge administratif est compétent pour réprimer les atteintes au milieu naturel sur le domaine public maritime ou terrestre au moyen de contraventions de grande voirie dont une des particularités est la possibilité de prévoir la remise en état des lieux.

La sanction environnementale est justifiée par la violation de l'obligation de ne pas porter atteinte à l'environnement. Comme l'environnement est un terme générique qui recouvre plusieurs éléments (la nature-espèces animales et végétales, équilibres biologiques, les ressources naturelles, les sites et les paysages), les atteintes qu'il peut subir sont variées. Ainsi, s'explique la diversité des sanctions principales et complémentaires qui n'a pas empêché le développement des sanctions administratives. Il est donc fréquent qu'une même infraction donne lieu à une sanction pénale et à une sanction administrative. Leur coexistence va dans le sens de la volonté des magistrats de sanctionner, aujourd'hui plus qu'hier, les atteintes à l'environnement. L'actuelle stigmatisation des infractions environnementales va certainement contribuer à renforcer, dans les années à venir l'effectivité de la répression.

IIe partie :

De la similitude de la technique à la diversité du contenu des sanctions

Les sanctions en matière contractuelle en droit privé

William DROSS
Professeur à l'Université Lumière Lyon 2

Introduction :

Sanction et conditions de formation du contrat. Le plus simple, lorsque l'on est chargé de dire quelques mots sur la sanction en matière contractuelle, est de consulter l'index alphabétique d'un ouvrage de droit des obligations pour vérifier si le mot sanction y figure. Or la démarche est vaine, pour les ouvrages classiques au moins que nous avons consultés. À croire que de sanction, il n'en est pas question en droit des obligations. En réalité, si les index sont muets, il n'en va pas de même des tables des matières. Il y est couramment fait référence à la sanction, à propos des conditions de formation du contrat, qu'il s'agisse de ses conditions de fond ou de forme : sanction de la solennité imposée à l'accord, sanction de l'erreur, du dol de la violence, de l'obligation d'information, de l'exigence de détermination du prix, de l'existence et de la licéité de la cause, de l'ordre public et des bonnes moeurs. La sanction est donc partout présente lorsqu'il s'agit d'assurer le respect des règles régissant la formation du contrat.
Cela n'a rien d'étonnant : la sanction n'est-elle pas définie de manière générale comme toute mesure prise dans le but d'assurer le respect d'une obligation juridique ? Le législateur impose un certain nombre de conditions relatives à la formation des contrats de droit privé, qui relèvent soit de l'existence d'un consentement libre et éclairé des parties, soit de la conformité du contrat à l'intérêt général. Faute de respecter ces exigences la sanction est sans appel : le contrat ne saurait être reconnu par l'ordre juridique, il sera frappé de nullité.

Intérêt d'une telle acception de la sanction. Cette première approche de la sanction en droit des contrats présente certes un intérêt : elle permet de mettre clairement en évidence la distinction de la sanction et de la contrainte. Le contrat est sanctionné par la nullité sans qu'il soit besoin d'exercer une quelconque contrainte sur l'une des parties. Au

contraire même, puisque la nullité pourra précisément être invoquée par voie d'exception afin de faire échec à l'exécution forcée, l'exécution contrainte du contrat.
Toutefois, cette approche retient sans doute un sens trop large pour le mot sanction. L'un des traits marquant de l'ordre juridique n'est-il pas son caractère impératif, donc justement le fait que les règles qu'il édicte soient, pour l'immense majorité d'entre elles, sanctionnées ?

Sanction et inexécution du contrat. Aussi abandonnera-t-on la table des matières des ouvrages de droit des obligations pour mener plus avant la recherche. On s'étonne en effet, à la lecture de celle-ci, de ne voir nulle part apparaître le mot sanction à propos de l'inexécution du contrat par l'une des parties. Les mesures d'exécution forcée, la mise en oeuvre de la responsabilité contractuelle, l'exception d'inexécution et la résolution pour inexécution, voilà un arsenal que l'on aurait spontanément rangé dans la catégorie des sanctions contractuelles. Cette impression reçoit toutefois une nette confirmation lorsque, quittant la table des matières, on aborde le contenu de l'ouvrage. Dans le précis Dalloz, la 1ere phrase du chapitre 3 consacré à la violation du lien contractuel énonce : le contrat ayant force obligatoire, son inexécution, fait contraire au droit, appelle normalement une sanction, à moins que l'inexécution n'ait été rendue impossible par la force majeure. La sanction resurgit dans une acception plus étroite et sans doute plus familière : c'est le comportement déviant du contractant, qui manque à sa parole, qui appelle une réaction du droit. On ne se situe plus dans une logique purement objective où l'inobservation de la règle conduit à l'anéantissement du contrat, sans que l'on cherche à sonder les coeurs. Le contrat solennel passé par acte sous seings privé est nul, sans qu'il faille rechercher qui est à l'origine de l'inobservation des formes prescrites, la violence commise par un tiers vicie le contrat alors que les parties contractantes sont exemptes de tout reproche. Avec la question de l'inexécution du contrat, l'approche de la sanction change : on stigmatise avant tout un comportement déviant. On rejoint ainsi le sens courant attaché au mot sanction, lequel est fortement emprunt de la conception véhiculée par le droit pénal : la sanction se confond avec la peine, c'est le châtiment infligé au délinquant en rétribution de son infraction. La sanction ainsi entendue se rapproche alors aussi nettement de la contrainte, comme son préalable immédiat.

Approche théorique de la sanction. On entendra donc ici le terme de sanction avant tout comme une rétribution, rétribution dont il faut alors préciser le sens. Si l'on en croit M. Virally dans son ouvrage sur la pensée juridique, la sanction peut être appréhendée comme toute atteinte portée à la situation juridique d'un sujet de droit, soit par la constitution d'obligations nouvelles, soit par la déchéance de droits, en conséquence de la violation d'une obligation. Le trait marquant de la sanction est donc qu'elle répond à la violation d'une obligation juridique, et cela de deux manières : soit par la mise à la charge de l'auteur de cette violation d'une nouvelle obligation, soit par la privation d'un droit. Or nous pensons que, pour ce qui est du droit des contrats privés tout au moins, seule la privation d'un droit relève de l'idée de sanction, sans que la création d'une nouvelle obligation à la charge du débiteur puisse être véritablement appréhendée comme telle.

I- La création d'une nouvelle obligation

Analyse de la responsabilité contractuelle. La situation visée est évidemment celle où, une partie ne s'exécutant pas, son cocontractant obtient du juge sa condamnation au versement de dommages et intérêts. La responsabilité contractuelle est classiquement analysée comme substituant à l'obligation inexécutée, qu'elle soit de faire, de ne pas faire ou de donner, une nouvelle obligation, toujours de même nature, celle de réparer le préjudice subi par le cocontractant au moyen du transfert à son profit d'une somme d'argent. C'est cette nouvelle obligation de donner qui constitue, si l'on suit M. Virally, la sanction de la première.

Critique. Cette analyse de la notion de sanction est certes parfaitement acceptable au plan technique. Mais elle ne nous convainc pas, parce qu'elle en dilue le sens profond. Deux raisons nous paraissent s'opposer à ce que l'on puisse parler de sanction à propos des mesures prises consécutivement à l'inexécution du contrat.

La première est qu'il ne saurait être question de sanction lorsque l'objectif demeure d'assurer le simple respect de la parole donnée. Selon l'article 1134, les conventions légalement formées tiennent lieu de loi à ceux qui les ont faites : à condition d'être passées conformément aux exigences légales, elles fixent l'équilibre de l'échange entre les parties. Le non-respect du contrat par l'une des parties rompt cet équilibre et l'exécution forcée ou les dommages et intérêts n'ont d'autre objectif que de le rétablir à nouveau. Il ne nous semble pas qu'il y ait alors à proprement parler sanction, car ce n'est pas sanctionner quelqu'un que

de lui imposer le respect de ce qu'il a librement accepté. D'ailleurs, on remarquera que la nouvelle obligation mise à la charge du débiteur défaillant ne fait que se substituer à celle qu'il n'a pas exécutée. Il n'en résulte donc aucune aggravation de la situation juridique de l'individu : il n'est pas sanctionné.
Si l'on veut exprimer cela avec davantage de hauteur, on dira que la sanction ne relève pas de la justice commutative, en d'autres termes du strict respect de l'équilibre de l'échange, mais de la justice distributive.
La seconde objection s'induit alors de la première : dès lors que la sanction ressortit à la justice distributive, c'est-à-dire à la répartition des mérites et des peines par la société entre ses citoyens, elle appelle nécessairement une appréciation des comportements en cause pour donner à qui plus, à qui moins. Il y aura donc sanction si c'est la gravité du comportement de l'agent qui légitime que l'on s'écarte de ce qu'aurait requis la stricte observance de l'équilibre du contrat.

Il résulte de ces remarques qu'il ne peut y avoir sanction lorsqu'est mise en jeu la responsabilité contractuelle d'une partie.

Les dommages et intérêts contractuels. Le versement de dommages et intérêts dans le cadre de la mise en oeuvre de la responsabilité contractuelle ne peut apparaître comme une sanction. D'abord parce qu'il n'y a qu'exécution du contrat, même si cette exécution s'opère par équivalent ; ensuite parce que leur quantum est fixé en fonction du montant du préjudice subi par la victime et jamais de la gravité de la faute commise. Il est très certainement exact que la pratique judiciaire ne soit pas insensible à la gravité de la faute et que le préjudice de la victime, dont l'appréciation relève du pouvoir souverain des juges du fond, soit apprécié avec une plus grande bienveillance lorsque le responsable a eu un comportement particulièrement malveillant. Mais la chose est difficilement appréciable et le principe demeure clairement posé : la mesure de l'indemnisation n'est pas la gravité du comportement reproché mais l'importance du préjudice causé ; si bien que l'aspect sanctionnateur de la réparation n'est qu'un épiphénomène, un effet induit de la réparation, jamais son objectif.

Les clauses pénales. Les termes du débat sont-ils modifiés en présence de clauses aménageant le montant de la réparation due ? Les parties ont toute latitude pour fixer à l'avance le montant de la réparation à laquelle l'une d'elles pourra être tenue en cas d'inexécution du contrat. Si le montant fixé excède manifestement le préjudice réellement subi par l'un

des contractants, la soi-disante réparation se mue pour l'excédent en sanction de l'inexécution. Et c'est d'ailleurs exactement le but recherché par le contractant : la menace de la sanction doit servir de garantie à la bonne exécution du contrat. Le terme employé l'exprime on ne peut mieux : clause pénale, parce que la peine participe de son essence.
En réalité, pas plus que dans l'hypothèse précédente, on ne saurait parler de sanction, cela pour les deux mêmes raisons.

En premier lieu, exiger l'application de la clause, c'est demander à la partie de respecter un engagement qu'elle a librement souscrit, ce qui ne peut valoir sanction. D'ailleurs, soutiendra-t-on qu'il y a sanction lorsque le montant de la clause est fixé de telle manière que l'indemnité demeure très inférieure au préjudice réellement subi ? On conviendra qu'une telle clause constitue tout le contraire d'une sanction pour celui qui ne s'est pas exécuté. L'article 1152 n'est nullement là pour consacrer un éventuel pouvoir de sanction : il se contente très simplement de dériver au plan de la réparation le principe de liberté contractuelle des parties.

En second lieu, la gravité du comportement de la partie défaillante n'est jamais en cause. Si l'on examine le pouvoir du juge quant à cette clause, on sait qu'il peut, depuis 1975, en modérer le montant s'il lui apparaît excessif ; ou à l'inverse le réévaluer s'il est dérisoire. Réaction contre les abus constatés, notamment en matière de crédit-bail, la loi visait avant tout à expurger les contrats de stipulations de dommages et intérêts exorbitants. S'agissait-il pour autant de brider un pouvoir de sanction qui aurait été alors nécessairement reconnu comme tel par le droit ? Nullement, ce qui peut être doublement démontré.
D'une part, s'il s'agissait bien de limiter un pouvoir de sanction, c'est au regard de la gravité du manquement reproché que le caractère excessif de la stipulation aurait dû être apprécié. Mais tel n'est pas le cas. L'excès se juge par rapport à l'importance du préjudice réellement subi par la partie victime de l'inexécution : la disproportion manifeste s'apprécie en comparant le montant de la peine conventionnellement fixé et celui du préjudice effectivement subi[1]. On reste donc dans une logique de réparation.
D'autre part, la Cour de cassation reconnaît aux juges du fond le pouvoir de réduire le montant de la clause pénale au préjudice exactement subi[2]. La dimension pénale de la clause peut donc être purement et simplement

[1] Com. 11 février 1997, *Bull.* civ. IV n° 47.
[2] Civ. 1ere 24 juillet 1978, *Bull.* civ. I n° 280.

niée avec la bénédiction de la haute juridiction. Cette jurisprudence est pleinement cohérente avec la nature de ces clauses, qui ne sont pas reconnues comme exprimant un pouvoir de sanction mais plus simplement comme la manifestation d'une liberté contractuelle dont il est parfois nécessaire de cantonner les excès.

Bilan. Le bilan est donc le suivant : il n'y a pas de sanction lorsqu'il s'agit de mettre en œuvre la responsabilité contractuelle, cela que les dommages et intérêts soient fixés par le juge ou par les parties. Cela ne surprendra pas, parce que fondamentalement, la sanction ne relève pas de la justice commutative mais de la justice distributive. Est-ce à dire alors que la sanction est nécessairement exclue du champ contractuel, dès lors que celui-ci renvoie essentiellement à la justice commutative ? Non : il est plusieurs cas dans lesquels le comportement de la partie contractante sera soumis à l'examen le plus attentif afin de savoir s'il convient ou non de lui attribuer moins que ce que le strict respect de l'échange requiert. La justice distributive n'est pas absente du droit des contrats.

II- La privation d'un droit

Le comportement sanctionné. En général, c'est la mauvaise foi de la partie qui sera prise en compte afin de lui faire une situation plus dure que celle à laquelle peut être soumise une partie de bonne foi. La simple négligence n'est généralement pas l'occasion d'une sanction. Certes, on pourrait songer à objecter que la prescription est précisément la sanction de la négligence de la partie qui tarde à agir pour faire valoir son droit. En réalité, on ne peut parler ici de sanction, dans la mesure où le but poursuivi n'est pas avant tout la stigmatisation d'un comportement odieux mais la mise en conformité du droit au fait à des fins de stabilisation et de cristallisation des situations apparentes. La sanction pour la partie qui se trouve forclose n'est qu'un effet induit de la prescription, non son objectif, ce qui suffit, comme d'ailleurs pour les dommages et intérêts versés dans le cadre d'une réparation, à la disqualifier.

La mauvaise foi d'une partie, voire la gravité objective de son comportement, peuvent être prises en considération tant lors de la formation, que de l'exécution, que des restitutions consécutives à l'anéantissement du contrat. On en prendra quelques exemples.

- **Lors de la formation du contrat**

Le dol. Il est clair que le dol du cocontractant va conduire à l'anéantissement du contrat. Mais on ne saurait voir ici à proprement parler une sanction : si la nullité est prononcée, ce n'est pas au regard précisément de l'intention malveillante du contractant mais de l'erreur qu'il a provoquée chez l'autre. Les manoeuvres dolosives qui échouent à induire le contractant en erreur ne seront pas sanctionnées par la nullité. Quant aux dommages et intérêts éventuellement dus, ils relèvent d'une logique de réparation et non d'une logique de sanction. La sanction transparaît pourtant de manière incidente en matière de dol puisqu'il est admis que l'erreur sur la valeur ou sur les motifs provoquée par le cocontractant pourra fonder la nullité alors qu'elle est impropre à le faire si elle est spontanée.

L'erreur. L'idée de sanction dans la formation du contrat apparaît essentiellement ailleurs, justement en matière d'erreur spontanée. Celui qui commet une erreur jugée inexcusable ne peut solliciter du juge qu'il prononce la nullité du contrat. Son droit à obtenir la nullité est donc paralysé en raison d'une appréciation de la gravité de son comportement, de la négligence impardonnable à laquelle il s'est laissé aller et qu'il n'est pas tolérable d'encourager : le droit qu'à normalement *l'errans* d'obtenir la nullité du contrat est paralysé en raison de son comportement inexcusable. Et lorsque la Cour de cassation décide que le dol rend toujours l'erreur excusable, on est encore en pleine sanction du dol : le droit qu'a le cocontractant de celui qui a commis une erreur inexcusable à voir le contrat maintenu recule en raison de son propre dol[3].

- **Lors de l'exécution du contrat**

Lors de l'exécution du contrat, le dol est encore pleinement pris en compte pour priver son auteur d'un droit auquel il peut normalement prétendre. La mauvaise exécution de celui-ci conduit à l'attribution d'une réparation dont on a dit qu'elle n'était pas une sanction, parce qu'elle ne faisait qu'assurer le respect du contrat.

---

[3] Civ. 3e 21 février 2001, *Bull.* civ. III n° 20.

Article 1150. Or l'article 1150 prévoit que si les dommages et intérêts dus à raison de l'inexécution du contrat se limitent au dommage prévisible, il n'en va plus de même en cas de dol de la partie défaillante, laquelle est alors tenue d'une réparation intégrale. Le droit de cantonner la réparation au dommage prévisible disparaît en raison du dol. Certes, on pourrait objecter que toute idée de sanction est exclue dans la mesure où l'auteur du dol est tenu d'une réparation intégrale, laquelle fait figure de principe en matière de réparation : l'obliger à réparer intégralement ne saurait être perçu comme une sanction. Affirmer cela, c'est, en réalité, raisonner comme on a trop souvent tendance à le faire, avec pour modèle la responsabilité délictuelle. Pour la matière contractuelle, l'impératif de réparation doit se concilier avec la légitime prévision des contractants, ce qui induit que l'équilibre de leur relation ne passe pas par le principe d'une réparation intégrale. L'affirmation du droit à réparation intégrale du préjudice en cas de dol apparaît donc comme une sanction véritable dès lors que la gravité du comportement d'une partie incite à s'éloigner du simple respect de l'équilibre de leur relation pour distribuer davantage à l'un.

Clauses limitatives ou élusives de responsabilité. La même observation peut être faite à propos des clauses limitatives ou élusives de responsabilité. Celles-ci participent de la définition de l'équilibre du contrat tel qu'il a été voulu par les parties et le droit positif en reconnaît la validité. Les parties demeurent en principe pour le droit civil les meilleures juges de l'équilibre de leur relation. Ces clauses sont pourtant, au terme d'une jurisprudence constante, écartées en cas de dol de celui qui s'en prévaut, en d'autres termes en cas d'inexécution ou de mauvaise exécution volontaire. Et l'on soulignera que la jurisprudence assimile au dol la faute lourde, ce qui ne laisse pas d'être discuté, dès lors que les situations sont radicalement différentes.

Modalités de l'obligation. La mauvaise foi du cocontractant est aussi pris en compte relativement aux modalités dont peut être affectée l'obligation souscrite. Selon l'article 1188, le débiteur ne peut plus réclamer le bénéfice du terme lorsque par son fait il a diminué les sûretés qu'il avait donné par contrat à son créancier. Le fait du débiteur est donc exigé : c'est la faute du débiteur qui est sanctionnée par la déchéance d'un droit que ménageait le contrat à son profit, celui de se prévaloir du délai de paiement convenu (on remarquera cependant qu'en matière d'hypothèque, la déchéance est encourue alors même que la perte ou la diminution de l'hypothèque n'est pas imputable au débiteur).

Dans le même ordre d'idée, l'article 1178 énonce que « *la condition est réputée accomplie lorsque c'est le débiteur, obligé sous cette condition, qui en a empêché l'accomplissement* ». Voici un débiteur qui manque à son devoir de loyauté dans le contrat en forçant le destin pour faire défaillir la condition suspensive. La sanction le frappe alors : il ne peut plus exiger que le hasard puisse le dispenser d'avoir à exécuter son obligation, et sera tenu dans tous les cas de son exécution, comme s'il s'était dès l'origine engagé purement et simplement. Et l'on remarquera que la disposition a semblé si juste que la jurisprudence n'a pas hésité à l'étendre à la condition résolutoire pour le cas ou l'une des parties viendrait à en provoquer la survenance.

- **Restitutions**

Lors des restitutions consécutives à un anéantissement rétroactif du contrat, qu'elles aient pour origine la nullité ou la résolution pour inexécution, le comportement de l'une des parties est aussi pris en compte pour modifier les règles ordinaires de restitution.

Restitution des fruits. Le principe est en la matière que la restitution porte sur le principal mais non pas sur les fruits ou, s'il s'agit d'une somme d'argent, sur les intérêts. Le fondement technique de la règle varie, article 549 relatif à l'action en revendication, ce qui n'est guère satisfaisant dès lors qu'il existe un contrat entre les parties, ou article 1378 relatif au paiement de l'indu. Les restitutions réciproques sont donc limitées quant aux accessoires de la chose, mais cette règle est précisément écartée en cas de mauvaise foi du contractant tenu à restitution : ce n'est, selon l'article 549, que le possesseur de bonne foi qui fait les fruits siens et l'article 1378 dispose « *s'il y a eu mauvaise foi de la part de celui qui a reçu, il est tenu de restituer, tant le capital que les intérêts ou les fruits, du jour du paiement* ».

Restitution de la chose périe. Quant à la restitution non des accessoires mais de la chose elle-même, que faut-il décider lorsque la chose a été détruite par la force majeure entre les mains du débiteur de la restitution ? L'article 1379 relatif au paiement de l'indu dispose que ce dernier est garant de sa perte par cas fortuit s'il l'a reçue de mauvaise foi. Or les principes de la théorie des risques, aux termes desquels la chose périt aux risques du propriétaire, conduiraient normalement à écarter toute restitution à la charge de celui qui n'apparaît en définitive n'avoir

été que simple possesseur de la chose à l'instant où elle fut détruite par un cas de force majeure. Le fait que cette règle soit écartée en cas de mauvaise foi du restituant, ne peut guère apparaître que comme une sanction à son encontre.
On notera cependant, pour être tout à fait juste, que la Cour de cassation ne fait pas une application très exacte de ce principe en matière restitutions consécutives à la nullité. Il semble bien que dans son dernier état, elle oblige à la restitution en valeur de la chose périe par cas fortuit, quelle qu'ait été la connaissance par le restituant de la cause de nullité entachant son contrat[4].

Nemo auditur. Doit enfin être évoqué, à propos de la nullité, l'adage fameux qui vient restreindre l'étendue des restitutions : *nemo auditur propriam turpitudinem allegans*. Le domaine de ce texte est certes restreint puisqu'il ne vise que le contrat dont la nullité est encourue pour cause immorale, nullité à laquelle il ne porte aucun obstacle, se contentant de faire simplement échec à la demande en restitution formée par celui qui poursuivait à travers le contrat un but immoral. La sanction est ici évidente puisque la gravité du comportement du demandeur lui interdit tout accès à la justice commutative. L'équilibre des relations qui l'unissait à son cocontractant est anéanti, ce dernier pouvant à la fois conserver le bénéfice du contrat exécuté et obtenir restitution de sa propre prestation.

La rétribution positive. Nous voudrions terminer sur une note plus positive. La sanction a jusqu'alors été envisagée dans une dimension essentiellement négative, sous l'influence d'une approche pénale de la notion. Mais il faut être conscient que la sanction est avant tout la rétribution d'un comportement et que, s'il existe des comportements nuisibles qui appellent précisément la peine, il est aussi des comportements vertueux qui sollicitent de la justice la récompense. La sanction est une peine ou une récompense. Le droit des contrats n'ignore sans doute pas totalement ce second aspect des choses. L'article 1224-1 du Code civil permet au juge d'accorder des délais de grâce au débiteur défaillant pour s'exécuter, ce qui va à l'encontre du strict respect de l'accord passé. Le juge sera vraisemblablement enclin à les prononcer lorsque la partie défaillante lui apparaît avant tout comme la victime d'une situation économique à laquelle il ne peut faire face.

---

[4] Civ. 1ere, 24 septembre 2002 : les restitutions consécutives à une nullité ne relèvent pas du paiement de l'indu, rendu à propos de la question de la prescription.

La sanction disciplinaire en fonction publique

Pascal MONTFORT
ATER à l'Université Jean Moulin Lyon 3

La sanction de la loi dans son sens le plus courant[1] - c'est à dire « l'acte par lequel le souverain, le chef du pouvoir exécutif revêt une mesure législative de l'approbation qui la rend exécutoire » - est la raison d'être de l'administration.

La sanction dans son acception la plus large est d'abord un moyen d'action de l'administration envers les administrés. Les exemples de l'activité « sanctionnatrice » de l'administration sont nombreux. Ils ne portent pas toujours le nom de sanction mais constituent une part importante de l'activité administrative : retrait d'un permis de conduire, sanctions fiscales, interdiction d'une installation classée, etc. ...

Elle demeure aussi un mécanisme utilisé à l'intérieur de l'administration. La sanction s'applique dans le cadre des relations de travail au sein de la fonction publique où elle consacre des règles communes de conduite et d'ordre propres à la discipline administrative.

La discipline - phénomène de régulation sociale d'un milieu précis - n'est pas une particularité administrative. La sanction disciplinaire décidée soit par l'autorité de nomination ou soit une juridiction disciplinaire, nous l'avons vu, existe aussi en entreprise ou encore dans le milieu éducatif, sportif ou pénitentiaire.

Le droit applicable au manquement aux règles du travail administratif partage avec le droit social certaines problématiques juridiques. De nombreux commentateurs ont opéré des rapprochements entre les deux matières : utilisation de la méthode du détournement de pouvoir par la

---

[1] Définition du Petit Robert.

chambre sociale de la cour de cassation[2], application de garanties propres au droit social par le juge administratif[3],...
Pourtant, le phénomène de sanction disciplinaire dans la fonction publique est difficile à appréhender par le seul biais juridique.
La France compte 3 millions de fonctionnaires d'État, 1,3 millions de fonctionnaires territoriaux et 830 000 fonctionnaires hospitaliers. Le premier constat est que le nombre de sanctions disciplinaires prises est faible. À titre d'exemple, le conseil de discipline de recours de la fonction publique territoriale qui se prononce en appel sur les sanctions disciplinaires prises à l'encontre des fonctionnaires dans la Région Rhône-Alpes soit plusieurs dizaines de milliers de fonctionnaires territoriaux a rendu 8 avis au cours de l'année précédente. Pour l'I.N.S.E.E., ce chiffre est représentatif de l'état de la situation.
Pourtant, l'interprétation hâtive de ces chiffres - qui ne prennent pas en compte l'ensemble des recours juridictionnels - pourrait nous inciter à affirmer qu'il n'existe pas de régulation des comportements contraires à la discipline de l'administration.
La sous-utilisation de la sanction disciplinaire dans son sens juridique ne signifie pas l'absence de répression disciplinaire. Pour beaucoup d'administration soucieuse du bon ordre intérieur, il est plus efficace de sanctionner un fonctionnaire : en mettant fin à certains avantages financiers, en lui supprimant les heures complémentaires. Par l'obtention d'une mutation ou par la pratique de la « mise au placard », que d'appliquer la procédure disciplinaire prévue à cet effet.
Il existe donc un écart entre la règle juridique et la perception qu'en ont les acteurs de l'administration. Cet écart pose un problème d'efficacité de la catégorie juridique et nous interroge sur le fait de savoir quelles sont les faiblesses du régime juridique de la sanction disciplinaire.

La définition de la sanction disciplinaire présente un certain nombre de particularismes pourtant c'est la procédure disciplinaire qui est le plus sujet à discussions.

---

[2] CROZAFON J.-L., « Le contrôle juridictionnel de la sanction disciplinaire dans l'entreprise et dans l'administration », *D.S.* 1985 p201 ; JAVILLIER J.-C., « L'exercice et le contrôle juridictionnel du pouvoir disciplinaire », *D.S.* 1983 p537 ; PRETOT X. « Droit administratif et droit social », *R.D.P.* 1998 p959.

[3] C.E. 21 juin 1895 Cames *Rec.* p.509 ; *G.A.J.A. ; S.* 1897.3. p.33 concl. Romieu, note Hauriou. Le Conseil d'État reprend implicitement la théorie des risques professionnels citée dans les conclusions du commissaire du gouvernement Romieu.

I- Une définition de la sanction : la coexistence de particularismes

À la différence du droit social[4], la notion de sanction disciplinaire prévue dans les statuts de la fonction publique ne dispose pas d'une véritable définition. La loi se contente d'énumérer les mesures encourues par le fonctionnaire au titre de ces manquements à la discipline de l'administration[5]. C'est certainement là, la première expression du particularisme de la sanction disciplinaire dans la fonction publique.
La définition législative par liste s'avère insuffisante pour cerner d'une part la notion et d'autre part la ou les fonction(s) de la sanction disciplinaire dans la fonction publique.
Il faut donc se tourner vers le juge administratif pour obtenir une définition plus précise[6]. Le juge ne se contente pas des mesures législatives : il procède à une définition par critères. Outre des listes et des critères de droit interne, il apparaît que la définition donnée par le juge interne est en concurrence avec les définitions d'autres ordres juridiques qui intègrent d'autres considérations que celles de l'administration.
À l'occasion de chacune de ces opérations de qualification juridique, les véritables finalités de la sanction disciplinaire : maintien de l'ordre interne, répression, etc. ... seront mises à jour.

A- La définition législative par liste.

Contrairement au droit pénal où l'échelle des infractions et l'échelle de peines sont référencés par la loi et correspondent entre elles, l'autorité disciplinaire qui sanctionne dispose simplement d'une échelle de peines fixées par les textes. L'autorité a la discrétion de définir l'existence le

---

4 Suivant l'article L. 122-40 du code du travail « constitue une sanction disciplinaire toute mesure, autre que les observations verbales, prises par l'employeur à la suite d'un agissement du salarié, considéré par lui comme fautif ; que cette mesure soit de nature à affecter immédiatement ou non la présence du salarié dans l'entreprise, sa fonction, sa carrière ou sa rémunération ».
5 Voir infra I.
6 Le contentieux du détournement de pouvoir permet à l'observateur d'étudier de façon précise l'opération de qualification de la sanction disciplinaire.

comportement d'indiscipline qui n'est pas nécessairement une faute en se référant aux règles d'organisation et de fonctionnement du service et aux règles de déontologie du fonctionnaire.
En application du principe de légalité des sanctions rappelées et en vertu de l'adage : Nulla poena sine lege[7], l'autorité n'inflige que les sanctions présentes dans les statuts de la fonction publique[8]. Par exemple, un fonctionnaire d'État ne peut être sanctionné disciplinairement (article 66 de la loi du Il janvier 1984), par ordre de gravité, que par l'avertissement, le blâme, la radiation du tableau d'avancement, l'abaissement des échelons, l'exclusion temporaire de six mois à deux ans, la mise à la retraite d'office et la révocation. La liste des sanctions prévues dans le statut est limitative[9].
Ce fondement formel de la sanction connaît pourtant des limites. Ainsi, comment faire la distinction entre une simple mesure d'organisation de l'administration et une sanction disciplinaire.

B- La définition jurisprudentielle par critères.

Pour qualifier une sanction disciplinaire, le juge contrôle que la mesure contestée est prévue par les statuts de la fonction publique. Face au silence de la loi, le juge applique le critère formel et lui adjoint un critère finaliste ou intentionnel.
Le critère formel établit la matérialité de la mesure eu égard à la loi. Il diffère selon chaque fonction publique[10]. Les mesures de l'autorité disciplinaire dont la matérialité ne figure pas dans la loi ne peuvent être qualifiées de sanctions disciplinaires. Le juge interprète de façon stricte

---

[7] Par opposition à l'adage propre au droit pénal : « Nulla poena, nullum crimen sine lege ».
[8] C.E. 26 octobre 1951 Delamote *Rec.* p.724 Pas de sanction en absence de loi ; C.E. 12 juin 1942 Belpomme, *Rec.* p.195, C.E. 13 octobre 1965 Brisson *Rec.* p.995 Le juge entend par loi les statuts de la fonction publique.
[9] C.E. 22 novembre 1912 Vialle *Rec.* p.IOO8 Caractère limitatif de la liste de sanctions prévue dans les statuts de la fonction publique.
[10] Dans la fonction publique de l'État à l'article 66 de la loi du 11 janvier 1984.
- Dans la fonction publique territoriale à l'article 89 de la loi du 26 janvier 1984.
- Dans la fonction publique hospitalière à l'article 81 de la loi du 9 janvier 1986.
- Dans la fonction publique militaire à l'article 27 et 48 de la loi du 13 juillet 1972.
- Pour les magistrats de l'ordre judiciaire à l'article 45 de l'ordonnance du 22 décembre 1958).

les statuts. C'est le cas par exemple des réprimandes, des observations ou des mises en garde proférées à l'agent par l'autorité disciplinaire[11].
Ce critère est déterminant mais n'est pas suffisant. La véritable nature de la sanction disciplinaire est reconnue par le juge s'il est établi que les « considérations répressives » de l'acte prévalent sur les considérations propres à l'organisation et au fonctionnement de la fonction publique. Pour établir l'intention de l'autorité disciplinaire, le juge recherche dans l'acte ou autour de l'acte l'ensemble des éléments qui corroborent l'intention de l'auteur de l'acte.
Pour apprécier l'intention et pour dégager un critère intentionnel, le juge se réfère aux motifs de la décision[12]. Il étudie les motifs de la mesure indépendamment de leur forme.
D'abord, le juge administratif examine du texte de la mesure administrative : les motivations expresses. Les motifs explicites de nature à justifier le caractère disciplinaire peuvent figurer dans les motivations expresses de la mesure[13]. Outre les motifs explicites de la mesure, le juge examine les circonstances et les modalités d'édiction de la mesure administrative prise à l'égard de l'agent.
Ensuite, le juge examine le contexte de la mesure administrative : les circonstances et les modalités du prononcé de la mesure. Le juge interprète l'attitude de l'autorité qui édicte la mesure. Certaines circonstances sont de nature à présumer l'intention de l'autorité disciplinaire. Pour les élucider, le juge se fie aux apparences de la mesure. C'est le cas de l'immédiateté dans le prononcé de la mesure[14]. Le commencement d'une procédure disciplinaire présume l'intention de sanctionner. Tout élément qui atteste un début de procédure constitue une preuve qui corrobore la présence du critère intentionnel[15].
À défaut d'éléments de texte et de contexte suffisants pour établir de façon déterminante l'objet et le but de la mesure, le juge recourt à l'examen du prétexte : c'est-à-dire l'objet et le but de la décision. Pour

---

11 C.E. 4 novembre 1989 Thomasset *Rec.* p.206.

12 Pour cela, nous étudierons en particulier la jurisprudence du juge administratif relative au détournement de pouvoir en matière disciplinaire.

13 C.E. 4 novembre 1960 Roland *Rec.* p.602 Vif mécontentement exprimé de façon expresse dans la décision.

14 C.E. 2 décembre 1959 Hermann *Rec.* p.642 La rapidité de la prise de décision traduit une attitude répressive de nature à qualifier la sanction disciplinaire ; C.E. 18 mars 1937 Haring *Rec.* p.87 Anticipation de la décision.

15 C.E. 13 juillet 1961 *Rec.* p.514 Existence d'une enquête interne sur le comportement du fonctionnaire ; C.E. 18 mars 1937 Vigne *Rec.* p.1133 Inscription au dossier.

définir la finalité de la décision, le juge constate le lien de causalité entre le comportement d'indiscipline et la mesure administrative.
S'il apparaît que l'une des justifications de la mesure est le comportement individuel reproché et s'il existe un lien direct entre justification et décision, l'intention de sanctionner est constatée[16]. Le juge se base sur l'instruction pour établir que la répression disciplinaire est bien la cause de la décision. Il vérifie que la décision a le caractère d'une punition[17].
Si, au contraire, la justification juridique est absente, le critère intentionnel fait défaut et donc la sanction disciplinaire n'existe pas. C'est le cas, quand une mesure est prise dans le seul intérêt du service[18] : l'intérêt peut consister en sa réorganisation[19] ou en sa simple adaptation[20]. Cette distinction entre sanction disciplinaire et mesure d'organisation permet de constater la finalité de la sanction disciplinaire : à savoir l'existence de considérations répressives.
Le juge administratif dresse ainsi une définition précise des finalités de la sanction disciplinaire dans la fonction publique.
Ces considérations répressives répondent donc à deux finalités :
- une finalité morale : affecter le fonctionnaire dans son honneur personnel et d'ordre collectif : rappeler la règle de discipline à l'ensemble du corps de l'agent[21].
- une finalité matérielle : affecter le fonctionnaire dans sa carrière et dans sa rémunération.

Les deux types de définitions : par liste ou par critères semblent revêtir des similitudes flagrantes avec la définition législative propre au droit du travail. Le droit public arrive souvent à la même solution juridique que le droit privé, toujours avec la jurisprudence mais surtout toujours avec un peu de retard !
Cela montre que ce n'est pas la définition juridique de la sanction qui est à l'origine de sa sous-utilisation par l'administration. L'une des véritables causes semble la procédure disciplinaire qui aboutit à l'énoncé de la

---

[16] C.E. 25 janvier 1989 Ministre de l'Éducation *Rec.* p.32 Une décision ne perd pas son caractère disciplinaire quand elle répond aussi à l'intérêt du service.
[17] C.E. 7 décembre 1983 Brugère *Rec.*p.766 Refus de renouvellement d'un contrat ; C.E. 22 septembre 1997 Garcin *Rec.* p.906 Lettre de reproches versée au dossier.
[18] C.E. 25 février 1944 Peyrennet *Rec.* p.66 ; C.E. 26 mars 1965 Villeneuve *Rec.* p.207.
[19] C.E. 29 octobre 1930 Orsatti *Rec.* p.866.
[20] C.E. 22 mars 1929 Gros *Rec.*p.175 Cessation d'un détachement.
[21] Il existe des règles relatives à la publicité de la sanction disciplinaire de l'agent. La vie privée de l'agent sanctionné tend à être protégée tout en permettant aux membres de l'administration de connaître l'existence de la procédure disciplinaire.

sanction. En effet, la procédure présente des faiblesses internes qui aboutit souvent à l'énoncé de sanctions d'une grande faiblesse en nombre et en sévérité.

II- Les faiblesses de la procédure disciplinaire : l'influence des droits de la protection

Le droit de la répression disciplinaire dans la fonction publique a intégré récemment la nécessité d'un équilibre entre les intérêts de l'ordre du corps administratif et la protection du destinataire de la mesure de discipline[22].

A- Histoire d'un particularisme procédural

L'histoire de l'administration au XIXème et du début du XXème montre que le droit de la fonction publique n'applique que de façon restreinte les garanties procédurales au prononcé de la sanction[23]. Le professeur Jean Rivero explique l'absence de ses garanties par l'exigence du secret de l'action administrative[24]. Reprenant à son compte l'analyse du modèle bureaucratique de Max Weber, il estime que la décision administrative, scientifique par définition puisque émanant de la rationalité de l'administration, excluait totalement de sa préparation ceux qu'elle concernait.

Pourtant, à partir du milieu du XXème, la France adhère à des instruments de protection internationale et se dote d'une juridiction constitutionnelle. Le droit de la fonction publique traditionnellement conçu comme un droit de l'action se transforme peu à peu en un droit de la protection[25]. Ce double phénomène de constitutionnalisation et d'européanisation du droit impose au droit français de la fonction publique de « se repenser ».

---

22 LACHAUME J-F. « Le formalisme », *A.J.* n° spécial 120 juin 1995 p.142.

23 BURDEAU F., *Histoire du droit administratif : de la Révolution au début des années 1970*, P.U.F. 1995 1 ère éd.

24 RIVERO I. « L'administré face au droit administratif », *A.J.* n° spécial 120 juin 1995 p.145.

25 SOLER-COUTEAUX P. « Réflexions sur le thème de l'insécurité du droit administratif ou la dualité moderne du droit administratif » in *Mél. Waline Gouverner, administrer, juger* ; Dalloz 2002 p.377.

L'exemple du droit européen des droits de l'homme illustre notre propos[26].

B- La remise en cause du particularisme

Avec le droit européen des droits de l'homme, le fonctionnaire devient par principe un titulaire de garanties lors de la procédure disciplinaire qui s'exerce contre lui (C.E.D.H. 28 août 1986 Glasenapp série A n° 104 §49 « en règle générale, les garanties de la convention s'étendent au fonctionnaire »).
Dans cet ordre juridique européen, la sanction disciplinaire au sens du droit interne est appréhendée non pas en fonction de sa définition législative mais à l'aune de ses effets.
Pour justifier l'octroi de garanties, le juge européen assimile la sanction disciplinaire aux incidences graves susceptibles de faire l'objet d'accusations en matière pénale soit pour les contestations sur les droits et obligations de caractère civil.
« L'application du volet pénal aux sanctions administratives est fondée sur une définition extensive de la notion d'accusation en matière pénale »[27]. Les arrêts Engel[28] et Oztürk[29] précisent les critères alternatifs[30] d'application du volet pénal.
- Le premier - le critère formel - a une valeur indicative. Le juge européen contrôle la qualification législative de l'infraction dans le droit national.
- Le second - le critère intentionnel - consiste à la qualification de la nature de l'infraction. Ce critère présuppose que l'infraction concerne tous les citoyens. Il n'est souvent pas rempli en droit de la fonction

---

26 FITTE-DUV AL A. «La fonction publique et le juge européen des droits de l'homme», *A.J.*1997.731.

27 SUDRE F. et al. , *Les grands arrêts de la Cour européenne des droits de l'homme,* P.U.F. 2003 1ère éd.
28 C.E.D.H. 8 juin 1976 Engel et al. c/ Pays Bas Série A 22 ; *CDE*, 1978, 364, chron. G. Cohen-Jonathan ; in *Les grands arrêts de la Cour européenne des droits de l'homme* n° 4 p. 32 (voir supra).
29 C.E.D.H. 21 février 1984 Série A 73 ; *CDE* 1986.212 obs. G.Cohen-Jonathan ; *AFDI*, 1985, 403, 416 obs. v. Coussirat-Coustère ; *D.* 1986, Chron. obs. 27 M.Delrnas-Marty ; in *Les grands arrêts de la Cour européenne des droits de l'homme* n° 21 p. 189 (voir supra).
30 C.E.D.H. 25 aout 1987, Lutz ci Allemagne Série A. 23 § 55.

publique. Par définition, la fonction publique en tant que milieu social déterminé dispose d'incriminations spécifiques : spécifique quant au fond puisqu'elles ne sont pas forcément fautives et spécifiques quant à la forme puisque c'est l'autorité disciplinaire et non le texte de la loi qui les définit au cas par cas.

- Le troisième - le critère substantiel ou de la gravité - tient à la nature et à la sévérité de la sanction. Ce critère substantiel propre à la notion de sanction au sens de la Convention européenne des droits de l'homme est déterminant. Il emporte la décision du juge pour savoir s'il y a lieu d'octroyer des garanties complémentaires au fonctionnaire non protégé par ses statuts du droit interne.

En matière disciplinaire, la pénalisation n'est donc pas courante. Les affaires qui font l'objet d'un contentieux sur le fondement du volet pénal de l'article 6§1 sont le plus souvent relatives à la fonction publique militaire[31]. La gravité et la sévérité de la sanction disciplinaire sont contrôlées strictement par le juge[32].

De même, c'est au regard du volet civil de l'article 6§1 -c'est à dire pour les litiges relatifs aux contestations sur des « droits et obligations de caractère civil »- que le juge européen décide d'appliquer les garanties procédurales à certaines sanctions disciplinaires.

Bien qu'ayant précisé que même « si la contestation oppose un particulier à une autorité publique, il n'est pas décisif que celle-ci ait agi comme personne privée ou en tant que détentrice de la puissance publique »[33], le juge européen a mis du temps à admettre que le contentieux disciplinaire soit par principe soumis aux règles du procès équitable.

Pour clarifier l'état du droit disciplinaire et après plusieurs hésitations, le juge a exclu du volet civil les litiges concernant les « agents publics dont l'emploi est caractéristique des activités spécifiques de l'administration publique dans la mesure ou celle-ci agit comme détentrice de la puissance publique chargée de la sauvegarde des intérêts généraux de l'État ou des autres collectivités publiques »[34].

---

[31] C'est le cas pour l'arrêt Engel.11 existe d'autres exemples de sanctions disciplinaires militaires comme les arrêts C.E.D.H. 18 février 1999 Cable et al. c/ Royaume-Uni ; C.E.D.H. 25 février 1997 Findlay c/ Royaume-Uni.

[32] C.E.D.H. 28 septembre 2000 Joao Jose Brandao Ferreira ci Portugal Req. N° 41921198 Arrêt simple de cinq jours permettant à l'agent de circuler au sein de la caserne.

[33] C.E.D.H. 28 juin 1978 Koenig c/ Allemagne Série A 27 et 36 ; *C.D.E.* 1979 p474 obs. Cohen-Jonathan ; *A.F.D.I.* 1979,348 obs. Pelloux

[34] C.E.DH. 8 décembre 1999 Pellegrin c/ France *Rec.* 1999MII ; *A.F.D.I.* 1999 p.747 à 766 obs. V.Coussirat-Coustère ; *J.D.I.* 2000,139, P.Tavernier ; *R.F.D.A.* 2000.1268, obs.

En délimitant clairement le domaine d'application des garanties par un critère fonctionnel, le juge rappelle avec d'autant plus de vigueur que le principe est l'application des garanties au contentieux disciplinaire de la fonction publique[35].
Cette solution a fait l'objet d'un double revirement de jurisprudence dans deux arrêts d'assemblée du Conseil d'État[36] qui a fini par s'approprier le dispositif du juge européen. Certains observateurs se sont émus par une nouvelle crise du droit administratif. Il est de bon ton dans la doctrine publiciste de crier à la crise d'une notion juridique.
Le domaine d'application de l'article 6-1 étant défini, l'application des garanties du procès équitable soulève d'autres interrogations.
En droit interne, la sanction disciplinaire est décidée soit par l'autorité de nomination après avis consultatif d'un conseil de discipline soit par une juridiction disciplinaire. Dans les deux hypothèses, la question de l'application des règles du procès équitable est posée à l'observateur. Il convient de savoir si ces organismes juridictionnels ou administratifs sont des « tribunaux au sens de la convention européenne des droits de l'homme ».
Pour les juridictions disciplinaires, les règles du procès équitable s'appliquent désormais de façon certaine. Ces règles viennent renforcer la tendance à la juridictionnalisation de la sanction disciplinaire.
La question persiste pour les conseils de discipline. Statuant de façon consultative, ces instances administratives paritaires sont composées à part égale de représentant du personnel et de représentant de la collectivité ou de l'État. Présidé par un juge administratif, les conseils de discipline donnent souvent un avis déterminant à l'autorité administrative chargée de sanctionner. La loi du 27 décembre 1994 a même reconnu le caractère contraignant aux avis du conseil de discipline des recours de la

---

J.Kissangoula ; *R.D.P.* 2000.617, obs. X.Prétot, *R.D.P.* 2000.711 obs.G.Gonzalez ; *R.T.D.H.* 2000.831 obs. P.Wachsmann

35 Ne présentent pas ces caractéristiques : un agent contractuel affecté au poste d'expansion économique à New-York en qualité de chef de section chargé de la promotion des vins, bières et spiritueux français (C.E.D.H. 27 juin 2000 Frydlender c/ France) ; un adjoint administratif (C.E.D.H. 2 août 2000 Lambourdière c/ France) ; undirecteur d'un centre médico-psychopédagogique (C.E.D.H. 2 août 2000 Satonnet c/ France) ; une secrétaire-rédactrice dans le Service d'Expansion Economique du Ministère des Affaires Etrangères à l'étranger (C.E.D.H.17 décembre 2002 Heidecker-Carpentier c/France).

36 D'abord C.E. Avis 13 janvier 1997 Derbay *Rec.* p.17 ensuite C.E. Ass. 5 décembre 1997 Lambert *Rec.* p.460 enfin C.E. Ass. Il juillet 2001 Ministre de la défense ci Préaud, *R.F.D.A.* 2001.1047 concl. Bergeal. Exclusion du contentieux disciplinaire des militaires du volet civil de l'article 6§ 1

fonction publique territoriale et hospitalière qui statue en appel sur les avis du conseil de discipline.

De façon constante, le juge européen se refuse de les qualifier de tribunal au sens de la Convention et de leur appliquer les garanties du procès équitable. Des arguments juridiques pourraient inciter la soumission sous conditions de certains organes consultatifs disciplinaires. Le plus intéressant d'entre eux est d'ordre communautaire.

La Cour de justice des communautés européennes en interprétant la notion de « juridiction » prévue à l'article 234 du traité C.E. (ex-177 relatif à la question préjudicielle) a qualifié un organe administratif consultatif italien -qui statuait en forme de justice retenue- de juridiction pour se déclarer recevable une question préjudicielle[37]. La Cour de justice des communautés européennes estime que la décision d'une juridiction doit être revêtue d'une force obligatoire pour être un acte juridictionnel. Le juge précise qu'il est possible de déroger à une telle solution si deux conditions sont satisfaites[38]:

- l'organe concerné doit être, de manière incontestable, une juridiction du point de vue de sa composition, de son indépendance et de l'impartialité de ses membres ;
- l'avis qu'il est appelé à donner doit l'être en droit et s'insérer de manière déterminante dans le règlement d'un litige.

Faisant prévaloir l'apparence sur la réalité juridique, la cour qualifie l'organe consultatif de « juridiction ». Bien que les fonctions des catégories juridiques soient différentes, un raisonnement par analogie semble envisageable pour les conseils de discipline.

Face à un risque de bouleversement de l'organisation de la discipline dans la fonction publique, le Conseil d'État suivant le juge européen des droits de l'homme ont une attitude différente[39]. Les deux juridictions estiment d'une part que les avis de sanctionner disciplinairement ne sont pas des actes juridictionnels et, d'autre part, que les recours juridictionnels en place ne nécessitent pas l'application des garanties du procès équitable à ce stade avancée de la procédure disciplinaire[40].

---

37 C.J.C.E. 16 octobre 1997 Maria Antonella Garofalo et autres, Aff. C-69/96 à C-79/96, *Rec.* p.I-5603.

38 C.J.C.E. 12 décembre 1998 Victoria Film, Aff. C-134/97, *Rec.* p.I- 7023

39 FITTE-DUV AL A. « La fonction publique et le juge européen des droits de l'homme », *A.I.* 1997.731 ; JORDA I. « Le délai raisonnable et le droit disciplinaire de la fonction publique », *A.J.* 2002.13 ; LAURIE F. « Faut-il mettre fin à l'imprescriptibilité des poursuites disciplinaires dans la fonction publique ? », *A.J.* 2002.101

40 KOVAR R. « La notion de juridiction en droit européen » in *Mél. Waline Gouverner, administrer, juger ;* Dalloz 2002 p.607

De tels dispositifs ont le mérite de maintenir la spécificité du droit de la sanction disciplinaire comme un véritable droit de l'action. Bien que subordonnée au contrôle de légalité, la mise en oeuvre de la répression disciplinaire est laissée à la seule administration. Pour beaucoup d'observateurs, l'intrusion de règles de la protection dans le droit de la sanction disciplinaire tend à déresponsabiliser les acteurs de la sanction et à atténuer les sanctions prises. Il est souvent fait mention de la surreprésentation de personnels élus dans les instances paritaires de discipline et du risque que la publicité des débats pourrait présenter pour la paix sociale de l'administration.
Néanmoins, il serait de bon ton de s'interroger sur le fait de savoir si une instance spécialisée dont les avis juridiques sont majoritairement suivis par l'autorité qui dispose du pouvoir de décision ne se devrait pas de respecter un certain nombre de garanties procédurales : par exemple l'exigence de compétence juridique comme condition d'impartialité, ou encore le respect du délai raisonnable en mettant fin à l'imprescriptibilité des poursuites qui s'applique encore dans le droit de la fonction publique. La jurisprudence Cadot[41] de 1889 n'est-elle pas venue en son temps reconnaître le caractère de juridiction à la formation consultative du ministre qu'était le Conseil d'État, venant ainsi mettre ainsi fin à un siècle de justice retenue ?

[41] C.E. 13 décembre 1889 CADOT, *Rec.* p.1148 ; *D.*1891.3. p.41, concl. Jagerschmidt ; *S.*1892.3. p.17, note Hauriou; *G.A.J.A.*

La sanction ordinale

M. ARRUE
Bâtonnier de l'Ordre des Avocats de Lyon

La sanction ordinale, Monsieur DE LAP ALICE vous le confirmera : c'est celle prononcée par un Ordre Professionnel.
Un professionnel libéral peut, comme tout un chacun, faire l'objet de sanctions civiles s'il commet une faute de cette nature, administratives s'il ne respecte pas ses obligations administratives, ou pénales s'il commet un délit...
Mais un professionnel libéral, du moins pour les professions réglementées, est soumis à un corps supplémentaire d'obligations relevant d'un certain nombre de valeurs qui sont celles que sa profession s'est donnée pour mission de préserver, et qui sont le plus souvent consacrées par la Loi.
Difficile à définir, apparemment floue, s'appréhendant comme l'ensemble des règles qui permettent de déterminer ce qui se fait... et ce qui ne se fait pas... ce qui n'est pas "convenable".
Or ce qui est convenable en grec se dit DEON, et la connaissance se dit LOGOS.
Ce que le droit disciplinaire sanctionne (si tant est que ce soit un droit), c'est donc la déontologie.
L'expression est de Jérémy BENTHAM, moraliste du 19ème Siècle qui définit la déontologie comme "science de la morale", étant précisé que cette morale est une morale "utilitariste" : "La base de la déontologie, c'est donc le principe de l'utilité, c'est à dire... qu'une action est bonne ou mauvaise et qu'elle mérite l'approbation ou le blâme en proportion de sa tendance à accroître ou à diminuer la somme du bonheur public".
Il a été traité, avant cette intervention, de la sanction disciplinaire dans l'ordre administratif, ou dans le monde du travail...
Mais il y a une spécificité de la sanction disciplinaire professionnelle : c'est que les ordres qui, dans une très large mesure, s'administrent eux-mêmes, élisent leurs propres valeurs et assurent également eux-mêmes la sanction des règles qu'ils édictent, comme ils assurent, d'ailleurs, le contrôle de l'exécution de la sanction qu'ils prononcent.

Car la règle déontologique suppose une sanction ce oui la distingue de la norme morale, mais sans en faire pour autant un sous-produit du droit pénal.

Déontologie et droit pénal

À la différence du droit pénal, qui s'impose à tous, la règle déontologique ne s'applique qu'aux membres d'une profession.
On peut donc parler d'une sorte de droit pénal interne, décentralisé, et contractualisé... puisque l'on ne s'y trouve soumis que par l'acte volontaire qui consiste à embrasser une profession et à s'inscrire à un Ordre Professionnel.

Mais à l'inverse de la règle pénale, la règle déontologique n'est pas nécessairement écrite

Les codes de déontologie, lorsqu'ils existent, se réfèrent à des valeurs et non à des comportements ou à des infractions dont les éléments matériels seraient détaillés.
Ainsi, le Code de Déontologie des Architectes (décret du 20 mars 1980) exige de ces professionnels Équité, Objectivité et Compétence.
Le Code de Déontologie des Chirurgiens Dentistes exige le respect de la vie et de la personne humaine.
Le Code de Déontologie des Médecins (6 septembre 1995) est très détaillé, mais les règles qu'il énumère découlent toutes d'un seul principe énoncé à l'article 2 : "Le respect de la vie, de la personne humaine, et de sa dignité ».
Quant aux Avocats, dont les 182 règlements intérieurs et le RIH ne sont guères détaillés, ils sont soumis à l'article 183 du décret du 27 novembre 1991 selon lequel :

> *"Toute contravention aux lois et règlements, toute infraction aux règles professionnelles, tout manquement à la probité, à l'honneur ou à la délicatesse même se rapportant à des faits extraprofessionnels exposent l'avocat qui en est l'auteur à des sanctions disciplinaires ".*

Inversement, les codes de déontologie ne sont pas nécessairement des codes de discipline

Ce n'est pas leur vocation première et certaines de leurs prescriptions sont d'une nature telle qu'elles échappent largement à toute possibilité de sanction (pour les médecins par exemple : articles 35, 36, 37 et 38 sur le devoir de loyauté, l'énoncé d'un pronostic fatal ou l'accompagnement du médecin en fin de vie).

On peut dire que s'il existe bien un lien étroit entre DEONTOLOGIE et DISCIPLINE, celle-ci n'est pas nécessairement la sanction de celle-là. On peut encore relever, pour souligner cette autonomie entre sanction disciplinaire et sanction pénale, qu'un comportement disciplinairement sanctionnable n'est pas nécessairement constitutif d'une infraction pénale, ce qui est d'évidence, mais même qu'une faute pénale sanctionnée comme telle n'est pas nécessairement constitutive d'une faute déontologique, en dépit de la rédaction de l'article 153 du décret.

Déontologie et morale

La déontologie, lorsqu'elle est sanctionnée disciplinairement, n'est plus une morale.
Une morale n'obéit pas à des règles écrites.
Elle ne relève que de la conception que chacun se fait du bien et du mal, avec pour seul juge sa conscience et comme seules sanctions sa "bonne" ou "mauvaise" conscience... encore qu'il ne faille pas négliger le poids de la réprobation sociale.
La sanction déontologique se situe donc dans une zone intermédiaire, aux confins de ce qui ne serait pas tout à fait un droit (absence du principe de légalité) et de ce qui serait déjà un petit peu plus qu'une morale, puisque donnant lieu à l'application de mesures punitives concrètes (ce que Bernard BEIGNIER appelle les confins d'un "droit mou" ou d'une "morale dure").
Mais quand on a dit ce que la sanction disciplinaire n'est pas, et ce qui la distingue des domaines voisins, il reste encore à la situer par rapport aux trois grands axes permettant d'en cerner la nature :

- la définition des fautes punissables,
- la procédure d'application de la sanction,
- la nature de la sanction.

I -LA DÉFINITION DES FAUTES PUNISSABLES

Cette question a été largement abordée dans l'introduction...
On peut tout de même rappeler les termes de l'article 183 du Décret du 27 novembre 1991 sur la profession d'avocat, parfaitement illustratif d'un principe général valable pour l'ensemble des professions libérales réglementées :
« Toutes contraventions aux Lois et Règlements, toutes infractions aux règles professionnelles, tout manquement à la probité, à l'honneur ou à la délicatesse, même se rapportant à des faits extraprofessionnels, exposent l'avocat qui en est l'auteur aux sanctions disciplinaires prévues à l'article 184 ».
(Ainsi, même le domaine de la vie privée est concernée et le fait par exemple d'avoir des dettes de loyer, d'impôt et de cotisations sociales, est retenu comme un manquement à la probité, justifiant une sanction).
Il n'y a pas nécessité d'une définition plus précise.

A- Le principe de la légalité de FEUERBACH "nullum crimen sine lege..." n'existe pas

On s'est demandé si le texte de l'article 183, dans sa généralité, respecte bien le principe constitutionnel de légalité des délits et des peines, dont le Conseil d'État a jugé qu'il s'appliquait aux sanctions administratives comme aux sanctions pénales (C.E 9.10.1996 Société PRIGEST).

La spécificité du « droit disciplinaire » permet cette entorse.
«L'Honnêteté, au sens moral le plus fort, implique l'accomplissement de ses devoirs, non par souci de l'opinion ou par crainte de la sanction, mais par l'effet d'une exigence personnelle. Ainsi comprise, « l'honnêteté ne se divise pas. » (JJ TAISNE : « La Déontologie de l'Avocat ».»
On pourrait dire que « l'Honneur » non plus ne se divise pas. »

Le principe vaut pour les autres ordres professionnels et leur Code de Déontologie
S'ils s'essaient à caractériser les manquements les plus fréquents et les plus emblématiques à la déontologie, ils ne parviennent évidemment pas à établir la liste exhaustive des devoirs professionnels autrement que par la référence à des valeurs morales.
Ils ne peuvent, par conséquent, contenir la nomenclature des fautes et manquements punissables.

Quand la règle déontologique est écrite (Cf Code de Déontologie médicale) sa formule est large, floue et laisse une grande part au pouvoir d'appréciation du praticien qui doit s'y conformer.
C'est exactement le contraire du droit pénal, et de ses éléments constitutifs rigides limitativement énumérés, et de ses infractions, précisément définies par des éléments constitutifs rigides.
Le Juge disciplinaire a donc, dans son domaine, bien plus de pouvoir d'appréciation que n'en a le Juge pénal.

B- L'ordre professionnel cumule entre ses mains tous les pouvoirs que les philosophes des Lumières tenaient tant à séparer.

- Il édicte ses propres règles (dans le respect d'un cadre juridique prédéfini par le législateur, certes, mais à l'intérieur duquel il bénéficie de la latitude la plus large).
- Il assure le respect de ces règles (car sa vocation première est de maintenir la déontologie qui caractérise et légitime la profession.)
- Il sanctionne les contrevenants. ..

On pourrait ajouter, puisqu'il n'est pas nécessaire que les règles qu'il applique soient pré-écrites, que l'ordre professionnel dispose du plus large pouvoir d'appréciation, n'étant même pas lié par ses propres délibérations.
Un panorama de la jurisprudence du dernier siècle montrerait l'extraordinaire évolution des mentalités sur certains «sujets sensibles», sans pour autant que les valeurs de référence aient été remises en cause (par exemple, de la prohibition de chaussures de cuir fauve, seul le noir étant jugé convenable, par rapport à la tolérance au XXIème siècle d'un avocat en robe et en rollers).

C-En réalité, le contrôle de la justice disciplinaire est un contrôle de conformité

(si ce n'est de conformisme) à un certain modèle que l'Ordre Professionnel est seul à même, ou en tout cas mieux placé que quiconque pour apprécier.
C'est ce qui justifie, aussi que le principe de légalité induit de l'article 7.1 de la Convention Européenne des Droits de l'Homme (CEDH) selon lequel "nul ne peut être condamné pour une action ou une omission qui,

au moment où elle a été commise, ne constituait pas une infraction" ne s'applique en principe pas aux infractions disciplinaires.
C'est là sa grande spécificité.
C'est ce qui explique que la notion de procès équitable version CEDH ne soit pas nécessairement une référence appropriée en matière disciplinaire.

II -L'ORGANISATION DE LA POURSUITE

La poursuite disciplinaire relève de filières particulières, administrative ou judiciaire, selon les professions.
- Filière Administrative pour les professions médicales dont les organes disciplinaires sont présidés par des magistrats de l'ordre administratif ; (dès la première instance pour la section de l'assurance maladie, de la Commission de Discipline du Conseil Régional des Médecins, et en cause d'appel devant l'Ordre National dans tous les cas. L'appréciation finale relève du Conseil d'État. L'appréciation finale relève du Conseil d'État.)
- Judiciaire pour les avocats, dont les décisions de première instance sont déférées en appel à la Cour d'Appel, avec possibilité de pourvoi devant la Cour de Cassation.
Il est à noter que dans tous les cas, ce sont les règles de la procédure civile qui s'appliquent, voire même, simplement, les Principes Généraux du Droit

A- L'organisation de la poursuite relève des règles les plus simples

L'enquête préliminaire :
Totalement officieuse, elle est conduite par le Bâtonnier lui-même ou par un délégataire ensuite d'une plainte (justiciable, magistrat) d'une saisine officielle (Procureur Général) ou d'un fait de notoriété publique (incident d'audience, altercation, scandale).
Au vu du résultat de cette enquête, le Bâtonnier appréciera s'il y a lieu d'ouvrir une procédure disciplinaire.

La Procédure disciplinaire :
Le Bâtonnier peut :

-soit renvoyer l'ensemble du dossier devant le Conseil de l'Ordre ou le Conseil de Discipline pour jugement au fond, s'il s'agit de faits simples ;

-soit renvoyer le dossier devant le Conseil de l'Ordre pour que soit désigné un rapporteur qui instruira l'affaire. Au vu de ce rapport, le Conseil de l'Ordre décidera ou non de poursuivre.

Dans tous les cas, l'article 194 du Décret prévoit délivrance des pièces (cotées et paraphées) et du rapport d'instruction à l'avocat mis en cause (à peine de nullité de la poursuite : Cassation Civile 1ere Ch. 25janvier 1995 Arrêt n° 171.)

La phase de Jugement comprend :

- une convocation par lettre recommandée (avec un préavis de 8 jours),
- l'indication des faits poursuivis
- le renvoi aux dispositions législatives ou réglementaires les réprimant.

Le préavis de 8 jours :
La comparution ne peut être fixée moins de 8 jours après la date de convocation, mais le non-respect de ce délai n'est sanctionné que s'il a fait grief.

Le professionnel comparaît personnellement (mais cette question pourrait être discutée à la lueur de la Jurisprudence récente) seul ou assisté d'un défenseur.

Il n'y a pas d'accusation identifiée. Ce qui peut constituer un véritable problème. La publicité des débats n'est pas expressément prévue, mais elle est assurée dès lors que la personne mise en cause la demande.

La décision est motivée et notifiée par lettre recommandée avec accusé de réception, avec indication des voies de recours, soit devant la Cour d'Appel, soit devant le Conseil National de l'Ordre professionnel concerné.

B- L'influence du « procès équitable » de la CEDH

Originairement la procédure était parfaitement informelle. Mais la Cour Européenne des Droits de l'Homme a lourdement pesé du fait de la transposition du critère du procès équitable de l'article 6.1 de la Convention, dont on peut rappeler les « piliers principaux » :

- un Tribunal impartial et indépendant,
- la publicité de l'audience,
- le délai raisonnable,

et des « piliers secondaires » (implicites) :

- l'égalité des armes,
- le débat contradictoire,
- l'obligation de motiver.

Ces impératifs ont pesé sur la pratique des ordres professionnels.

Ils ont imposé, soit spontanément, soit du fait des modifications législatives :

- l'introduction d'un certain formalisme dans l'organisation du dossier,
- la collection de pièces à conviction dûment cotées et paraphées,
- le formalisme de la convocation avec respect d'un délai de prévenance,
- l'audition des parties avec établissement d'un procès-verbal signé,

La Cour de Cassation a d'ailleurs consacré la nécessité de distinguer « autorité de poursuite » et « autorité de jugement » en posant deux principes :

- Le rapporteur désigné par le Conseil de l'Ordre pour instruire le dossier du contrevenant présumé ne peut participer à la délibération[1].
- Le Bâtonnier, s'il a pris l'initiative de la poursuite (ce qui est le plus souvent le cas) ne peut plus présider le Conseil de l'Ordre statuant disciplinairement, ni même participer à la délibération[2].

En revanche, si la saisine vient du Parquet Général (ce qui est assez rare), il peut présider.

Mais quid de l'auto-saisine du Conseil de l'Ordre (expressément prévue par la Loi) qui disqualifie le Conseil de l'Ordre lui-même disciplinairement ?

Le problème reste posé.

Il trouvera sans doute sa solution dans l'adoption par le législateur du projet de Conseil de Discipline Régional élaboré par le Conseil National des Barreaux qui vise par ailleurs à supprimer le pouvoir d'auto-saisine du Conseil de l'Ordre.

---

[1] Cassation 5 octobre 1999, *D.* 2000 p.310 note Blanchard.

[2] Cassation 1 ère Ch. Civile 23 mai 2000, *JCP* 2000 II 1 0400.

III- LA SANCTION

Une autorité disciplinaire, on l'a vu, dispose des plus larges pouvoirs lorsqu'il s'agit de déterminer si un comportement est, ou non, punissable. Mais elle ne bénéficie pas de la même latitude en ce qui concerne les sanctions, qui sont enfermées dans un catalogue beaucoup plus étroit.
Si l'adage « nullum crimen sine lege... » ne s'applique pas, son pendant « nulla poena sine lege. » s'applique bel et bien.

A- Chez les avocats

Les peines disciplinaires prévues par la Loi sont :

- L'avertissement,
- Le blâme,
- L'interdiction temporaire dont la durée maximale est de trois ans,
- La radiation du tableau ou de la liste du stage (ce qui équivaut à l'interdiction définitive)
- Ou le retrait de 1 'honorariat (car un avocat honoraire, retraité, demeure un avocat susceptible de poursuites disciplinaires).

Il existe deux peines complémentaires facultatives :

- L'interdiction de briguer un mandat électif ordinal pour une durée de 10 ans au plus,
- La publicité de la peine disciplinaire dans les locaux de l'Ordre.

On doit mentionner aussi pour mémoire :

- L'admonestation paternelle du Bâtonnier qui n'est pas une sanction, mais qui demeure inscrite au dossier ;
- La suspension provisoire, mesure conservatoire concomitante à l'ouverture d'une procédure disciplinaire et que le Conseil de l'Ordre peut prononcer soit d'office, soit à la requête du Parquet Général.

Dans les professions de santé, l'échelle des sanctions est la même avec une variante à l'interdiction temporaire, l'interdiction temporaire de fournir des prestations aux assurés sociaux.

B- La nomenclature des peines est donc sommaire

Mais en corollaire, l'appréciation de la formation disciplinaire est discrétionnaire : la Loi ne lie en aucune façon tel type d'infraction à tel ordre de sanction, et ne fixe pas de limite impérative.
Ainsi, si le pouvoir disciplinaire ne peut infliger que des sanctions prévues par les textes légaux et réglementaires (CE 1er juin 1953 Beleuvre), les Conseils de discipline ont un pouvoir discrétionnaire pour choisir la sanction applicable, dès lors que la faute, quelle qu'elle soit, est matériellement établie (CE Assemblée 11 juillet 1984 Subrini).
Pour autant, les juridictions (en tout cas celles de l'ordre judiciaire) font application des principes de la CEDH et exercent le contrôle de la proportionnalité de la sanction de la faute.

C- Les textes ne prévoient pas l'arsenal habituel des mesures intermédiaires ou accessoires incitatives ou dissuasives

- sursis simple,
- sursis avec mise à l'épreuve,
- dispense de peine,
- confusion des peines en cas de cumul d'infractions.

Néanmoins, le recours aux principes généraux du droit permet d'appliquer le sursis simple sans encourir la censure du Conseil d'État ou de la Cour de cassation.
Le sursis avec mise à l'épreuve est censuré en tant que tel. Mais la Jurisprudence judiciaire permet de surseoir au prononcé de la peine jusqu'à l'évaluation du préjudice subi par la victime, ce qui revient largement au même.
La confusion des peines en cas de cumul d'infractions est formellement censurée par le Conseil d'État. Il ne semble pas qu'elle le soit par les Cours d'appel.
Les Cours d'appel sont moins rigoureuses.
Néanmoins, l'ensemble des juridictions d'appel exerce leur contrôle dans le domaine de la proportionnalité, conformément au principe de l'article.

CONCLUSION

On lisait il y a quelques années encore dans les manuels de référence « qu'il est difficile de caractériser de façon précise la nature juridique de l'action disciplinaire. On peut estimer que son caractère familial est prédominant ». (DAMIEN et HAMELIN 1981)
Mais on a assisté à une certaine judiciarisation de l'action disciplinaire au cours des dernières décennies (il n'y guère plus d'un siècle que l'appel est déféré à la Cour d'Appel, et non pas à l'assemblée générale de l'Ordre des Avocats)[3].
Le poids du « procès équitable » version CEDH ne cesse de se faire sentir.
Les purs juristes s'en réjouissent, y voyant le signe d'un renforcement des garanties de la personne mise en cause.
Les pessimistes - et les misanthropes - qui considèrent que « du fait de la défaillance des consciences individuelles, l'étique a fait place au droit, seule référence communément admise comme critère de décision » (Cf BEIGNIER -BLANCHARD -VILLACEQUE) s'en réjouissent aussi, y voyant un progrès.
Pourtant, la proximité entre le poursuivi et le poursuivant, le pragmatisme de l'instance disciplinaire, pouvaient aussi jouer en faveur du mis en cause :

- Les faits poursuivis sont plus facilement remis dans leur contexte par des juges plus proches de leur auteur ;
- La connaissance quotidienne de l'intéressé, de sa psychologie, de son tempérament, peuvent permettre d'apprécier comme une simple négligence ce que d'autres, moins bien informés, pourraient considérer comme une violation délibérée de la règle commune.

Inversement, les doléances contestées d'un plaideur pourront être mieux prises en compte si elles visent un professionnel dont on connaît, parce qu'on le côtoie quotidiennement, des pratiques courantes à la limite de la licéité.

---

[3] Sous l'ancien régime les avocats étaient maîtres de leur action disciplinaire et le parlement s'interdisait d'en connaître même en cause d'appel.
Le seul organe d'appel était l'assemblée générale des avocats.
Ces dispositions coutumières ont été inscrites dans un décret du 14 novembre 1810, puis reprises dans une ordonnance du 27 août 1830.
Le système actuel résulte des dispositions de la Loi du 31 décembre 1971 et du décret du 27 novembre 1991.
Pour les professions de santé les textes sont plus récents.

Dès lors que le droit disciplinaire se réfère non pas à un catalogue d'infractions précisément définies, mais à quelques normes morales laissant la plus large part à l'interprétation. Il n'est pas nécessairement plus équitable de faire juger ce comportement par des juges étrangers à la sphère dans laquelle évolue l'intéressé.
Il est en tout cas dommage de prendre argument du déclin des valeurs étiques pour renoncer à leur application.
Le disciplinaire ordinal est un humanisme.
La standardisation et la technicité gagnent tous les domaines de la vie sociale. Mais l'humanité y trouve-t-elle son compte ?

Mécanisme général de mise en cause de la responsabilité pénale des dirigeants publics et privés : de l'employeur à l'élu local

Nathalie CAZE
Docteur en droit

La question de la responsabilité pénale des dirigeants présente l'intérêt majeur de se situer au coeur d'une actualité législative importante, la loi du 10 juillet 2000 ayant procédé à une modification sensible de la responsabilité pénale non intentionnelle en imposant une approche rénovée de la faute. Une telle réforme résulte précisément d'un large mouvement de protestation des décideurs publics, - au premier rang desquels les maires -, suscité par l'accroissement permanent des poursuites pénales du chef d'homicide involontaire ou d'atteintes involontaires à l'intégrité. Très rares en effet jusqu'aux temps contemporains, les poursuites pénales se sont avérées de plus en plus fréquentes et la médiatisation de certaines affaires pénales tristement célèbres ayant conduit à envisager la responsabilité pénale des élus des communes, a contribué à entretenir le phénomène : chacun connaît en effet les drames de Saint-Laurent-du-Pont (incendie d'un dancing), du stade de Furiani (effondrement d'une tribune dans un stade), des Thermes de Barbotan (curistes intoxiqués dans une piscine). Bien que les condamnations, au regard du nombre de mises en examen aient été proportionnellement peu nombreuses, ces poursuites pénales ont déclenché une « véritable hantise chez les élus »[1].

Une telle hantise n'était pas étrangère aux dirigeants privés, et dès les années 1970, des voix s'élevaient déjà du côté des chefs d'entreprise, pour dénoncer les excès de la répression. Mais ces plaintes n'ont jamais ému les parlementaires outre mesure, et seul le combat mené par les élus et autres décideurs publics a permis de parvenir à une redéfinition des délits non intentionnels. D'où certaines dénonciations doctrinales parlant de la loi du 10 juillet 2000 comme d'une « loi scélérate » et de « réforme corporatiste », en ce qu'elle n'a pour but que de « soustraire une poignée

[1] J. Foyer, « De la responsabilité pénale des élus et fonctionnaires à la réforme du droit des délits non intentionnels », *Mélanges Soyer*, LGDJ, 2000, p. 214.

d'élus locaux à la justice répressive »[2]. Si l'inspiration politique de la réforme ne saurait être niée, son application de caractère général garantit pourtant l'égalité de tous devant la loi. En effet, afin d'échapper au reproche de légiférer pour les seuls élus, les parlementaires ont engagé une réforme générale de la matière : « estimant qu'ils ne pouvaient arroser quelques géraniums, les parlementaires se sont résolus à arroser un champ tout entier en reprenant la définition des délits non intentionnels par quelque personne qu'ils soient commis »[3]. À ce titre, la réforme, bien qu'inspirée par le souci d'alléger la responsabilité des élus, s'applique indifféremment à tous les justiciables et bénéficie ainsi à l'ensemble des dirigeants qu'ils soient publics ou privés.

Afin de parvenir à limiter ce recours croissant à l'arme pénale pour sanctionner de simples imprudences, le législateur est intervenu par deux fois depuis le nouveau Code pénal. Une loi du 13 mai 1996 relative à la responsabilité pénale pour des faits d'imprudence ou de négligence a d'abord été adoptée afin d'écarter la possibilité de retenir une faute d'imprudence si « l'auteur des faits a accompli les diligences normales compte tenu, le cas échéant, de la nature de ses missions ou de ses fonctions, de ses compétences ainsi que des pouvoirs et des moyens dont il disposait ». Mais cette disposition invitant les juges à se livrer à une appréciation plus circonstanciée de la faute, n'ayant pas produit les effets escomptés sur l'engagement de la responsabilité pénale des décideurs publics, le législateur est intervenu à nouveau le 10 juillet 2000. « Ces deux textes, directement inspirés par la situation des élus locaux, ont non seulement permis une réflexion d'ensemble sur le poids excessif de la responsabilité pénale ayant de simples fautes pour fondement, mais sont également à l'origine de retouches décisives, pour affecter tant le droit pénal général que le droit pénal spécial »[4]. Traiter de la responsabilité pénale des dirigeants consiste donc à analyser l'impact de la loi du 10 juillet 2000. En réformant à l'égard de tous la définition des délits d'imprudence, cette loi n'a pas entendu faire de distinction entre dirigeants publics et privés, les seules différenciations possibles ne pouvant résulter que d'appréciations jurisprudentielles diversifiées. Selon les termes mêmes du rapporteur cette loi avait « pour objectif essentiel

---

[2] P. Morvan, « L'impuissance du législateur à endiguer la responsabilité pénale en matière d'infractions involontaires », *Dr. Social* 2000, p. 1075.

[3] Ibid.

[4] Y. Mayaud, *Violences involontaires et responsabilité pénale*, Dalloz, Ière éd. 2003 ; p. 76, n°11.06

de concilier l'exigence de justice formulée par les victimes et la nécessité de mettre un terme à des poursuites injustifiées contre des personnes n'ayant consciemment violé aucune obligation ». Il semble donc que la répression pénale des dirigeants pour fautes non intentionnelles soit aujourd'hui limitée aux défaillances les plus graves (I). Exclues du champ de la responsabilité pénale, les défaillances les moins graves ne prêtent plus qu'à responsabilité civile ou administrative en vue d'une juste indemnisation des victimes (II).

I. La volonté de limiter la répression pénale aux défaillances les plus graves

La volonté du législateur de limiter la responsabilité pénale en matière d'infractions involontaires s'explique par le refus d'une pénalisation excessive de l'imprudence (A), et se traduit par un recours à une culpabilité plus sélective (B).

A- Le refus d'une pénalisation excessive de l'imprudence

Les violences involontaires sont certainement l'un des aspects les plus marquants de la délinquance de masse comme le prouvent les statistiques en démontrant combien les poursuites et les condamnations sont nombreuses sur le fondement des délits non intentionnels[5]. Or cet accroissement de la répression pénale de l'imprudence s'est avéré particulièrement lourd pour certains justiciables, plus exposés que d'autres par les positions qu'ils occupent ou les fonctions qu'ils exercent : tel est le cas des dirigeants. Force est de reconnaître en effet, qu'il pèse sur les décideurs une responsabilité de plus en plus lourde, qu'il s'agisse des élus locaux, des chefs d'entreprise, ou encore des opérateurs à risques dont la mission consiste à intervenir dans des domaines très exposés, tels les médecins, les enseignants ou les éducateurs.

Cette évolution dans le sens d'une responsabilisation de plus en plus forte s'explique d'abord par l'attitude des victimes auxquelles les mesures de réparation, bien souvent, ne suffisent plus. Celles-ci veulent la condamnation pénale de la personne à laquelle elles imputent la

[5] Voir sur ce point « Aspects de la criminalité et de la délinquance constatées en France en 2001 », 2 tomes, 2002, Documentation française, réf. 56741/8 et 56742/8.

responsabilité du dommage qu'elles ont subi : « moins qu'une condamnation à une peine d'emprisonnement ou d'amende, ce qu'elles désirent âprement, c'est le déshonneur de l'adversaire »[6]. À cette pratique qui consacre un recours de plus en plus fréquent au juge répressif s'ajoutait, avant la réforme, la conception très extensive de la responsabilité des personnes physiques par les tribunaux pénaux. Ceux-ci adoptaient une position doublement répressive à l'égard de la causalité comme de la faute. Ainsi, il suffisait que le dommage invoqué soit en relation quelconque avec la faute pour que celle-ci engage la responsabilité pénale de son auteur. Tout dommage, qu'il participe de retombées proches ou lointaines du comportement, pouvait donc servir de fondement aux poursuites. En outre, la théorie de l'unité des fautes civile et pénale avait conduit les juges à retenir les fautes les plus minimes afin de permettre aux victimes d'obtenir une juste indemnisation au civil. Les négligences les plus graves comme les plus insignifiantes pouvaient ainsi indifféremment constituer une faute pénale. Une telle approche était condamnable dans la mesure où le droit pénal ne doit pas reposer sur des préoccupations indemnitaires.

En revenant à une dualité des fautes pénale et civile, la loi du 10 juillet 2000 permet de redonner à la faute pénale sa véritable signification. « La faute pénale est l'expression d'une culpabilité, et non point l'instrument d'une indemnisation »[7]. Il apparaît logique de ne réserver la répression pénale qu'aux manquements les plus significatifs. Par l'incrimination de l'imprudence, le législateur réprouve les comportements d'indifférence aux valeurs sociales. Une telle indifférence mérite d'être prise en compte pour ce qu'elle révèle de mépris et d'indifférence envers autrui. Pour redonner à la faute pénale une signification propre, il a fallu réformer l'économie générale de la culpabilité non intentionnelle.

---

[6] J. Foyer, op. cit., p. 224. Voir aussi H. Moutouh, « Libres propos sur la responsabilité pénale des élus : la logique sacrificielle du bouc émissaire », *D.* 2000, Point de vue, p. V.
[7] Y. Mayaud, op. cit., p. 160, no51.186.

B- Le recours à une culpabilité plus sélective

La responsabilité pénale des personnes physiques est désormais soumise à un nouveau régime de répression, la réforme ayant modifié l'appréhension du lien de causalité entre la faute et le dommage et institué une gradation de la faute pénale.

Pour être génératrice de responsabilités, la faute pénale constitutive de violences involontaires doit être en relation de causalité certaine avec le dommage, qu'il s'agisse de la mort de la victime ou des atteintes à l'intégrité physique ou psychique. Mais là où la jurisprudence retenait la seule théorie de l'équivalence des conditions permettant de retenir toute cause, même très éloignée du dommage[8], le législateur a introduit une distinction suivant que l'auteur de la faute a causé directement ou indirectement le dommage. Désormais, l'auteur indirect du dommage ne pourra être condamné pénalement que sur le fondement d'une faute grave appelée encore faute qualifiée. En revanche, l'auteur direct du dommage pourra être condamné même en cas de faute simple. La responsabilité pénale des dirigeants, publics comme privés étant le domaine de prédilection de la causalité indirecte, cette modification les intéresse au premier chef. L'article 121-3 al. 4 C. pén. s'efforce de définir la causalité indirecte : elle concerne toutes les personnes qui, sans être directement à l'origine du dommage, ont soit créé ou contribué à créer la situation qui a permis sa réalisation, soit omis de prendre les mesures permettant de l'éviter. La causalité directe, quant à elle, a été laissée à l'appréciation des juges. Il ressort ainsi de la jurisprudence de la Chambre criminelle que le « lien de causalité est direct chaque fois que l'imprudence ou la négligence reprochée est soit la cause unique, exclusive, soit la cause immédiate ou déterminante de l'atteinte à l'intégrité physique de la personne »[9]. En dépit de ces efforts de définition, il paraît légitime d'éprouver quelques inquiétudes tant l'impact de la réforme est dépendant de l'interprétation jurisprudentielle du lien de causalité : « la causalité est un élément à géométrie variable, que le juge

---

8 Voir C. Ruet, « La responsabilité pénale pour faut d'imprudence après la loi no2000-647 du 10 juillet 2000 tendant à préciser la définition des délits non intentionnels », *Dr. pénal* 2001, Chron. I.

9 D.-N. Commaret, « La loi du 10 juillet 2000 et sa mise en oeuvre par la Chambre criminelle de la Cour de cassation », *Gaz. pal.* 12-13 avri12002, doctr., p.3.

peut fléchir ou durcir à sa convenance, afin d'en tirer les conséquences juridiques escomptées »[10].
Cette modification du régime de la causalité est directement liée à une redéfinition de la faute pénale, aujourd'hui caractérisée par une gradation suivant la gravité du comportement d'imprudence. On distingue ainsi la faute simple désormais insusceptible d'engager la responsabilité pénale de son auteur en cas de lien de causalité indirect, de la faute qualifiée dont la gravité justifie la responsabilité pénale de son auteur même en cas de lien de causalité indirect. Cette faute qualifiée se subdivise encore en deux fautes : la faute délibérée et la faute caractérisée. La faute délibérée, introduite dans notre droit en 1994 avec l'adoption du nouveau Code pénal peut se définir comme une violation manifestement délibérée d'une obligation particulière de prudence ou de sécurité prévue par la loi ou le règlement. Elle suppose donc pour être constituée la connaissance de cette obligation spécifique et le choix délibéré de ne pas la respecter. La gravité d'un tel comportement le situe au sommet de la hiérarchie des fautes non intentionnelles, aux confins de l'intention[11]. Mais afin d'éviter que trop de comportements fautifs en lien indirect avec le dommage n'échappent à la répression du fait de cette définition étroite de la faute délibérée, le législateur a créé un nouveau type de faute, largement inspiré de la faute inexcusable : la faute caractérisée[12]. À un degré de gravité moindre, celle-ci se caractérise par un comportement fautif grave (résultant soit du caractère délictuel ou contraventionnel de la faute, soit de l'existence d'une faute d'imprudence ou de négligence non pénalement répréhensible), présentant une particulière évidence ou intensité, exposant autrui à un risque d'une particulière gravité (risque sérieux, mortel ou invalidant, d'un degré de probabilité élevé) que son auteur ne pouvait ignorer.
La rénovation des délits d'imprudence par la loi du 10 juillet 2000 a donc une incidence considérable sur la responsabilité pénale des dirigeants, qu'ils soient publics ou privés dans la mesure où celle-ci repose le plus souvent sur un lien de causalité indirect avec le dommage. Pour

---

10 Y. Mayaud, op. cil., p. 206, no62.56. Voir aussi : J.-D. Nuttens, « La loi Fauchon du 10 juillet 2000 ou la fin de la confusion de la faute civile et de la faute pénale d'imprudence », *Gaz. pal.* 4-5- octobre 2000, doctr., p.7.

11 Voir Cedrars, « Le dol éventuel aux limites de l'intention », *D.* 1995, Chron., p. 18 ; Y. Mayaud, « La volonté à la lumière du nouveau Code pénal », *Mélanges Larguier* 1993, p. 203 ; M. Puech, « De la mise en danger d'autrui », *D.* 1994, Chron., p. 153.

12 Voir Y. Mayaud, « La faute caractérisée selon la jurisprudence de la Cour de cassation », *Rev. sc. crim.* 2001, p. 577 ; « La faute caractérisée, relève et non-doublon de la faute délibérée », *Rev. sc. crim.* 2002, p.585.

sanctionner pénalement les imprudences fautives des décideurs auteurs indirects du dommage, les juges doivent aujourd'hui impérativement constater, par une approche circonstanciée des faits, l'existence d'une faute délibérée ou caractérisée. On assiste ainsi à un véritable allègement de leur responsabilité pénale puisque celle-ci sera écartée en présence des défaillances les moins graves.

II- La nécessité d'écarter la répression pénale pour les défaillances les moins graves

Tout l'enjeu de cette réforme consiste à faire sortir du champ pénal les fautes ne présentant pas un caractère de gravité suffisant pour justifier une telle répression. Cette dépénalisation, souhaitée par le législateur, demeure toutefois très contrôlée par la jurisprudence (-A-) et s'avère sans incidence pour l'indemnisation des victimes (-B-).

A- Une dépénalisation très contrôlée par la jurisprudence

Nous avons vu que seules les fautes simples en relation de causalité indirecte avec le dommage, présentent un degré de gravité insuffisant pour engager la responsabilité pénale de leurs auteurs, le caractère direct du lien de causalité suffisant quant à lui, à conférer à une faute simple le degré de gravité nécessaire à engager la responsabilité pénale. La portée de la dépénalisation des fautes les moins graves est donc intimement liée à l'appréciation jurisprudentielle du lien de causalité. Il suffit au juge pénal de retenir une conception extensive du lien de causalité direct, notamment par le biais du critère de la « cause déterminante » du dommage, pour vider la réforme de tout impact sur la responsabilité des décideurs. Toutefois, malgré le court recul que nous avons, il semble que les juges ont été relativement fidèles à la volonté législative sur ce point, la quasi-totalité des décisions relatives aux élus locaux, comme aux chefs d'entreprise retenant un lien de causalité indirect entre la faute et le dommage. Une telle interprétation paraît d'ailleurs s'imposer puisqu'il est très rare que les dirigeants aient causé personnellement et directement le dommage, ce dernier résultant en général de défaillances ayant pu concourir à sa réalisation.

C'est donc sur le terrain de l'appréciation de la faute qualifiée que se porte le débat. Plus l'interprétation de la faute caractérisée ou délibérée sera extensive, moins la dépénalisation sera importante. À l'inverse, une interprétation très stricte de la faute qualifiée, aurait pour effet de rendre les relaxes très nombreuses. Au regard des décisions assez nombreuses rendues depuis la réforme, il semble que les juges ont adopté une approche mesurée de la faute qualifiée. Beaucoup de décisions mettent notamment en évidence l'importance de la faute caractérisée, à mi-chemin entre faute simple et faute délibérée. Par le biais de cette faute, les juges parviennent à encadrer strictement toute dépénalisation excessive à laquelle auraient immanquablement conduit les conditions très strictes de réalisation de la faute délibérée. À l'égard des décideurs, l'allègement de la responsabilité pénale n'est donc que relative puisqu'on assiste encore à nombre de condamnations sur le fondement d'une faute caractérisée.

Les élus locaux, à l'origine de la réforme, ont certes subi un assouplissement de leur responsabilité pénale, la loi du 10 juillet 2000 ayant permis un certain nombre de relaxes. Ainsi, par un arrêt du 4 juin 2002, la Cour de cassation[13] a relaxé un maire poursuivi pour homicide involontaire suite à la mort d'un jeune adolescent, écrasé par la barre transversale d'une cage mobile de football, en se fondant sur le fait que ce dernier était toujours attentif aux problèmes de sécurité et qu'il n'était pas démontré que son attention avait été attirée de manière précise sur la présence de ces cages amovibles. Le maire n'avait alors commis qu'une simple faute d'imprudence, susceptible d'engager sa seule responsabilité civile. On pourrait encore citer la relaxe du maire de la commune qui avait contribué à créer la situation ayant permis la réalisation du dommage, en ne disposant pas sur les sentiers côtiers de l'île d'Ouessant une signalisation indiquant la dangerosité des abords escarpés où un élève avait fait une chute mortelle lors d'une randonnée cycliste organisée et encadrée par des enseignants[14]. Cependant, cette faute en relation de causalité indirecte n'a pas été jugée caractérisée. Mais bien que la réforme ait, conformément à la volonté législative, conduit à un allègement de la responsabilité pénale pesant sur les élus, elle demeure très contrôlée. La Cour de cassation, vient, dans un arrêt récent[15], de rejeter le pourvoi

---

[13] Crim. 4 juin 2002, *JCP* éd. G, 2002, IV, 2364, *D.* 2003, p. 95.

[14] CA Rennes, 19 septembre 2000, *Gaz. Pal.* 2000, 2, 2361 ; *Petites affiches 2000*, n° 234, p. 13, note Vital-Durand ; *Rev. sc. crim.* 2001, p. 158, obs. Mayaud.

[15] Crim, 18 mars 2003, *Bull.* crim., n° 71.

formé par un maire condamné en appel pour homicide involontaire à la suite du décès d'un enfant de trois ans, déchiqueté par une dameuse ayant coupé la trajectoire de sa luge. Elle a en effet estimé qu'en autorisant les engins de damage à accéder aux pistes de ski de fond sans réglementer leur circulation dans les autres lieux de la station, et notamment sur les pistes de luge, le maire, n'a pas pris les mesures permettant d'éviter un dommage prévisible et a ainsi commis une faute caractérisée.

Les chefs d'entreprise, quant à eux, bénéficient en principe également de l'assouplissement de la responsabilité pénale pour les délits non intentionnels, l'application de l'article 121-3 al. 4 C. pén. devant s'appliquer de manière identique pour tous. Quelques relaxes ont ainsi pu être prononcées par des Cours d'appel lorsque l'on ne pouvait reprocher au dirigeant qu'une faute simple en relation de causalité indirecte avec le dommage : ainsi de l'importateur en France d'un appareil de type ULM après son écrasement au sol ayant provoqué la mort de deux personnes[16]; ainsi encore d'un dirigeant d'une entreprise de travaux publics poursuivi sur le fondement contraventionnel de l'art. R. 625-2 C. pén[17]. Toutefois, il faut bien reconnaître qu'en dépit de ces quelques relaxes, les condamnations demeurent très nombreuses pour les dirigeants privés. La raison de cette sévérité trouve sa justification dans la volonté du législateur de ne pas affaiblir l'efficacité de la répression dans les domaines sensibles tels que les accidents de la circulation, les accidents du travail ou encore les atteintes à l'environnement et à la santé publique. La circulaire d'application du Il octobre 2000 a ainsi expressément souligné que la violation d'une règle de sécurité prévue par le Code de la route ou du travail constituait la faute caractérisée, nécessaire à l'engagement de la responsabilité pénale en cas de causalité indirecte[18]. Cette précision législative vient donc là encore restreindre la portée de la dépénalisation, réservée aux seules imprudences très légères. L'interprétation jurisprudentielle de la loi du 10 juillet 2000 reste donc, pour l'instant, très mesurée, la dépénalisation étant limitée aux fautes les plus légères en relation de causalité indirecte avec le dommage. Mais dans les hypothèses où la responsabilité pénale est exclue, le législateur a fait

---

16 CA Paris, 16 novembre 2001, *Rev. sc. crim.* 2002, p. 329, obs. Mayaud

17 CA Douai, 20 décembre 2001, *Gaz. Pal.* 12-13 avri12002, note Petit.

18 Voir E. Fortis, « Les conséquences de la loi du 10 juillet 2000 en droit pénal », *Rev. sc. crim.* 2001, p.744.

en sorte que la relaxe au pénal ne préjudicie pas à l'indemnisation des victimes.

B- Une dépénalisation sans incidence sur l'indemnisation des victimes

La loi du 10 juillet 2000 marque en effet le retour à une dualité des fautes pénales[19] et civiles, le législateur n'ayant pas souhaité que les relaxes prononcées par le juge répressif sur le fondement de l'article 121-3 C. pén. privent les victimes de toute indemnisation. Le juge pénal retrouve donc l'autonomie qu'il n'aurait jamais dû perdre en n'ayant plus à rechercher des « poussières de faute » dans le seul but de réserver les droits à réparation de la partie civile. L'article 4-1 C. pr. pén. dispose ainsi que « l'absence de faute pénale non intentionnelle au sens de l'art. 121-3 C. pén. ne fait pas obstacle à l'exercice d'une action civile devant les juridictions civiles afin d'obtenir la réparation d'un dommage sur le fondement de l'art. 1383 C. civ., si l'existence de la faute civile prévue par cet article est établie, ou en application de l'article L. 452-1 du Code de la sécurité sociale si l'existence de la faute inexcusable prévue par cet article est établie ».

Cette référence à la faute inexcusable peut surprendre dans la mesure où la faute caractérisée, créée par la loi du 10 juillet 2000, est directement inspirée de la faute inexcusable de l'employeur telle que la définit le droit du travail. Il paraît alors difficilement envisageable que le juge civil retienne l'existence d'une faute inexcusable alors que le juge pénal a rejeté l'existence d'une faute qualifiée, puisqu'on ne saurait concevoir des approches aussi controversées au pénal et au civil. Et pourtant, la Chambre sociale de la Cour de cassation n'a pas hésité à retenir une faute inexcusable alors que la responsabilité pénale de l'employeur avait été

---

[19] Voir C. Desnoyer, « L'article 4-1 du code de procédure pénale, la loi du 10 juillet 2000 et les ambitions du législateur : l'esprit contrarié par la lettre », *D.* 2002, Chron., p. 979 ; P. Jourdain, « Les conséquences de la loi du 10 juillet 2000 en droit civil », *Rev. sc. crim.* 2001, p. 749 ; Ch. Lièvremont, « Retour sur unévènement législatif majeur de l'année 2000, la loi du 10 juillet 2000, une nouvelle approche de la culpabilité des délits non intentionnels », *RRJ*, 2001, p. 1925-1927 ; Y. Mayaud, « Violences involontaires et responsabilité pénale », op. cit., p. 149 et s., n° 51.140 et 51. 160 ; J.-M. Nuttens,précit. ; J. Pradel, « De la véritable portée de la loi du 10 juillet 2000 sur la définition des délits non intentionnels », *D.* 2000, Point de vue, p. VI.

écartée[20]. Elle a ainsi estimé qu'en vertu « du contrat de travail liant à son salarié, l'employeur est tenu envers ce dernier d'une obligation de sécurité de résultat, notamment en ce qui concerne les accidents du travail ; le manquement à cette obligation a le caractère d'une faute inexcusable au sens de l'art. L. 452-1 C. séc. soc. Lorsque l'employeur avait ou aurait dû avoir conscience du danger auquel était exposé le salarié, et qu'il n'a pas pris les mesures nécessaires pour l'en préserver ». La faute inexcusable s'éloigne donc aujourd'hui considérablement de la conception traditionnelle de la faute. Il s'agit de plus en plus d'une présomption déguisée de responsabilité, l'employeur étant tenu, relativement à la sécurité de son entreprise, d'une obligation contractuelle de résultat, le manquement à celle-ci étant qualifié d'inexcusable.

Qu'il s'agisse de la faute civile d'imprudence au sens de l'art. 1383 C. civ. ou de la faute inexcusable de l'employeur, la victime pourra donc obtenir réparation du dommage qu'elle a subi devant le juge civil, alors même que la responsabilité pénale de l'auteur a été écartée par le juge pénal.

Toutefois, lorsque la faute émane d'un agent de l'administration, la victime doit, dans certains cas, demander réparation non pas devant le juge judiciaire mais devant le juge administratif. En effet, lorsque les agents de l'administration ont commis une faute non détachable de leur service, contrairement à la faute personnelle, les juridictions administratives sont en principe seules compétentes pour statuer sur la réparation. Mais cette situation n'interdit pas à la victime de se constituer partie civile, dans le seul but de corroborer l'action publique. La Chambre criminelle a ainsi rejeté un pourvoi qui invoquait l'article 470-1 C. pr. pén. pour donner compétence au juge pénal pour statuer sur les intérêts civils, en expliquant que ce texte dérogeait à la compétence des juridictions administratives pour connaître de la responsabilité civile des agents de l'administration ayant commis une faute de service. La Cour de cassation estime en effet que le retour à l'autonomie des fautes pénale et civile ne saurait aller jusqu'à créer un transfert de compétence, au profit du juge judiciaire, relatif au contentieux de la responsabilité des fautes de service. Ce n'est donc que sous couvert d'une faute détachable des fonctions administratives exercées, que le juge pénal peut prétendre user de sa compétence dans les termes de l'art. 470-1 C. pr. pén. La différence entre faute personnelle et faute de service a une incidence directe sur la juridiction compétente pour se prononcer sur la réparation. Le régime de responsabilité civile des décideurs publics est donc à double détente :

[20] Cass. soc., 28 février 2002, *D.* 2002, p. 2696, note Prétot ; Cass. soc., 11 avril 2002, *D.* 2002, p. 2215, note Saint-Jours.

alors que, pour les fautes de service, la responsabilité pèse sur l'administration, c'est à son agent qu'il appartient d'en répondre dans l'hypothèse d'une faute personnelle.
Qu'ils soient publics ou privés, les dirigeants dont la responsabilité pénale a été écartée en vertu de la réforme du 10 juillet 2000, restent tenus à réparation à l'égard des victimes, en vertu de procédures parfois différentes comme nous venons de le voir. Mais au-delà de ces différences procédurales en matière d'indemnisation, il est important de souligner que dirigeants publics et privés doivent se retrouver sur un plan d'égalité face à la responsabilité pénale. Bien que la loi du 10 juillet 2000 ait été inspirée par des motifs politiques, il ne faut pas perdre de vue qu'elle a réformé l'économie générale des délits non intentionnels à l'égard de tous. Une inégalité de traitement répressif entre chefs d'entreprise et décideurs publics serait contraire au texte. Il est donc à souhaiter que les juges continuent de contrôler la dépénalisation des défaillances les moins graves par une appréciation circonstanciée et rigoureuse des manquements, guidée par un souci d'égalité entre les justiciables. C'est bien sur la gravité de la faute que doit se fonder la répression pénale et non sur la fonction de celui qui l'a commise.

IIIe Partie :

L'effectivité, l'efficacité et les alternatives à la sanction

La sanction pénale

Jacques BUISSON
Magistrat, Professeur associé à l'Université Lyon 3

Les solutions alternatives à la poursuite sont nées de la pratique, de la volonté des parquets de ne pas se laisser enfermer dans une sorte de logique binaire qui, apparemment dictée par le système de l'opportunité des poursuites, ne permettait aux parquets que de poursuivre ou de s'abstenir, alors qu'il leur semblait nécessaire de pouvoir diversifier les solutions de nature à résorber le trouble à l'ordre public causé par la commission d'une infraction et, finalement, promouvoir d'autres formes de sanctions.

Ainsi a-t-on vu apparaître, à titre d'expériences, la solution de la médiation pénale que la loi du 4 janvier 1993 avait inscrite dans la loi en prévoyant des conditions minimales (CPP, art. 41, dernier alinéa ancien (aujourd'hui abrogé par la loi du 23 juin 1999) et art. D. 15-1 et s.), puis celle des « rappels à la loi » ou des « classements sans suite sous condition ».

C'est l'ensemble de ces solutions que la loi du 23 juin 1999 a voulu prévoir et régir, en y ajoutant une possibilité, dénommée composition pénale, reprise de l'ancienne « injonction pénale » dont les dispositions avaient été jugées inconstitutionnelles[1].

Cette loi a mis en oeuvre la sanction sous ses diverses acceptions, restreintes et plus compréhensives selon la distinction du vocabulaire juridique Capitant ; en sorte que si les premières alternatives envisagées peuvent, à l'analyse, être qualifiées de réparatrices, la seconde apparaît, bien qu'elle n'entraîne pas mise en oeuvre d'une poursuite, punitive.

---

[1] Au motif que certaines des mesures qu'elle comportait étant de nature à porter atteinte à la liberté individuelle, l'injonction requérait la décision d'une autorité de jugement conformément aux exigences des articles 9 de la Déclaration des droits de l'homme, 66 de la Constitution et du principe constitutionnel du respect des droits de la défense (Déc. 95-360 DC, 2 févr. 1995 relative à l'injonction pénale : Recueil de jurisprudence constitutionnelle, Litec, op. cit., p. 632).

I -Les alternatives réparatrices

Nous qualifions de réparatrices ces alternatives prévues par la loi nouvelle parce qu'elles tendent, dans la logique de la politique législative, à la réparation du tort fait à la société ou à la victime en recourant, d'un point de vue technique, à diverses mesures articulées autour de la réparation du tort fait à la victime ou à la société.

A- Politique législative

Une finalité réparatrice clairement affichée

La loi nouvelle confère au procureur de la République le pouvoir de mettre en oeuvre ces mesures alternatives lorsqu'il lui apparaît qu'elles peuvent assurer la réparation du dommage causé à la victime, mettre fin au trouble résultant de l'infraction ou contribuer au reclassement de l'auteur des faits (CPP, art. 41-1). La ratio legis apparaît évidente. Il s'agit de faire en sorte que soit envisagée une mesure alternative toutes les fois que, compte tenu de l'infraction commise et de la personnalité de l'auteur présumé, la poursuite n'est pas la solution adaptée pour résorber le trouble à l'ordre public causé par l'infraction et prévenir sa réitération.

Reprises de celles qu'avait édictées la loi du 4 janvier 1993 pour la médiation, ces finalités ne sont cependant plus, dans la nouvelle loi, cumulatives. C'est dire que le ministère public peut choisir la voie d'une mesure alternative en considération de l'une seule de ces finalités.

Afin d'apporter aux victimes l'aide nécessaire, la loi du 15 juin 2000 a donné au procureur de la République le pouvoir de requérir une association conventionnée par les chefs de la cour d'appel (CPP, art.41, dern. al.), cette convention étant de droit pour les associations d'aide aux victimes reconnues d'utilité publique (L., art. 103.).

Une mise en oeuvre volontairement souple

À raison de l'imprécision de la loi, ces mesures peuvent être décidées pour la commission de toute infraction, quelle qu'en soit la nature. Mais les finalités énoncées par le législateur indiquent suffisamment qu'elles ne peuvent l'être que pour les délits et les contraventions, les crimes étant forcément exclus de leur champ d'application.

Les mesures consacrées par la loi sont mises en oeuvre, préalablement à sa décision sur l'action publique, par le procureur de la République qui pourra ensuite décider de poursuivre ou non, en fonction de l'échec ou de la réussite de la mesure qu'il avait choisie. Sous ce regard, on perçoit

que l'expression de « poursuite différée », que nous utilisons pour qualifier l'hypothèse de non-poursuite, exprime parfaitement la réalité juridique et matérielle.
Si la décision d'emprunter la voie de la mesure alternative n'appartient qu'à lui seul, le procureur de la République a, aux termes de l'article 41-1 du Code de procédure pénale, la faculté d'en déléguer l'exécution. Ainsi s'ils peuvent mettre eux-mêmes en œuvre la mesure alternative dont ils ont pris la décision, le procureur ou ses substituts décideront, en pratique[2], de demander à un officier de police judiciaire d'exécuter, en leurs lieu et place, les quatre premières mesures légalement prévues, la médiation étant exécutée par une personne habilitée à cette fin (CPP, art. D. 15-1 et s.)[3].

B -Technique législative

Consacrées par la loi du 23 juin 1999, ces mesures alternatives ont été, pour l'essentiel, puisées dans la pratique des procureurs de la République qui, depuis des années, les avaient adoptées, après les avoir expérimentées grâce à l'opportunité des poursuites qui leur permettait de soumettre leur classement sans suite au respect d'une condition qu'ils fixaient à la personne impliquée[4]. Ainsi en était-il allé de la médiation dont la réussite conditionnait ledit classement, alors que l'échec entraînait, la plupart du temps, la poursuite[5], avant que le législateur ne vienne la régir.
Ces mesures alternatives, au nombre de cinq, reprises ici dans l'ordre de la loi, ne peuvent être ordonnées que si elles répondent aux finalités législatives.

---

[2] Comme ils le faisaient d'ailleurs jusqu'à maintenant.

[3] V. infra, Théorie juridique et pratique judiciaire. Le texte ne précise pas, comme pour la composition pénale (CPP, art. 41-2) la capacité requise de son délégué, mais on pense à l'OPJ qui reçoit normalement ce type de délégation.

[4].La légalité de ces mesures n'avait jamais été discutée dans la mesure où si elles pouvaient paraître coercitives, cette contrainte était toujours consentie. Toutefois, il pouvait être objecté que cette légalité était discutable puisque l'alternative fixée échappait à l'exercice des droits de la défense. C'est pourquoi l'avocat avait, au fil du temps, fait une entrée de plus en plus fréquente dans les médiations prescrites.

[5] Tout au moins si l'échec était imputable à la personne impliquée qui refusait de se soumettre au résultat de la médiation.

Réparation du tort causé à la société

a- Réparation par la prévention

Deux mesures sont prévues pour prévenir toute nouvelle atteinte à la loi.

- Procéder au rappel auprès de l'auteur des faits des obligations résultant de la loi. Cette mesure alternative est sans doute la plus ancienne, et la plus pratiquée, des mesures alternatives expérimentées par les parquets sous l'expression de « rappel à la loi ». Elle consistait, en informant la personne impliquée d'un classement sans suite, à lui rappeler l'obligation qui est la sienne, comme celle de tout citoyen, de respecter la loi, et particulièrement celle qu'il vient de violer en commettant les faits reprochés, mais aussi à lui notifier que toute méconnaissance ultérieure de la loi entraînerait la poursuite immédiate de la nouvelle infraction ainsi que de celle qu'il viendrait de commettre. En dépit de son absence de précision, la loi ne paraît pas avoir changé le contenu de cette mesure alternative, tant il apparaît qu'elle a entendu consacrer la pratique ancienne.

- Orienter l'auteur des faits vers une structure sanitaire, sociale ou professionnelle. Plus novatrice, cette mesure n'en existait pas moins. Le procureur de la République peut désormais légalement décider de faire offrir à la personne impliquée une structure qui lui permette de sortir de la situation qui avait provoqué l'infraction. Une telle orientation s'accompagnera normalement de la notification, faite à son bénéficiaire, du classement sans suite qui pourra être décidé s'il se soumet à ladite mesure et perdure dans cette attitude de respect de la loi.

b- Réparation par la régularisation

Il est possible de demander à l'auteur des faits de régulariser sa situation au regard de la loi ou des règlements.

Il s'agit d'amener l'auteur à faire cesser l'état de non-droit, constitutif d'une infraction pénale, dans lequel il se trouve. Là encore, il peut paraître plus utile pour l'ordre public d'user de la menace d'une poursuite pour amener la personne impliquée à se mettre en règle avec la loi ou les règlements dans un délai que le magistrat du parquet fixera, plutôt que d'entrer immédiatement en voie de poursuite pour laisser à l'initiative du prévenu le soin de régulariser sa situation personnelle. Ainsi pourra-t-il en aller de l'auteur d'une conduite d'un véhicule automobile sans permis de conduire, de l'étranger sans document de séjour (Ord. 2 nov. 1945, art. 19) et plus généralement de toute situation dans laquelle la possession d'un titre ou d'un document est, à peine de sanction, exigée d'un particulier.

Réparation du tort causé à la victime

a- Réparation matérielle : demander à l'auteur des faits de réparer le dommage résultant de ceux-ci

Distincte de la médiation en ce qu'elle n'implique qu'une réparation[6], généralement pécuniaire, du tort causé, les procureurs de la République décidaient souvent d'une telle mesure lorsqu'il leur apparaissait que l'indemnisation de la victime suffisait à la résorption du trouble à l'ordre public, principalement au cas d'infractions d'atteinte aux biens. Comme par le passé, la loi nouvelle qui consacre cette pratique permet au ministère public de subordonner le classement sans suite à la réparation effective du préjudice causé à la victime, dans un délai qu'il impartira à la personne impliquée, lequel suspend le délai de prescription de l'action publique.

Afin d'apporter aux victimes l'aide nécessaire, la loi du 15 juin 2000 a donné au procureur de la République le pouvoir de requérir une association conventionnée par les chefs de la cour d'appel (CPP, art.41, dern. al.), cette convention étant de droit pour les associations d'aide aux victimes reconnues d'utilité publique (L., art. 103).

b- Réparation matérielle et morale : faire procéder, avec l'accord des parties, à une mission de médiation entre l'auteur des faits et la victime.

Créée à titre expérimental avant d'être consacrée par la loi du 4 janvier 1993[7], la médiation pénale a donc été reprise et intégrée par la loi du 23 juin 1999 dans un ensemble de mesures alternatives. Le régime paraît avoir été conservé puisque sont identiques les finalités et l'obligation

---

6 Il est vrai que, en pratique, les parquets préféraient souvent entreprendre cette indemnisation dans le cadre d'une médiation plutôt qu'en confier la réalisation à un officier de police judiciaire.

7 Sur la médiation pénale : G. BLANC, « La médiation pénale », *JCP* 1994, 1, 3760 ; J. LEBLOIS-HAPPE, « La médiation pénale comme mode de réponse à la petite délinquance : état des lieux et perspectives », *Rev. sc. crim.* 1994, p. 525.

d'obtenir l'accord des parties[8], sous la réserve, déjà évoquée, que les finalités ne sont plus cumulatives.
La médiation est distincte de la simple réparation du dommage causé à la victime, dans la mesure où elle tend souvent à une double satisfaction matérielle et morale de la victime[9], ainsi qu'à un rapprochement entre celle-ci et la personne impliquée, la médiation réussie étant celle qui parvient à ce résultat sans contraindre à une solution. Aussi la médiation pénale était-elle, et sera-t-elle sans doute à l'avenir, principalement prévue dans les cas de conflits entre membres d'une même famille, entre voisins, entre employés d'une même entreprise, entre employés et employeur et, plus généralement, toutes les fois que l'auteur des faits et la victime sont, à raison de leur proximité obligée, amenés à se revoir ensuite. Dans toutes ces hypothèses, on estime que le conflit en cause s'insère parfois dans un ensemble de causes proches et lointaines, l'auteur du jour ayant pu être la victime d'hier, que, en toute hypothèse, la poursuite ne peut que générer des rancoeurs, sources de réitération prochaine, précisément lorsque les personnes sont appelées à se côtoyer à nouveau.
L'aménagement de cette médiation, inscrit dans les articles D. 15-1 et suivants du Code de procédure pénale[10], ne paraît pas modifié par la loi nouvelle. Pour l'exécution de cette médiation, le procureur peut donc désigner une personne physique ou morale habilitée dans les conditions précisées[11].
Le procureur de la République peut, comme il a été vu, requérir à cette fin une association conventionnée par les chefs de la cour d'appel (CPP, art. 41, dern. al. v. supra).

---

[8] En pratique, les parquets tentaient parfois une médiation sans obtention préalable de cet accord.
[9] La victime obtient souvent non seulement une réparation, mais encore des excuses ainsi qu'un engagement de l'auteur à cesser et à ne pas renouveler ses agissements délictueux.
[10] Résultant du décret n° 96-305 du 10 avril 1996.
[11] V. infra, Théorie juridique et pratique judiciaire.

II -L'alternative punitive : la composition pénale

Cette alternative à la poursuite tend, plus classiquement, à infliger une sanction répressive à la personne mise en cause en dehors de toute poursuite[12], celle-ci étant suspendue jusqu'à l'expiration du délai imparti pour exécuter cette composition (CPP, art. 41- 2, al. 1er et 8)[13]. Elle peut être qualifiée de punitive dans la mesure où elle tend à punir la personne impliquée, ce qui a d'ailleurs contraint le législateur à prévoir l'intervention d'un juge qui la valide, afin de respecter la décision du Conseil constitutionnel[14]. C'est dire que la composition pénale constitue une sanction de substitution infligée dans le cadre d'un substitut de procédure.

A -Une sanction de substitution

Un domaine d'application logiquement restreint

a- Des infractions limitativement énumérées

Dans le cadre de cette nouvelle politique pénale, le législateur a choisi certaines contraventions ainsi que des délits qui n'apportent pas un trouble trop grave à l'ordre public et, pour cette raison, se prêtent à une alternative aux poursuites. Elle a comme finalité de résorber le trouble à l'ordre public par le biais d'une voie procédurale qui, se servant de la menace que constitue le recours toujours possible à la poursuite, aboutit à la double satisfaction de la société dont l'ordre est restauré et de la victime dont le préjudice peut être effectivement réparé. Ces contraventions et délits sont limitativement énumérés (CPP, art. 41-2).

Les délits prévus protègent des intérêts divers : violences volontaires simples (C. pén., art. 222-11), violences volontaires aggravées ayant entraîné une incapacité de travail inférieure ou égale à huit jours, susceptibles d'une peine n'excédant pas trois ans d'emprisonnement (C. pén., art. 222-13, 1° à 11°) , appels téléphoniques malveillants (C. pén., art. 222-16), menaces d'atteinte aux personnes réitérées ou matérialisées (C. pén., art.222- 17), menaces d'atteinte aux personnes avec ordre de

---

12 En dépit de la lettre maladroite du chapitre qui, contenant les mesures alternatives, est intitulé « Dispositions relatives aux mesures alternatives et à la composition pénale ».

13 J. WOLFF, « La composition pénale, un essai manqué », *Gaz. Pal.* 28 mars 2000.

14 Déc n° 95-360 DC, 2 févr. 1995 relative à l'injonction pénale : *RJC* Litec, op. cit., p632. V. Sur la loi du 23 juin 1999 : J. PRADEL : *D.* 1999, chron. 379. -J. LEBLOIS-HAPPE, « De la transaction pénale à la composition pénale », *JCP* 2000, 1, 198.

remplir une condition, à l'exclusion de la menace de mort (C. pén., art. 222-18, al. le), abandon de famille et non-notification par le débiteur de son changement d'adresse au créancier (C. pén., art. 227-3 et 227-4), non-représentation d'enfant, non-notification de son changement d'adresse par le titulaire du droit de garde au titulaire du droit de visite ou d'hébergement, soustraction par un ascendant d'un mineur à celui qui a l'autorité parentale ou de garde et tentative (C. pén., art. 227-5, 227-6, 227-7, 227-11), non-représentation d'enfant et soustraction par un ascendant d'un mineur à celui qui a l'autorité parentale ou de garde, aggravées (C. pén., art.227-9 et 227-10), vol simple (C. pén., art. 311-3), filouteries (C. pén., art. 313-5), détournement de gage ou d'objet saisi (C. pén., art. 314-5), destruction ou détournement, par le débiteur, d'objet saisi confié à sa garde (C. pén., art. 314-6), recel (C. pén., 321-1), destruction, dégradation ou détérioration volontaire du bien d'autrui, inscription de signes ou de dessins constitutive d'un dommage léger (C. pén., art.322-1), destruction, dégradation ou détérioration volontaires d'un bien d'utilité publique (C. pén., art. 322-2), menaces de destruction, dégradation ou détérioration et fausse alerte (C. pén., art. 322-12 à 322-14), outrage et rébellion non armée (C. pén., art. 433-5 à 433-7), sévices graves et actes de cruauté envers les animaux (C. pén., art.521-1), acquisition, cession et détention illégales d'armes ou de munitions de la première et de la quatrième catégorie (D.-L. 18 avr. 1939, art. 28), port illégal d'arme de la sixième catégorie non aggravé (D.-L. 18 avr. 1939, art. 32-2°), conduites sous l'empire d'un état alcoolique ou d'un état d'ivresse (C. route, art. L. 1), usage illicite de produits stupéfiants (C. santé publique, art. L. 628).
La liste des contraventions susceptibles de composition pénale est plus courte : violences et dégradations volontaires, ainsi que celles qui sont prévues par un décret en Conseil d'État (CPP, art. 41- 3).

b- L'exclusion des mineurs

Seul peut se voir proposer une composition un majeur qui reconnaît avoir commis une ou plusieurs de ces infractions. C'est dire que la voie de la composition pénale ne peut être empruntée qu'avec l'accord de la personne impliquée.

Des sanctions essentiellement d'ordre pénal

Sous une dénomination unique, la composition pénale comprend quatre mesures cumulables, auxquelles peut être ajouté un dédommagement de la victime, dans les matières délictuelle et contraventionnelle (CPP, art. 41-2 et 41-3) :

a- Une sanction principale : le versement d'une amende de composition pénale au Trésor public

Son montant maximal est affecté d'une double limite : la somme de 3750 euros pour les délits ou celle de 750 euros pour les contraventions et, dans les deux cas, la moitié du montant de l'amende légalement encourue. Ce montant est fixé, en fonction de la gravité des faits, mais aussi des ressources et des charges de la personne impliquée, par le procureur qui peut aussi prévoir un échéancier de paiement à l'intérieur d'une période maximale d'un an. L'économie de ces dispositions indique suffisamment que le législateur a eu le souci d'éviter que la mesure alternative à la poursuite ne soit réservée aux seules personnes fortunées. Il s'agissait d'échapper à la critique, souvent formulée, d'une faculté laissée aux parquets de monnayer la poursuite avec les plus riches.

b- Des sanctions complémentaires

- Dessaisissement, au profit de l'État, de la chose qui a servi ou était destinée à commettre l'infraction qui en est le produit. Il s'agit, en quelque sorte, d'une confiscation consécutive à une remise spontanée par la personne impliquée, laquelle préfère cette solution à celle de la poursuite qui aboutira à une confiscation forcée, pouvant être prononcée cumulativement avec une autre peine privative ou restrictive de droits (C. pén., art. 131-6, 131-9, 131-21)[15].

- Remise au greffe du tribunal de grande instance du permis de conduire pour une période maximale de six mois, ou du permis de chasser pour une période maximale de quatre mois. Là encore, cette mesure est puisée dans l'arsenal des peines privatives ou restrictives de droits (C. pén., art. 131-6), que le législateur utilise comme mesure alternative aux poursuites.

- Effectuer, au profit de la collectivité, un travail non rémunéré. Ce travail peut être proposé pour une durée de soixante heures dans un délai non supérieur à six mois pour les délits, ou d'une durée de trente heures dans un délai non supérieur à trois mois pour les contraventions. La loi nouvelle a repris, à des fins alternatives, le travail d'intérêt général qui ne peut d'ailleurs être prononcé par le tribunal que si le prévenu a exprimé préalablement son accord (C. pén., art. 131-8 et 131-22).

---

[15] Elle est obligatoire pour les objets qualifiés de dangereux ou nuisibles.

- Suivre un stage ou une formation dans un service ou organisme sanitaire, social ou professionnel pour une durée inférieure ou égale à trois mois, l'exécution de cette mesure devant intervenir dans un délai qui ne peut être supérieur à dix-huit mois.

- Dédommagement de la victime identifiée. Il n'entre pas dans les mesures constitutives de la composition pénale. Mais le procureur a l'obligation de proposer à l'auteur du délit reproché, cumulativement à l'une des mesures sus-énoncées, de réparer le préjudice causé par l'infraction dans un délai inférieur ou égal à six mois, à moins qu'il ne justifie l'avoir déjà fait. Il doit, dans le même temps, en tenir informée la victime. Mais cette proposition de dédommagement ne peut être faite au cas de contravention.

B - Un substitut de procédure

La composition pénale ne pouvait être adoptée sans qu'elle ne soit accompagnée d'une procédure qui respecte les droits de la défense, d'autant que certaines des mesures proposées, privatives ou restrictives de droits, peuvent être prononcées par un tribunal[16].

Une acceptation encadrée du mis en cause

a- Une proposition exempte de vice

Elle émane du procureur de la République qui doit la faire à l'auteur, directement ou par l'intermédiaire d'un officier de police judiciaire ou encore par une personne habilitée. La proposition doit donc être faite dans un tribunal, dans un commissariat de police ou dans une « maison de la justice et du droit »[17]. Mais, pour être certain que son acceptation par la personne impliquée est libre et éclairée, exempte de tout vice de consentement, le législateur interdit, à peine de nullité, que cette proposition intervienne pendant le temps de la garde à vue (CPP, art. 41-2, al. 3, in fine).

En la forme, cette proposition, qui fait l'objet d'une décision écrite et signée du procureur ou de l'un de ses substituts jointe à la procédure

---

[16] D'autant que la censure précédente du Conseil constitutionnel l'y incitait.

[17] Le législateur précisant que la proposition peut être faite dans une telle maison, alors qu'il a édicté par ailleurs que le procureur pouvait faire cette proposition « directement ou par l'intermédiaire d'une personne habilitée », laisse penser que la personne habilitée pourrait être une personne habilitée à la médiation.

susceptible de poursuite, doit préciser la nature et le quantum des mesures proposées.

b- Des garanties procédurales

Inhérentes à toute coercition, elles sont apparues indispensables dès lors que la composition pénale comporte des mesures privatives ou restrictives de droit.

Le législateur a eu la volonté évidente, sans doute pour éviter la censure du Conseil constitutionnel, de permettre à la personne impliquée un consentement libre et éclairé à la proposition. Aussi a-t-il prévu que celle-ci devrait, avant l'expression de cet accord, être informée de son droit à se faire assister, dans le cours de cette procédure, par un avocat, tout en renvoyant à un décret pour la mise en oeuvre de ce droit (CPP, art. 41-2, dern. al.).

Deux hypothèses peuvent alors se présenter. Si la personne refuse l'assistance d'un avocat, le procureur de la République ou son délégué pourront alors enregistrer son opinion sur la proposition. Dans le cas contraire, l'assistance d'un avocat devra être aménagée dans les meilleurs délais, afin de parvenir à la rapidité souhaitée dans le cadre d'une procédure suspensive de la prescription de l'action publique.

Un procès-verbal doit être rédigé de façon à ce qu'il contienne la preuve de la réalisation effective de cet avis du droit à un avocat[18], la réponse de la personne impliquée sur ce droit, ainsi que l'expression de son accord ou de son désaccord. Copie de ce procès-verbal doit lui être remise.

L'autre garantie réside dans la judiciarisation de cette procédure qui a été instaurée par la procédure de validation de la proposition, si l'auteur des faits accepte celle-ci[19].

Une intervention obligée du juge

a- Une validation judiciaire de la proposition acceptée

Elle suppose l'acceptation, par l'auteur des faits, de la proposition qui lui a été faite. Après que cet accord a été donné, le procureur de la République doit saisir, par requête aux fins de validation, le président du

[18] Le texte demeure silencieux sur ce point, mais la solution paraît évidente afin de pouvoir rapporter la preuve que cette information a été effectivement donnée.

[19] Judiciarisation exigée par le Conseil constitutionnel (V. Déc. 95-360 DC, 2 févr. 1995, préc.).

tribunal de grande instance pour les faits constitutifs de délits ou le président du tribunal d'instance au cas de contraventions, dont il doit informer l'intéressé et, si elle existe, la victime (CPP, art. 41-2, al. 6 et 41-3, dern. al.).

Le président du tribunal a la faculté d'entendre l'auteur des faits et la victime en cas de nécessité dans le cas contraire, assistés de leurs avocats s'ils le souhaitent[20].

Si le président valide la proposition, la composition pénale est mise à exécution, alors que le rejet de la proposition rend celle-ci caduque. En toute hypothèse, sa décision prend la forme d'une ordonnance insusceptible de recours, qui est notifiée à l'auteur des faits et à la victime.

Destinée à éviter la censure du Conseil constitutionnel, cette procédure constitue l'indispensable garantie pour une alternative à la poursuite qui s'analyse en la mise en œuvre de la coercition. Elle constitue, logiquement, une cause de suspension de la prescription de l'action publique (CPP, art. 41-2, al. 8).

Le procureur recouvre sa liberté de décision sur l'action publique lorsque l'auteur des faits refuse la proposition qu'il lui a faite ou que le président du tribunal saisi refuse de valider cette proposition ou encore que l'auteur des faits n'exécute pas intégralement les mesures de la composition pénale. S'il décide de poursuivre la personne impliquée, la juridiction saisie, tribunal correctionnel ou de police, devra évidemment tenir compte, si elle entrait en voie de condamnation, du travail déjà accompli ou des sommes déjà versées par la personne (CPP, art. 41-2, al.7). Une telle solution s'imposait dans ce cas, un peu singulier, d'une décision punitive décidée par la validation judiciaire avant que, pour des raisons tenant à l'auteur des faits lui-même, la poursuite ne soit engagée selon l'un des modes de la poursuite immédiate.

b- Une exécution extinctive

Si l'auteur des faits exécute la composition pénale, l'action publique est éteinte. Mais afin de préserver les droits de la victime, le législateur lui a laissé le droit de saisir, par voie de citation de l'auteur du dommage directement causé par l'infraction, le tribunal correctionnel ou de police, selon les cas, de son droit à réparation, en application des règles qui

---

[20] La victime se voit ainsi reconnaître le droit à la présence de son avocat dans cette phase de validation, alors que l'auteur des faits dispose logiquement de ce droit dès la phase de proposition.

régissent l'action civile[21], cette juridiction ne statuant que sur les seuls intérêts civils au vu de la procédure versée aux débats (CPP, art. 41-2, al. 9). Il s'agissait, par cette disposition, d'éviter que la victime ne soit tentée de mettre obstacle à la composition pénale en se constituant partie civile, alors que la procédure de la composition pénale ne comporte nullement l'interdiction, pour la victime, d'exercer, à tout moment, son droit d'action civile.

Les sanctions prononcées ne font l'objet que de l'inscription au bulletin n° 1 du casier judiciaire de l'intéressé (C. pr. pén., art. 41-2, avt dern. Al).

21 Singulièrement de l'article 10 du Code de procédure pénale. La victime ne pourra saisir le tribunal correctionnel ou de police que dans le délai de prescription de l'action publique.

La sanction administrative

Guillaume GRISEL
Avocat au barreau de Lyon

Réputée efficace, la sanction administrative, c'est-à-dire la « *décision unilatérale* » infligeant « *une peine sanctionnant une infraction aux lois et règlements* », « *prise par une autorité administrative agissant dans le cadre de ses prérogatives de puissance publique* »[1] se présente comme une alternative plus effective à la sanction pénale[2]. Son essor a accompagné celui des autorités administratives indépendantes, sa mutation en cours est liée à l'accroissement des garanties procédurales. Ce mouvement peut s'observer en miroir avec celui des sanctions prononcées par le juge administratif. Entourées depuis longtemps de garanties des droits de la défense[3], elles étaient célèbres jusque chez les Hurons et les Persans pour leur faible efficacité supposée[4]. Depuis, les aides à l'exécution et les pouvoirs d'injonction conférés au juge administratif tendent à assurer un meilleur effet à ces sanctions.

Qu'elles soient spécialisées[5] ou à compétence générale[6], les juridictions administratives peuvent appliquer à des conduites fautives des tarifs,

---

1 Conseil d'État, *les pouvoirs de l'administration dans le domaine des sanctions*, La documentation française, 1995, p. 35 et 36

2 Ibid. 70s ; J.-H. Robert, « L'alternative entre les sanctions pénales et les sanctions administratives », *A.J.D.A.*, 2001, n° spécial, p. 90s ; J.-M. Sauvé, « Les sanctions administratives en droit public français », *A.J.D.A.*, 2001, n° spécial, p. 19

3 CE, 20 juin 1913, *Téry*, p. 736

4 J. Rivero, « Le Huron au Palais-Royal ou réflexions naïves sur le recours pour excès de pouvoir », *D.* 1962 chron., p. 37 ; P. Sabourin, « Un persan au Conseil d'État », *A.J.D.A.*, 1993, p. 515

5 La catégorie des juridictions administratives spécialisées regroupe essentiellement :

- des juridictions à caractère disciplinaire : les juridictions ordinales (tels les conseils régionaux de l'ordre des médecins et la section disciplinaire du Conseil national de l'ordre), les sections disciplinaires des conseils d'administration des universités, la Cour de discipline budgétaire et financière entre autres,
- des juridictions connaissant d'un contentieux de nature « sociale et indemnitaire » : les commissions du contentieux des rapatriés d'outre-mer, les tribunaux départementaux et

ayant pour objet la réparation du dommage causé[7], mais aussi d'empêcher la réitération des comportements en cause. Ces sanctions peuvent viser l'administration, dont l'acte illégal sera annulé[8], ou le particulier, dont l'occupation irrégulière du domaine public sera condamnée. Elles peuvent être prononcées à l'initiative de particuliers, individus isolés ou associations puissantes, ou de l'administration.

Il est tentant d'opposer[9] les sanctions prononcées par les juridictions administratives à celles décidées par l'administration[10], notamment sous l'angle de leur effectivité, efficacité et des alternatives existantes ou souhaitables.

---

cours régionales des pensions, commissions départementales et Commission centrale d'aide sociale notamment,

- les juridictions des comptes,

auxquelles s'ajoutent de nombreuses juridictions qui vont de la Commission de recours des réfugiés, statuant sur les appels formés contre les décisions de l'OFPRA, soit environ 25 000 dossiers par an, au Conseil des prises.

[6] Tribunaux administratifs, cours administratives d'appel, et le Conseil d'État, qui s'il n'a que des compétences d'attribution en premier et dernier ressort et en appel, a une compétence générale en cassation.

[7] Sur la notion élargie de sanction définie comme un tarif appliqué à un comportement, voir P. Jestaz, « La sanction ou l'inconnue du droit », *D.* 1986, Chron. p197. Sur la distinction entre sanction et réparation, voir M. Degoffe, *Le droit de la sanction non pénale*, Economica, 2000, p. 8s. Concernant les décisions des juridictions administratives à compétence générale, outre les contraventions de grande voirie, cette contribution étudiera essentiellement l'annulation, sanction de l'illégalité. Ceci n'exclut pas qu'il existe des éléments punitifs dans le contentieux de la responsabilité, tel l'exception d'illégitimité, ou dans le recours objectif de plein contentieux lorsqu'une indemnité vient sanctionner la réitération d'une autorisation déjà annulée (sur ce dernier point, voir E.D.C.E., 1983-1984, p. 286)

[8] Bien que le recours en excès de pouvoir soit, selon la formule de LAFERRIERE, défini comme un « *procès fait à un acte* », impersonnel, les motivations et surtout les conclusions des commissaires du gouvernement font souvent apparaître une volonté de flétrir une action considérée comme fautive.

[9] Cette opposition suppose déjà d'admettre que, s'il n'est pas complètement dissocié de l'administration, le juge administratif ne fait pas partie de l'administration active, contrairement ce qu'enseignait le Président de la section des travaux publics du Conseil d'État il y a cinquante ans (rapporté par H. Lefranc, « Le Tribunal administratif et ses justiciables ; le point de vue d'un administrateur », in J.-M. Woehrling (Dir.), *Les transformations de la justice administrative*, Economica, 1995, p. 169).

[10] C'est à dire les sanctions administratives *stricto sensu*, les sanctions disciplinaires n'émanant pas de juridictions spécialisées et les sanctions contractuelles (voir Conseil d'État, *les pouvoirs de l'administration dans le domaine des sanctions*, précité, p. 35s).

La réalité de la sanction et sa capacité à « *exprimer un effet* »[11] - son effectivité-, son aptitude à « *produire l'effet attendu* »[12] - son efficacité-, l'existence d'alternatives afin d'obtenir l'effet recherché enfin, obéiraient à des contingences antithétiques selon l'auteur et le destinataire de la sanction. En effet, si la décision du juge[13] comme celle de l'administration est exécutoire, l'usage des voies d'exécution n'est pas possible contre l'administration, alors que celle-ci peut procéder sous certaines conditions à l'exécution forcée de ses décisions.

Cependant, s'il est vrai que les sanctions décidées par l'administration ont en général pour destinataire des administrés alors que le juge administratif annulera un acte de l'administration, l'inexécution dans cette seconde hypothèse peut concerner un acte dont le bénéficiaire est un administré. C'est le cas des fréquentes inexécutions des annulations de permis de construire, par « *négligence* » ou « *désinvolture* »[14]. Ce qui est sous-jacent dans ce type de mauvaise exécution, c'est moins le refus d'une exécution préjudiciable à l'administration, comme le versement d'indemnités, que la réticence à admettre une restriction apportée à son pouvoir d'action, et le déplacement de la limite entre pouvoir de juger et d'administrer[15].

Les conditions de l'efficacité sont similaires : elles tiennent essentiellement à la durée réduite du temps écoulé entre le comportement et la sanction[16], au contenu de la sanction, et à son exécution.

---

[11] *Effectif*, A. Rey (Dir.), *Dictionnaire historique de la langue française*, Le Robert, 1998. Pour une distinction entre effectivité, efficience et efficacité (où l'efficience correspond au deuxième sens d'effectivité, l'aptitude à produire des effets), voir M.-A. Frison-Roche, « L'efficacité des décisions en matière de concurrence : notions, critères, typologie », *Revue de la concurrence et de la consommation*, 2000, n° 118, p. 7, spéc. p. 8.

[12] *Efficace*, A. Rey (Dir.), *Dictionnaire historique de la langue française*, Le Robert, 1998.

[13] Le principe étant le caractère non suspensif de l'appel (art. R. 811-14 CJA), le jugement rendu par un tribunal administratif est exécutoire dès sa notification, avant l'expiration du délai de recours en appel (et d'être passé en force de chose jugée)

[14] Voir E.D.C.E. : 1989, p. 121-122 ; 1990, p. 134 ; 1991, p. 88 ; 1992, p. 111.

[15] Si tant est que cette frontière existe. Reprenant Hauriou (*note sous* CE, 6 février 1903, *Terrier*, Sirey, 1903, III, p. 25) et P. Sandevoir (*Études sur le recours de pleine juridiction*, L.G.D.J., 1964), R. Chapus insiste : juger, « *c'est encore et ce doit être encore administrer* » (*Droit du contentieux administratif*, Montchrestien, 10ème éd., 2002, .p. 40)

[16] Concernant les sanctions prononcées par les autorités administratives indépendantes, voir : M. Pochard, « Autorités administratives indépendantes et pouvoir de sanction », *A.J.D.A.*, 2001, n° spécial, p. 109 ; pour les sanctions prononcées par le juge

Le prononcé d'une sanction à l'issue d'une procédure excessivement longue compromet son exécution, les effets du comportement condamné pouvant s'être épuisés au jour de la décision. Le lien entre le comportement et le contenu de la sanction est distendu, compromettant son efficacité.

Le contenu de la sanction doit être adéquat au comportement qu'il réprime, au bénéfice que le condamné en a tiré et à la perception sociale des effets du comportement et de la sanction. Dans l'hypothèse où la sanction présente un caractère dérisoire au regard du gain tiré du comportement, elle ne produira pas d'effets dissuasifs. Si le comportement qu'elle sanctionne est largement accepté dans le corps social, elle ne sera pas prononcée, ou exécutée.

Les contraintes se rejoignent : indépendamment de la qualification de juridictions administratives au sens du droit interne, les organes administratifs qui prononcent des sanctions entrant dans le champ de l'article 6 de la C.E.D.H. sont soumis au respect de ses prescriptions[17]. Les obligations qui en découlent peuvent cependant jouer aussi en faveur de l'efficacité des sanctions.

A cette contrainte juridique transversale, liée au principe de « *prééminence du droit* »[18], s'ajoute celle de la perception externe de la sanction. La capacité du binôme réglementation - sanction à influer les comportements dépend de son adéquation au contexte social. Ce constat, qui présente des similitudes avec celui de la décriminalisation et la dépénalisation[19] conduit à s'interroger sur la substitution d'autres modes de régulation au couple réglementation-sanction.

---

administratif et particulièrement l'annulation, voir R. Chapus, *Droit du contentieux administratif*, précité, p. 705s.

17 Ainsi, la suspension de l'autorisation d'émettre pour violation de la convention, prise par le CSA, est une sanction en matière pénale au sens de l'article 6 C.E.D.H. (CE, 29 juillet 2002, *Association radio deux couleurs*).

18 C.E.D.H., préambule. Cette formule est reprise dans de nombreux arrêts de la Cour (pour un exemple : Cour E.D.H., 2 août 1984, *Malone c. Royaume-Uni*, série A n°82).

19 Sur ces deux notions, A. Sykiotou-Androulakis, *Le mouvement de dépénalisation en France et en Grèce, l'alternative administrative*, Sakkoulas/Bruylant, 1997, p. 35s.

I- Efficacité de la sanction et principe de prééminence du droit

« *Éléments du patrimoine spirituel commun aux États membres du Conseil de l'Europe* »[20] : le principe de prééminence du droit a trouvé à s'appliquer d'abord en matière d'accès aux tribunaux. Entendu dans un sens qualitatif, cela suppose l'existence de garanties procédurales, exigence qui vient se heurter à l'objectif de célérité de la procédure. La prééminence du droit et les garanties en découlant débordent du cadre de la procédure préalable à la décision, en exigeant la motivation. Contrainte pour le juge et l'administration, cette exigence est aussi un élément de l'efficacité des décisions. Enfin, la prééminence du droit impose l'exécution des décisions de justice.

A- La célérité de la procédure confrontée aux garanties procédurales

À un juge administratif débordé[21], dont la lenteur est dénoncée par les praticiens[22], ses usagers[23] et la doctrine[24], répond une administration dont le pouvoir de sanction, notamment lorsqu'il s'exerce au travers des autorités administratives indépendantes, se caractériserait par la célérité.

Or, si le juge administratif bénéficie aujourd'hui de nouveaux outils procéduraux tels les référés de la loi du 30 juin 2000, les autorités administratives sont-elles soumises à un accroissement des garanties procédurales qui risquent de ralentir le prononcé des décisions. L'ensemble des administrateurs se rejoignent sur deux constats :

---

20 Cour E.D.H., 21 février 1975, *Golder c. Royaume-Uni*, série A n° 18.

21 H. Oberdorff, « Le justiciable, le juge administratif et le temps », in G. Gardavaud, H. Oberdorff, *Le juge administratif à l'aube du XXIème siècle*, PUG, 1995, p. 283s.

22 J. Bonnard, « Le justiciable, le juge administratif et le temps, le point de vue de l'avocat », in G. Gardavaud, H. Oberdorff, *Le juge administratif à l'aube du XXIème siècle*, précité, p. 297.

23 Dans un questionnaire adressé en 1994 aux requérants par le Tribunal administratif de Strasbourg, et ayant suscité 800 réponses exploités, la longueur des délais apparaît comme le point négatif principal (27,9 %) dans la phase d'instruction (source : J.-M. Woehrling (Dir.), *Les transformations de la justice administrative*, Economica, 1995, p. 105).

24 Outre les articles de Jean Rivero précités, voyez J. M. Auby, R. Drago, *Traité des recours en matière administrative*, Litec, Paris, 1992, p. 559.

l'efficacité de la sanction est liée à la rapidité de son prononcé et la crainte de ce ralentissement.

Il faut cependant apporter quelques nuances. Ces garanties ne sont pas nouvelles : le respect des droits de la défense s'impose à l'administration comme principe général du droit[25] et principe constitutionnel[26]. L'applicabilité de la jurisprudence de la Cour E.D.H. à de nombreuses hypothèses de sanctions administratives les a intensifiées. Le choix de critères matériels[27] a conduit à l'application de l'article 6 de la C.E.D.H. aux sanctions administratives, essentiellement au titre de la matière pénale[28].

Ensuite, l'article 6 C.E.D.H. ne peut être vu comme la cause unique d'une atteinte à la promptitude des procédures. D'une part, les exigences de la Cour de Strasbourg envers les organismes prenant des sanctions sont moindres lorsque ceux-ci sont soumis au plein contrôle de juridictions respectant les prescriptions de l'article 6[29]. D'autre part, l'allongement des délais résulte plus de l'accroissement des affaires que de la complication éventuelle de la procédure. Disposant de la possibilité de poursuivre ou non, des autorités administratives indépendantes comme le CSA ou l'ART ont marqué leur préférence pour la concertation plutôt que la sanction[30].

Enfin, les nouveaux référés administratifs peuvent être perçus comme découlant des exigences de l'accès effectif au droit, qu'elles soient d'origine internes ou conventionnelles. La réforme du référé-suspension[31], atténuant la règle du caractère non suspensif des voies de recours, diminue l'effet qu'a la durée de la procédure sur l'efficacité de l'annulation de l'acte en cause. Le « référé –liberté », dans lequel le juge se prononce en principe en quarante-huit heures, permet une sanction

---

25 CE, 5 mai 1944, Vve Trompier-Gravier, p. 133.

26 Conseil constitutionnel, 17 janvier 1989, 88-248 DC, *CSA*.

27 Appréciation *in globo* de la procédure : Cour E.D.H., 16 juillet 1971, *Ringeisen c. Autriche*, série A n° 13.

28 Voir C. Ferrari-Breeur, « La contradiction et le pouvoir de sanction de l'Administration », *R.F.D.A.*, 2001, p. 33.

29 Cour E.D.H., 19 décembre 1997, *Helle c. Finlande*.

30 Voir S. Clément-Cluzin, « Le pouvoir de sanction au Conseil supérieur de l'audiovisuel », *A.J.D.A.*, 2001, n° spécial, p. 115 ; I. Lubens, « Le pouvoir de sanction de l'Autorité de régulation des télécommunications », *A.J.D.A.*, 2001, n° spécial, p. 128.

31 art L. 521-1 CJA.

rapide des actes et comportements de l'administration portant atteinte à une liberté fondamentale[32].

B- L'efficacité pédagogique de la sanction soutenue par l'exigence de motivation

Le droit d'être entendu doit se manifester dans la décision rendue, et oblige à motiver les décisions[33]. Exigée par la Cour européenne des Droits de l'Homme, la motivation est aussi prescrite par le droit interne aux juridictions[34] et de façon générale quand une sanction est prise par l'administration[35].

La question du contrôle de la motivation des juridictions internes est une question sensible[36], et il n'est pas certain qu'un véritable contentieux puisse se développer sur ce point[37]. Toutefois, la motivation des décisions constitue une condition de leur efficacité.

D'une part, elle peut contribuer à leur meilleure exécution, en indiquant le sens des mesures à prendre. Susceptible de favoriser cette meilleure exécution, l'acceptation de la sanction dépend aussi de la perception de sa légitimité. Or, la motivation participe à la légitimation de la décision.

D'autre part, si l'effet recherché est non seulement la sanction du comportement mais la prévention de sa réitération, alors la « *valeur pédagogique* » de la décision suppose une motivation adéquate[38].

---

32 art L. 521-2 CJA.

33 Cour E.D.H., 21 mars 2000, *Dulaurans c. France.*

34 art. L. 9 CJA.

35 Loi du 11 juillet 1979.

36 Voir les réactions à la condamnation mal argumentée de la Cour de cassation dans l'affaire *Dulaurans* précitée.

37 Un développement au-delà du contrôle minimal actuel pourrait remettre partiellement en cause la pertinence de l'affirmation selon laquelle « *la Cour européenne des Droits de l'Homme ne constitue pas un troisième ou quatrième degré de juridiction* ».

38 Voir H. Lefranc, *Le Tribunal administratif et ses justiciables ; le point de vue d'un administrateur*, précité, p. 174. Alors que le chef de service ou l'avocat, praticiens du droit, mettent en cause le laconisme des jugements, les usagers occasionnels interrogés lors de l'enquête faite en 1994 par le Tribunal administratif de Strasbourg se plaignent essentiellement du langage juridique (60,2 %), et sont même plus nombreux à souhaiter un raccourcissement des jugements (9,3 %) qu'un allongement (2,3 %). Source : J.-M. Woehrling (Dir.), *Les transformations de la justice administrative*, précité, p. 109.

À titre anecdotique, on conclura sur ce point en notant que « *la motivation complexe ou le dispositif imprécis* » peut conduire les administrés à une mauvaise compréhension des conséquences d'une décision, et à croire à une inexécution partielle alors que la décision a été exécutée. Cela a conduit des usagers de la justice administrative à saisir à tort la section du rapport et des études[39]. On glisse ici de l'ineffectivité réelle à l'ineffectivité perçue par les destinataires de la décision.

C- L'effectivité de la sanction affermie par l'exigence de l'accès au droit

Cette effectivité de la sanction, en particulier lorsqu'elle émane du juge administratif, a été affermie au cours des deux dernières décennies. L'exécution de la décision de justice est une composante du droit au procès, et procède du principe de prééminence du droit[40]. Combiné à la jurisprudence relative aux validations législatives[41], cet impératif s'oppose à l'inexécution de la sanction provenant de l'administration ou du législateur.

L'inexécution due au législateur a connu une publicité récente suite à la condamnation de la France en 1999 par la Cour E.D.H. dans l'affaire *Zielinski* et à l'évolution récente de la jurisprudence du Conseil constitutionnel[42]. Se référant désormais au principe de séparation des pouvoirs pour fonder son contrôle, le Conseil prescrit que la décision visée n'ait pas force de chose jugée, que la portée de la validation soit strictement définie, et l'existence d'un intérêt général suffisant, à rapprocher de l'intérêt général impérieux requis par la Cour de Strasbourg. Si elles vident la décision du juge, les lois de validation ne sont pas les sources principales de l'ineffectivité des décisions.

---

[39] E.D.C.E., 1980, p. 259 (Commission du rapport et des études à l'époque)

[40] Cour E.D.H., 19 mars 1997, *Hornsby c. Grèce* à propos de l'inexécution d'une décision du Conseil d'État Grec, ayant entraîné une condamnation de la Grèce pour violation de l'article 6 CEDH.

[41] Cour E.D.H., 23 octobre 1997, *National et provincial building society c. Royaume-Uni.*

[42] Cour E.D.H., 28 octobre 1999, *Zielinski, Pradal, Gonzalez et autres c. France* ; Conseil constitutionnel, 21 décembre 1999, 99-422 DC, *loi de financement de la sécurité sociale.*

L'inexécution provenant de l'administration est la plus répandue. Résultant de l'article 13 de la loi des 16 et 24 août 1790[43], l'impossibilité d'adresser des injonctions à l'administration a eu pour conséquence une difficulté d'exécution des décisions difficile à évaluer.

Le constat de l'inexécution par l'administration

La section du rapport des études, compétente depuis quarante ans pour connaître des difficultés d'exécution des décisions du juge administratif[44], et les chefs de juridictions compétents depuis 1995, reçoivent entre 1500 et 1600 demandes depuis 1999. De 24 demandes en 1963, nombre resté constant jusqu'en 1972, on est passé à 100 en 1975, 374 en 1980. Il s'élevait à 800 environ au début des années 1990 et a subi depuis une augmentation constante[45]. Les 1538 demandes enregistrées en 2001 sont à rapprocher des quelques 146000 affaires réglées la même année par le Conseil d'État, les tribunaux administratifs et cours administratives d'appel. On ne peut cependant en déduire que le rapport entre le nombre de décisions rendues et celles mal ou non exécutées serait de 1 %. Tout d'abord, les difficultés d'exécution ne concernent par hypothèse que les cas où l'administration est perdante, ce qui ramène le rapport à 2,5 %[46]. Surtout, il est peu vraisemblable que la majorité des requérants rencontrant une difficulté d'exécution usent de cette procédure d'aide à l'exécution.

---

43 « *Les fonctions judiciaires sont distinctes et demeureront toujours séparées des fonctions administratives. Les juges ne pourront, à peine de forfaiture, troubler, de quelque manière que ce soit, les opérations des corps administratifs, ni citer devant eux les administrateurs pour raison de leurs fonctions* ».

44 Décret du 30 juillet 1963. La section est devenue compétente pour l'exécution des décisions des tribunaux administratifs que depuis le décret du 28 janvier 1969, compétence perdue au profit des tribunaux administratifs et des cours administratives d'appel pour l'exécution de leur décision depuis 1995 (art. R. 921-5 CJA).

45 À l'exception notable de l'année 1996 où la nouvelle répartition des compétences en matière de suivi de l'exécution avec les TA et CAA a eu pour effet provisoire de diviser par trois le nombre de demandes. Ces chiffres reprennent l'ensemble des demandes présentées devant le Conseil d'État, les tribunaux administratifs et les cours administratives d'appel. Sources : E.D.C.E. des années concernées, et F. de Baeccque, *La Commission du rapport et des études et l'exécution des décisions de justice*, E.D.C.E., 1983, p. 175.

46 R. Chapus, *Droit du contentieux administratif*, précité, p. 1043.

Le questionnaire soumis en 1994[47] à ses usagers par le Tribunal administratif de Strasbourg fournit une statistique moins flatteuse. Dans l'hypothèse où leur requête a été admise, le jugement n'a mis fin au litige que dans 60 % des cas, un appel ayant été formé dans 12 % d'entre eux. Dans 8 % des cas, il y a eu recours à la section des rapports et des études du Conseil d'État, et dans une même proportion abandon[48].

Les causes de l'inexécution

Les causes de cette inexécution sont parfois stigmatisées par le Conseil d'État sous les qualificatifs de « *négligence* [et] *désinvolture* »[49], voire de « *comportements inexcusables* »[50]. Elles tiennent à la fois à des difficultés financières ou à la complexité de l'exécution[51], à la mauvaise connaissance par l'administration des conséquences des décisions, enfin aussi à la mauvaise volonté de l'administration. Ce dernier élément peut se renforcer de considérations politiques[52]. Le domaine élu de l'inexécution semble être le contentieux de la fonction publique, qui réunit tous les handicaps : complexité de l'exécution des décisions et mauvaise volonté potentielle de l'administration qui doit réintégrer un agent public avec qui elle était en procès.

Les remèdes à l'inexécution

La « sanction de l'inexécution de la sanction » a été précédée par les modes alternatifs de règlement de l'inexécution, ici la médiation et la persuasion. La première procédure est celle mise en place en 1963, qui confère à la Commission du rapport et des études un pouvoir de remontrance platonique, et lui laisse le soin de persuader les administrations concernées d'exécuter la décision[53]. Les statistiques des trois dernières années montrent une bonne efficacité de cette

---

[47] Depuis, la loi du 8 février 1995 a conféré au juge administratif un pouvoir d'injonction et d'astreinte.

[48] Source : J.-M. Woehrling (Dir.), *Les transformations de la justice administrative*, précité, annexe, Q. 52. Dans les autres cas, les requérants ont intenté une action différente, sans que sa nature soit précisée. Le recours au Médiateur de la république apparaît comme marginal.

[49] E.D.C.E., 1991, p. 87

[50] E.D.C.E., 1992, p. 110

[51] Notamment la reconstitution de carrière dans le contentieux de la fonction publique.

[52] Voir les commentaires de la Commission puis la section du rapport et des études dans les E.D.C.E. successifs, ainsi que et **F. de Basque**, *La Commission du rapport et des études et l'exécution des décisions de justice*, précité.

[53] Si besoin, en s'appuyant sur le préfet : E.D.C.E., 1992, p. 111

procédure[54]. Une autre est le recours au médiateur de la République, qui peut adresser des injonctions à la personne publique[55], parfois suivi d'effets.

Les lois de 1980 et 1995 ont créé la possibilité au profit du juge administratif de prononcer des injonctions et des astreintes, et ont ouvert au requérant une voie d'exécution s'apparentant à l'exécution forcée pour les décisions à caractère pécuniaire.

L'astreinte peut viser à prévenir une inexécution, lorsqu'elle est prononcée dans la décision[56], ou à faire cesser une inexécution lorsqu'elle est sollicitée ultérieurement[57]. La liquidation de l'astreinte n'est pas automatique en cas d'inexécution dans le délai, le juge tenant compte du comportement de l'administration. Enfin, il existe une procédure administrative permettant d'obtenir le mandatement par le comptable de là à percevoir en exécution d'un jugement passé en force de chose jugée[58].

Il est probable que la multiplication de ces mesures, le risque de contentieux européen, la sensibilisation des autorités de tutelles et des administrations elles-mêmes à la nécessaire effectivité des décisions a déjà eu et aura un impact positif. Il ne faudrait cependant pas trop noircir le tableau passé et récent de l'exécution des décisions du juge administratif : d'une part, l'administration exécute spontanément, sans qu'il y ait une menace d'exécution forcée, la grande majorité des décisions la condamnant[59]. D'autre part, lorsqu'il est demandé si l'admission de la requête a permis de mettre fin au litige, les réponses négatives résultent peut-être moins de l'absence d'effectivité des décisions rendues que de leur non-concordance avec les effets attendus. L'annulation de la décision de refus de délivrer n'a pas pour conséquence nécessaire, sauf cas rarissimes, l'obligation de la délivrer. La perception de l'effectivité de la décision va être ici affectée par l'incompréhension de ses effets juridiques.

---

54 Voir E.D.C.E. 2000 à 2003, montrant un nombre d'affaires réglées supérieur à celui des nouvelles, le stock des affaires en cours tombant à 44 au 1er janvier 2003.

55 Loi du 3 janvier 1973, art. 11 al. 2

56 art L. 911-3 CJA

57 art L. 911-4 et 911-5 CJA

58 Dans l'hypothèse où la personne publique condamnée à payer la somme est une collectivité locale ou un établissement public, l'autorité de tutelle mandatera la somme d'office.

59 Voir le questionnaire précité : 61,9 % d'exécution satisfaisant le requérant.

Ici se pose le problème de l'adéquation du droit, c'est-à-dire du rapport de conformité entre les attentes des acteurs et le couple réglementation-sanction, dont dépend aussi son efficacité.

II- Efficacité de la sanction et adéquation du droit

L'efficacité de la sanction peut être mise en cause lorsqu'elle n'est pas prononcée en raison de l'absence d'adéquation entre la réglementation qui la soutient et le contexte social. Elle est fonction de l'adéquation de son contenu aux effets attendus. Son exécution peut être remise en cause pour des causes tenant à la perte de légitimité du couple réglementation-sanction.

A- L'effectivité de la sanction dépend de l'adéquation de la réglementation

La sanction, prononcée par le juge ou l'administration, a pour objet de réprimer la violation d'une réglementation. L'inadéquation de la réglementation à la situation sociale qu'elle entend organiser peut avoir pour conséquence le non-prononcé d'une sanction, ou le prononcé d'une sanction dépourvue d'effet.

Ce phénomène, voisin de celui qui se rencontre en droit pénal, peut être illustré par un contentieux disciplinaire ordinal. Un médecin généraliste exerçant dans une station de sports d'hiver a été condamné fin 2002 à trois de fermeture de son cabinet médical dont un ferme, par la section des assurances sociales du Conseil régional de l'ordre des médecins de Rhône Alpes. Il lui était reproché d'avoir mal coté des actes de traumatologie, la nomenclature ne lui permettant pas à l'époque de les prendre en compte.

La sanction a entraîné la réaction de l'association des médecins de montagne[60], du Samu[61] et l'appel du Conseil national de l'ordre à la

---

[60] Communiqué de presse du 17 décembre 2002

[61] Communiqué de presse du 27 décembre 2002

révision de la nomenclature. Un arrêté a été pris le 15 mars 2003[62], modifiant la nomenclature et créant une catégorie spécifique, les médecins de montagne. Ceci est confirmé dans le projet de loi de financement de la sécurité sociale actuellement en discussion devant le Parlement[63]. Le médecin condamné avait lui formé un appel suspensif devant la section des assurances sociales du Conseil national de l'ordre des médecins, qui l'a condamné à une sanction avec sursis en octobre 2003.

Le prononcé de la sanction n'a pas eu ici pour effet de garantir le respect de la réglementation, mais de conduire à sa modification. La décision initiale a été infirmée, et la sanction prononcée atteint un niveau d'effectivité minimal.

B- L'efficacité de la sanction découle de l'adéquation de son contenu

L'efficacité de la sanction, indépendamment de son effectivité, est difficile à évaluer. Si l'on peut mesurer objectivement les effets produits, les effets attendus sont subjectifs.

La nécessité d'un contenu pertinent

Par contenu pertinent, on entend dispositions tendant à réaliser les attentes prévisibles des requérants. Si le contentieux de pleine juridiction semble plus favorable à ce que de telles décisions soient prises, le contentieux de l'excès de pouvoir donne quelques exemples du développement récent de dispositifs pertinents.

Dans le contentieux des actes détachables des contrats, la règle était le « *caractère platonique* »[64] de l'annulation qui ne rejaillissait pas sur le contrat. Or il est probable que le tiers qui agissait contre l'acte détachable faute d'être recevable à agir contre le contrat souhaitait obtenir la disparition

---

[62] J.O n° 63 du 15 mars 2003 page 4545

[63] *Projet de loi de financement de la sécurité sociale en 2004*, annexe B1, Chapitre IV, point 9

[64] CE, 4 août 1905, *Martin*, conclusions Romieu, *S.*, 1907, III, p. 49, spéc. p51.

de ce dernier. C'est une possibilité aujourd'hui, même si sa mise en œuvre reste difficile[65].

Récemment, le Conseil d'État, saisi d'un recours en annulation contre une ordonnance de codification, s'est trouvé confronté à un renvoi erroné de texte à texte. Il aurait dû, comme il le reconnaît, annuler cette partie de l'ordonnance. Ceci aurait fait disparaître une disposition du code rural. Plutôt que d'annuler et inviter le législateur à reprendre un texte comportant le bon renvoi, le Conseil d'État a considéré qu' « *il y* [avait] *lieu* (...), *pour donner le meilleur effet à sa décision, non pas d'annuler les dispositions erronées de cet article, mais de conférer aux dispositions codifiées leur exacte portée et de prévoir que le texte ainsi rétabli sera rendu opposable par des mesures de publicité appropriées* », et a décidé que « *l'article L. 761-21 du code rural s'entend comme renvoyant à l'article L. 761-19 et non à l'article L. 761-18. Un extrait de la présente décision, comprenant l'article 1er de son dispositif et les motifs qui en sont le support, sera publié au Journal officiel dans un délai d'un mois à compter de la réception par le Premier ministre de la notification de cette décision* »[66].

La nécessité d'un contenu dissuasif

Le caractère dissuasif du contenu se rapporte au rapport coût/bénéfice de la violation de la réglementation et vise à en éviter la répétition par l'acteur sanctionné, ou la commission par d'autres. Il suppose la fixation d'une échelle de tarif suffisamment élevé, et une adaptation du tarif au comportement.

En matière de sanctions administratives, certains textes anciens fixaient des amendes trop faibles pour décourager les infractions, surtout dans le domaine des atteintes à l'environnement ayant une motivation économique[67]. L'inflation législative actuelle, souvent dénoncée, a au moins pour mérite de permettre une remise à jour des montants.

Les autorités administratives indépendantes sont relativement bien outillées pour déterminer un montant de la sanction qui assure son efficacité. L'ART, comme le Conseil de la concurrence, peut décider une sanction pécuniaire « *dont le montant est proportionné à la gravité du*

---

[65] CE, 1er octobre 1993, *Société le yacht-club international de Bormes-les-mimosas*, *Rec.* p. 971 ; CE, 7 octobre 1994, *Epoux Lopez*, *Rec.* p. 430.

[66] CE, 25 mars 2002, *Caisse d'assurance-accident agricole du Bas-Rhin.*

[67] Voy. A. Van Lang, *Droit de* l'environnement, Thémis, Droit, 2002, p. 178 : « *en 1978, le tribunal administratif de Rennes a condamné sur la base de l'article 64 du Code des ports maritimes, le capitaine d'un cargo à une amende de...35 francs pour pollution par rejet d'hydrocarbures dans le port de Lorient* ».

manquement et aux avantages qui en sont tirés»[68], ce qui englobe les gains potentiels espérés. Ceci laisse entrevoir la possibilité de sanctions efficaces, mais renvoie à la question de savoir si elles seront prononcées.

Le CSA peut édicter à l'encontre des chaînes de télévision et radio hertziennes des sanctions qui vont de la sanction pécuniaire au retrait de l'autorisation, en passant par la suspension de l'autorisation, ou d'une partie du programme. Le caractère dissuasif de telles sanctions ne fait pas de doute, mais le CSA ne les prononce pas souvent. En particulier à l'égard des chaînes de télévision hertziennes, il n'a jamais prononcé que des sanctions pécuniaires[69]. La compatibilité avec l'article 10 de la C.E.D.H. de l'adoption de certaines de ces sanctions pour réprimer une atteinte résultant des programmes est d'ailleurs douteuse.

La recherche de la sanction dissuasive risque alors de se faire au détriment de son effectivité, et l'objectif d'efficacité n'est pas atteint.

C- L'exécution de la sanction est liée à l'adéquation du droit au « contexte social »

L'inexécution de la sanction peut trouver sa source dans l'absence d'acceptation sociale de celle-ci. Cela peut tenir à son *quantum*, ou à la règle de droit qu'elle prétend garantir.

Un premier cas connu est celui où l'exécution de la sanction conduirait à des troubles à l'ordre public. Une affaire concernant une décision judiciaire, en l'espèce le tribunal de Sousse (Tunisie), l'illustre bien. M. Couitéas avait obtenu le droit de faire expulser les occupants du domaine de 38000 hectares dont il avait été reconnu propriétaire. Le gouvernement lui refusa le concours des forces militaires du protectorat pour expulser les huit mille indigènes occupant des « *terres dont ils s'estimaient légitimes occupant depuis des temps immémoriaux*»[70], en raison des troubles graves que cela aurait suscités.

68 I. Lubens, *Le pouvoir de sanction de l'Autorité de régulation des télécommunications*, précité, p. 124

69 S. Clément-Cluzin, *Le pouvoir de sanction au Conseil supérieur de l'audiovisuel*, précité, p. 113.

70 CE, 30 novembre 1923, *Couitéas*, p. 789

Des raisons tirées de l'ordre public, de l'intérêt économique également, peuvent conduire l'administration à ne pas exécuter des décisions d'expulsion d'occupant sans titre du domaine public naturel maritime[71], ou de suspension du fonctionnement d'une installation classée[72].

La non-exécution des sanctions, ou leur non prononcé, conduit à s'interroger sur leur pertinence comme outil de la régulation administrative. L'efficacité du droit entendu comme outil de régulation des comportements pourrait alors être garantie par des outils alternatifs.

III- Efficacité du droit et alternatives au couple sanction/réglementation

Assurer le respect de la règle de comportement par des moyens alternatifs à la sanction est déjà la pratique d'autorités administratives indépendantes, qui ne prononcent que rarement des sanctions. Parfois des pratiques conventionnelles existent, accompagnées ou non de sanction. Celle-ci acquiert alors un caractère subsidiaire, et plutôt que de modes seulement alternatifs, il convient d'envisager aussi l'existence de modes préalables et de modes complémentaires.

A- La régulation conventionnelle

La régulation conventionnelle est souvent présentée comme un moyen de responsabiliser et attacher à leur respect ceux qui seront soumis aux règles, par leur participation à l'élaboration de la convention. La pratique ne confirme pas toujours les effets bénéfiques supposés.

Examinant dans son dernier rapport public les instruments de régulation, la Cour des comptes porte une appréciation critique sur la politique conventionnelle menée avec les professions de santé[73]. Au-delà

---

[71] Un exemple célèbre : TA Bastia, 4 mai 1995.

[72] Voir J.-P. Faugère, « La pratique des sanctions administratives dans le domaine des installations classées », *A.J.D.A.*, n° spécial, 2001, p. 48

[73] Cour des comptes, *Rapport public de septembre 2003 sur la sécurité sociale*, p. 202.

des critiques spécifiques aux conventions passées entre les professions de santé et la CNAM, d'autres peuvent s'appliquer à la régulation conventionnelle en général. Les ambiguïtés et incertitudes portent à la fois sur la nature des textes[74], le champ des signataires, la coordination entre elles des conventions, qui apparaissent comme un instrument rigide et source de tension[75].

Un constat comparable ponctue certaines études de deux outils contractuels mis en place pour la protection de l'environnement, les contrats de rivière d'une part, les chartes de plongée et de pêche professionnelle d'autre part.

Ces dernières ont pour objet d'inciter les usagers d'aires marines protégées à adopter des pratiques respectueuses de l'environnement. Dans une analyse des conventions passées entre utilisateurs et gestionnaires de certaines parties protégées du domaine public naturel maritime méditerranéen, la difficulté à identifier les cocontractants potentiels, et le lien très fort entre existence d'une sanction et régulation sont mis en exergue[76]. Là où la sanction est absente, il n'y a pas de régulation effective, et la convention n'est pas respectée. La substitution de la charte au règlement ne permet pas d'écarter la nécessité de la sanction.

Les contrats de rivière ont été créés en 1981 afin de « *préserver, restaurer et entretenir une rivière et son écosystème* »[77] et consacrés par la loi sur l'eau de 1992. Ils ont un caractère incitatif, en permettant la subvention d'action, et permettent la concertation des élus, riverains et usagers des rivières.

Dans son rapport sur la pollution des eaux en Bretagne, la Cour des comptes constate que l'outil contractuel présente un « *bilan décevant* »[78] en terme d'efficacité, et met notamment en cause l'absence de caractère contraignant et de suivi dans les cas d'échec[79]. Une étude portant sur 11 contrats de rivière conduite pour l'agence de l'eau du bassin Adour-Garonne dresse un tableau encourageant de l'efficience et l'efficacité de

---

[74] Ibid., p. 204.

[75] Ibid., p. 207.

[76] S. Mabile, L. Broquière, *Analyse comparée des expériences existantes de gestion contractuelle du milieu marin dans les Aires Marines Protégées Françaises*, rapport pour le compte du GIP des Calanques.

[77] Cour des Comptes, *La préservation de la ressource en eau face aux pollutions d'origine agricole : le cas de la Bretagne*, Rapport, 7 février 2002, p. 120.

[78] Ibid., p. 119.

[79] Ibid., p. 122.

cette procédure. Elle relève cependant la nécessité de ne pas systématiquement recourir au contrat à l'exclusion d'autres outils, et le besoin d'assurer un meilleur suivi de l'exécution du contrat. Il est vrai que la qualité des eaux est notoirement moins bonne en Bretagne que dans le sud-ouest de la France, et cette différence d'appréciation, au-delà des contingences locales, marque que le mécanisme contractuel n'est pas la panacée qui soigne un mal contre lequel le couple réglementation-sanction est impuissant.

Le recours à des mécanismes contractuels ou para-contractuels se retrouve dans une autre technique, le remplacement de la sanction *a posteriori* par l'autorisation négocié *a priori*, assurant une régulation efficace.

B- La substitution de la « décision unilatérale négociée » à la sanction

La forme orthodoxe de négociation lors d'un litige est la transaction. Celle-ci trouve sa place dans le contentieux indemnitaire, sous réserve du respect des règles d'ordre public. Exclue en matière de légalité, de pouvoirs de police, la transaction se présente moins comme un mode de règlement alternatif au prononcé d'une sanction que comme un mode de réparation concurrent de l'engagement contentieux de la responsabilité de l'administration.

La négociation du contenu de la sanction peut se produire de façon informelle. En droit de la concurrence, lors du contrôle des concentrations opéré par le ministre de l'économie et des finances. L'entreprise qui sait que l'opération de concentration porterait atteinte à la concurrence va proposer lors des phases du contrôle des engagements, qui seront repris dans la décision d'autorisation sous réserve[80].

Formellement, la décision prise par le ministre qui autorise sous réserve peut s'analyser en une reconnaissance de l'atteinte portée aux règles de la concurrence et la prise de mesures destinées à y remédier. L'opérateur économique a négocié la reconnaissance de sa culpabilité et la sanction, dont le ministre espère qu'elle sera efficace pour garantir la concurrence.

---

[80] Voir R. Bout (dir.), *Droit économique, concurrence consommation distribution*, Lamy, 2002, n° 832s.

L'incitation à présenter des contreparties à la décision permet d'assurer une plus grande rapidité de la procédure que dans le cas où l'entreprise argumenterait sur l'absence d'atteinte, et permet d'assurer l'objectif recherché par le régulateur, le maintien de la concurrence.

Ce procédé amiable se retrouve dans la prévention du prononcé de la sanction que pratique l'administration grâce à la procédure d'information préalable.

C- La « subsidiarisation » de la sanction

La mise en demeure adressée à l'exploitant d'une installation classée avant la décision de sanction[81], la procédure contradictoire préalable à la fermeture administrative d'un débit de boissons[82] ouvrent le moment de la négociation. La sanction peut dans cette optique apparaître subsidiaire, et réprimant non pas le comportement qui a valu injonction préalable, mais l'incapacité à se mettre en conformité avec les prescriptions, l'injonction et la négociation d'un retour au respect des textes étant non pas une alternative mais un préalable ayant vocation à épuiser les poursuites.

Paradoxalement, la multiplication des garanties procédurales peut être vue non pas comme une juridictionnalisation synonyme de lourdeur et d'inefficacité, mais comme donnant à l'administration de nouveaux outils de régulation.

L'usage de cette phase préalable comme moyen de régulation est imposé au CSA par des textes, qu'il a dépassés. Le CSA ne sanctionne pas un comportement, il sanctionne sa réitération après mise en demeure, elle-même consécutive à des manquements graves et répétés[83]. Favorable à une subsidiarisation de la sanction, cette procédure a été doublée d'une pratique consistant à privilégier la concertation et les « rappels à l'ordre » informels. La politique de l'ART est similaire.

---

81 M. Memlouk, « L'état du droit dans le domaine des installations classées », *A.J.D.A.*, n° spécial, 2001, p. 43.

82 J. Quastana, « L'accroissement des garanties, l'exemple des débits de boissons et du retrait d'agrément », *A.J.D.A.*, n° spécial, 2001, p. 96. V. aussi p. 98, sur l'accroissement des procédures et la virtualité de la sanction en résultant.

83 S. Clément-Cluzin, *Le pouvoir de sanction au Conseil supérieur de l'audiovisuel*, précité, p. 112.

Cette pratique ne peut cependant produire des résultats que parce que l'administration a déjà procédé à des sanctions et ne s'interdit pas de le faire. Même lorsqu'elle apparaît comme un outil mal adapté à la fonction régulatrice, la potentialité d'une sanction contribue à l'efficacité des procédures préalables.

La sanction civile

Christelle COUTANT-LAPALUS
Maître de conférences à l'Université de Bourgogne

« Il faut réparer le mal, faire qu'il semble
n'avoir été qu'un rêve »
CARBONNIER

Il est particulièrement difficile de définir, voire même simplement de délimiter la notion de sanction. Il en est de même lorsque l'on aborde la notion de sanction civile. Or, une telle définition se révèle un préalable indispensable à l'étude des différents caractères de la sanction civile. Le dictionnaire de vocabulaire juridique H. Capitant dresse différentes définitions de la sanction, au sein desquelles se trouve la définition suivante : « toute mesure - même réparatrice - justifiée par la violation d'une obligation »[1]. Cette définition est proche de celle élaborée par l'un des rares auteurs à s'être attachés à définir la sanction ; pour M. Jestaz, en effet, la sanction consiste en « l'ensemble des conséquences impliquées par la règle »[2]. « Toute conséquence »[3], « tout effet »[4] né de la violation d'une règle de droit, d'une atteinte à un droit subjectif, telle semble être la définition communément adoptée[5]. Par conséquent, la sanction civile ne peut être enfermée dans la seule notion de punition, il faut entendre par sanction civile toute mesure préventive, réparatrice ou punitive appliquée par les moyens du droit privé.

L'étude des mesures de droit privé susceptibles d'être qualifiées de sanctions civiles, montre que ces mesures peuvent prendre les aspects les plus divers : publication d'un droit de réponse, d'une décision de justice

---

1 Sous la direction de G. CORNU, PUF, 2003, V° sanction.

2 « La sanction ou l'inconnue du droit », *D.* 1986, chr., p. 197.

3 M. VIRALLY, *La pensée juridique,* Paris, LGDJ, 1988, p. 71. La sanction est la conséquence de « toute atteinte portée à la situation juridique d'un sujet de droit ».

4 C.-A. MORAND, « la sanction », *A PD,* tome XXXV : Vocabulaire fondamental du droit, Paris, Sirey, 1990, p.303 : la sanction est « l'effet prévu par le droit à la suite de la violation d'un devoir ».

5 Voir en ce sens : F. TERRE, *Introduction générale au droit,* Paris, Précis Dalloz, 6eme éd., 2003, n° 578, p. 537 : « l'expression de sanctions civiles recouvre à la fois les moyens de contrainte. (...) et les modes de réparation ou de punition, utilisés lorsque ces droits n'ont pas été respectés ».

condamnant le responsable du préjudice, reconstruction ou restauration d'un bien, plus classiquement des dommages et intérêts. Par conséquent, il apparaît plus approprié d'utiliser le pluriel et de traiter des sanctions civiles plutôt que de la sanction civile. Ces différentes mesures présentent avec plus ou moins d'importance un aspect réparateur, préventif et/ou punitif. Nous aborderons donc, dans un premier temps, les sanctions civiles principalement réparatrices (I) et dans un second temps, les sanctions civiles principalement punitives (II)[6].

I- LES SANCTIONS CIVILES REPARATRICES

La notion de réparation est traditionnellement et étymologiquement définie comme une remise en l'état antérieur[7]. En latin reparatio, de reparare signifie préparer de nouveau, remettre en l'état. Mais cette définition, trop restrictive, ne peut correspondre au sens juridique du terme[8]. Il est impossible de revenir dans le passé, on ne peut pas réparer en ramenant au statu quo ante, il faut admettre que réparer implique l'idée d'une reconstruction[9], cette reconstruction étant fonction du préjudice subi par la victime. Ainsi, la réparation doit être considérée comme un dédommagement accordé à une victime[10].

En droit français, en vertu de l'article 1382 du Code civil, cette réparation est nécessairement intégrale[11]. Cela implique que l'étendue de

---

6 Le temps imparti ne permet pas d'aborder pleinement les sanctions civiles préventives.

7 Sur cette notion : M-E. ROUJOU de BOUBEE, *Essai sur la notion de réparation*, Paris, LGDI, 1974, p. 267 et s. Voir également : F. TERRE, P. SIMLER et Y. LEQUETTE, *Droit civil, Les obligations*, Paris, Dalloz, 8ème éd., 2003, n° 858, p. 794 ; M. SOUSSE, *La notion de réparation de dommages en droit administratif français*, Paris, LGDI, 1994, p. 7 ; F. GIVORD, *La réparation du préjudice moral*, Paris, Boissy et Colomb 1938, n° 83, p.126.

8.Une telle définition exclurait d'une part, la réparation des principaux dommages extra-patrimoniaux, de tous les préjudices nés de la violation d'une obligation de ne pas faire ou liés à la détérioration ou la destruction d'un corps certain, d'autre part, elle enlèverait tout sens à l'expression réparation intégrale puisqu'une telle réparation est, par essence, intégrale.

9 Voir en ce sens : J. LAPLANCHE, « Réparation et rétribution : une perspective psychanalytique », *APD,* Tome XXVIII : Philosophie pénale, Paris, Sirey, 1983, p. 118.

10 Voir en ce sens : Loysel, Glossaire in *Institutes coutumières*, Paris, Durand et Videcocq, 1846, p. 498. La réparation s'entend du « dédommagement d'un préjudice par une personne qui en est civilement responsable ».

11 Pour de plus amples développements sur le principe de réparation intégrale, voir : C. COUTANT -LAPALUS, *Le principe de réparation intégrale en droit privé*, PUAM, coll. Droit des affaires, 2002.

la mesure allouée à une victime a pour unique instrument de mesure le préjudice subi (conséquence de toute réparation) et que cette étendue est équivalente quantitativement à l'entier préjudice (conséquence de l'intégralité de la réparation).

Ces précisions étant apportées, il convient de mesurer l'effectivité des sanctions civiles réparatrices puis l'étendue de l'efficacité de ces sanctions civiles.

A- L'effectivité des sanctions civiles réparatrices

Selon une opinion particulièrement répandue la réparation intégrale ne serait pas une sanction effective dans le sens où les réparations ne seraient pas toujours intégrales[12]. Il semble bien au contraire que les mesures de réparation intégrale sont de véritables sanctions civiles réparatrices effectives.

La principale illustration de la non-effectivité du principe de réparation intégrale consiste souvent à comparer les sommes allouées par les différents tribunaux pour un même préjudice : pour la perte d'un bras un tribunal a alloué 100, tel autre 200 et tel autre 50. Le principe de réparation intégrale n'est donc pas toujours appliqué car si dans les trois exemples le préjudice était réparé intégralement on devrait avoir une somme identique. En réalité, même dans cet exemple, le principe de réparation intégrale peut être bel et bien appliqué. En effet, ce principe impose de prendre en considération tous les éléments propres au préjudice subi par la victime ; ainsi les tribunaux n'alloueront pas la même somme selon que la victime est un enfant de 10 ans ou une personne âgée de 80 ans, si elle exerçait un métier nécessitant l'usage de son bras ou non, etc. Ce que l'on peut constater à la lecture des différentes décisions accordant des mesures de réparation c'est d'une part que les montants alloués sont très difficiles à comparer[13] et d'autre part,

---

[12] Voir sur ce point : G. VINEY, *Traité de droit civil*, sous la direction de J. GHESTIN, *Introduction à la responsabilité*, Paris, LGDJ, 2nde éd., 1995, n° 65, p. 107 ; A. BENABENT, *Droit civil, les obligations*, Paris, Montchrestien, 8ème éd., 2001, n° 695, p. 439 ; S. CARVAL, *La responsabilité civile dans sa fonction de peine privée*, Paris, LGDJ, 1995, n° 119 et s., p. 125 et s. ; B. STARCK, *Essai d'une théorie générale de la responsabilité civile considérée en sa double fonction de garantie et de peine privée*, Paris, L. Rodstein, 1947, p. 401 ; J. PERSONNAZ, *La réparation du préjudice en droit international public*, Paris, Sirey, 1938, p. 102- 103, p. 196 et s.

[13] Cette difficulté naît en partie des décisions prononcées « tous préjudices confondus » et de l'absence de ventilation des sommes entre chaque chef de préjudice.

qu'il est très rare d'être en présence de deux situations parfaitement identiques. Par conséquent, le fait que ces montants diffèrent témoigne d'une réelle appréciation in concreto imposée par la mise en œuvre du principe de réparation intégrale.

Une autre illustration de la prétendue non-effectivité du principe de réparation intégrale résiderait dans l'exagération de l'étendue des sanctions civiles réparatrices. L'idéologie de la réparation conduit à une augmentation du montant des réparations qui naît, le plus souvent, d'une extension de la notion de dommage réparable[14], à travers une recrudescence des préjudices[15] et une interprétation extensive des exigences traditionnelles liées au caractère direct[16], certain[17] et personnel[18] que doit revêtir un dommage pour être qualifié de réparable[19], mais également par une modification des modalités de calcul du montant du préjudice, comme en matière de contrefaçon de brevets[20] ou de

---

[14] Voir en ce sens : G. VINEY et P. JOURDAIN, *Traité de droit civil*, sous la direction de J. GHESTIN, *Les conditions de la responsabilité, Paris*, LGDJ, 2nde éd., 1998, p. 11 ; C. THIBIERGE, « Libres propos sur la responsabilité civile (vers une métamorphose de la fonction de la responsabilité civile ?) », *RTD civ.* 1999, p. 565 et s. ; L. CADIET, « Les métamorphoses du préjudice », in 6èmc Journées R. SAVATIER, *Les métamorphoses de la responsabilité,* Paris, PUF, 1998, p. 50.

[15] Aussi bien moraux avec le préjudice d'affection ou d'agrément, que corporels avec les préjudices esthétiques, sexuels, nés d'une contamination par le VIH, etc.

[16] Voir sur ce point les arrêts relatifs à l'apparition d'une infection pouvant être liée au vaccin contre l'hépatite B, CA Versailles, 12 septembre 2003, *D.* 2003, IR, p. 2250, d'une maladie (sclérose en plaques) liée à ce même vaccin, CA Versailles, 2 mai 2001, *D.* 2001, IR, p. 1592. Il semble cependant que la Cour de cassation refuse de suivre ces décisions : Cass. 1ère civ., 23 septembre 2003, *D.* 2003, IR, p. 2413.

[17] Voir par exemple : Cass. com., 4 avril 1997, *JCP* 1998, E, chr., n° 6 obs. J.-M. MOUSSERON, *PIBD* 97, n° 635-III, p. 381 (admission de la réparation d'un préjudice « plausible » en matière de contrefaçon de logiciel).

[18] Voir en ce sens l'admission de la réparation des préjudices moraux et matériels des victimes par ricochet et de l'action civile exercée par une personne morale de droit privé en vue de faire sanctionner l'auteur du dommage portant atteinte à l'intérêt collectif qu'elle défend.

[19] Voir sur ce point : J. CARBONNIER, *Droit civil, tome IV : Les obligations*, Paris, PUF, 22èmc éd., 2000, n°205 et s., p. 375 et s. ; G. VINEY et P. JOURDAIN, *Traité de droit civil*, sous la direction de J. GHESTIN, *Les conditions de la responsabilité*, op. cit., p. 9 et s.

[20] L'indemnité autrefois fonction du taux de redevance usuellement pratiqué pour une licence conventionnelle, prend aujourd'hui en compte l'atteinte portée au monopole du titulaire du droit de propriété intellectuel et affecte ce taux d'un certain coefficient lié à cette atteinte. Sur cette question, voir : F. POLLAUD-DULIAN, *Droit de la propriété industrielle*, Paris, Montchrestien, 1999, n° 738, p. 309. Pour une illustration, voir : Cass. com., 19 février 1991, *Ann. Prop.Ind.* 1991, p. 4 ; 1er mars 1994, *Bull.* civ., IV, n° 84, p. 64, *D.* 1996, som com, p. 20, obs. J .-M. MOUSSERON et J. SCHMIDT.

marque[21]. Et il est indéniable, qu'il est des hypothèses où les tribunaux réparent plus que le préjudice subi[22]. Mais s'il est exact de constater cette augmentation, il est en revanche inexact d'en conclure une ineffectivité du principe de réparation intégrale car en attribuant plus les tribunaux attribuent nécessairement au moins l'intégralité. En revanche, c'est une volonté d'accroître la punition de l'auteur du dommage qui sous-entend très certainement ces décisions[23].

Enfin, une dernière objection importante qui peut être opposée à l'effectivité des mesures de réparation réside dans l'existence de nombreuses dérogations au principe de réparation intégrale. Certes ces dérogations existent[24] ; elles peuvent être d'origine légale comme, par exemple, les dommages-intérêts moratoires (article 1953 du Code civil), l'indemnisation des victimes de maladies ou d'accidents d'origine professionnelle (article R.434-35 du Code de la sécurité sociale), les plafonds fixés en matière de transports aériens, maritimes et postaux[25] ou conventionnelles telles les clauses pénales[26] ou les clauses limitatives de réparation[27]. Mais ces dérogations ne sauraient remettre en cause le principe de réparation intégrale car elles sont largement encadrées. Elles sont limitées à la fois dans leur champ d'application à des domaines spécifiques et techniques (les transports, l'énergie nucléaire, les contrats d'hôtellerie) et dans leur contenu (un plafond peut permettre l'application du principe de réparation intégrale s'il est suffisamment élevé, de plus dans certaines hypothèses, les juges interviennent pour augmenter, voire même supprimer certains de ces plafonds). Parallèlement, la validité des

21 Voir en particulier l'affaire de la Tour d'argent, CA Paris, 7 juin 1990, *PIBD* 1991, n° 491-III, p. 15 (confirmée par la Chambre commerciale de la Cour de cassation, 14 mai 1992, pourvoi n° 90-18329, Légifrance) ; l'affaire Rothschild, CA Paris, 10 juillet 1986, *JCP* 1986, G, II, 20172, note E .AGOSTINI.

22 Voir par exemple l'hypothèse du préjudice d'agrément.

23 Voir par exemple, par rapport à l'utilisation du lien de causalité : B. STARCK, *Essai d'une théorie générale de la responsabilité civile considérée en sa double fonction de garantie et de peine privée,* Paris, L. Rodstein, 1947, p. 416 : « les tribunaux disposent d'un autre moyen pour augmenter, dans un esprit de pénalité, le chiffre des dommages-intérêts. C'est celui que leur fournit l'imprécision de la notion de préjudice direct ».

24 Pour une étude plus complète de ces dérogations, voir : C. COUTANT -LAPALUS, *Le principe de réparation intégrale en droit privé,* PUAM, coll. Droit des affaires, 2002, n° 249 et s., p. 253 et s.

25 Pour de plus amples précisions sur ces dérogations, voir : G. RIPERT et R. ROBLOT, *Traité de droit commercial,* tome II, Paris, LGDI, 16ème éd. par P. DELEBECQUE et M. GERMAIN, 2000, n° 2771 et s., p. 763 et s.

26 Sur cette notion, voir : D. MAZEAUD, *La notion de clause pénale*, Paris, LGDI, 1992.

27 Sur cette notion, voir : P. DELEBECQUE, *Les clauses allégeant les obligations dans les contrats*, thèse Aix-Marseille, 1981.

clauses limitatives de réparation est de plus en plus restreinte[28]. Il se dégage également une tendance tant législative[29]que doctrinale[30] visant à considérer que toute dérogation au principe de réparation devrait être interdite en matière de dommage corporel.

Enfin, dans les cas les plus graves de non-respect des obligations : faute grave, lourde ou dol, le législateur[31] comme les tribunaux[32] éprouvent la

---

[28] Interdiction de certaines clauses au nom de l'ordre public de protection (art. R. 132-1 Code consommation). Nullité des clauses limitatives de réparation en cas d'inexécution ou de mauvaise exécution de l'obligation essentielle du contrat (Cass. com, 22 octobre 1996, *Bull.* civ., IV, n° 261, p. 223, *D.* 1997, p. 121, note A. SERIAUX, *JCP* 1997, éd. G, 1,4025, n° 17, obs. G. VINEY, *JCP* 1997, éd. G, 1,4002, obs. M. FABRE-MAGNAN, *JCP* 1997, éd. G, II, 22881, note D. COHEN, *Gaz. Pal.* 1997, 2, p. 519, note R. MARTIN, *PA* 1997, n° 73, p. 30, note D. R. MARTIN, *Defrénois* 1997, art. 36516, p. 333, n° 20, obs. D. MAZEAUD, *D. Aff.* 1997, p. 247, *CCC.* 1997, n° 24, obs. L. LEVENEUR, *RTD civ.* 1997, p. 418, no 2, obs. J. MESTRE ; Cass. Com., 17 juillet 2001, *JCP* 2002, I, 148, obs. G. LOISEAU. Voir également : P. DELEBECQUE, « Que reste-t-il du principe de validité des clauses de responsabilité ? », *D. Aff* 1997, p. 237 : « La jurisprudence érige l'obligation essentielle du contrat en limite de leur validité » ; J.-M. MOUSSERON, « Nouveau regard sur les clauses de non réparation », *JCP* 1998, éd. E, cahier droit de l'entreprise n° 5, n° 20, p. 7.

[29] Voir en ce sens, les règles instaurées en matière de fonds d'indemnisation où les plafonds sont, en général, écartés dès lors que le dommage est de nature corporelle : article L. 421-1 Code des assurances sur l'indemnisation des victimes d'actes de terrorisme, articles 47-I et 47-III de la loi n° 91-1406 du 31 décembre 1991 pour les victimes contaminées par le virus d'immunodéficience humaine, article 7 de la loi n° 90-589 du 6 juillet 1990 relative à l'indemnisation des victimes d'infraction. Le législateur a également proscrit les clauses limitant la responsabilité en cas d'atteinte corporelle dans la loi du 19 mai 1998 relative à la responsabilité du fait des produits défectueux.

[30] Voir en ce sens : Y. LAMBERT-FAIVRE, *Droit du dommage corporel- Systèmes d'indemnisation,* Paris, Dalloz, 4ème éd., 2000, n° 1 et s., p. 1 et s. ; H et L. MAZEAUD, I. MAZEAUD et F. CHABAS, *Leçons de droit civil, tome II, 1er vol. : Obligations -Théorie générale*, Paris, Montchrestien, 9ème éd., par F. CHABAS, 1998, n° 194 et s., p. 267 et s. ; A. TUNC, *La sécurité routière : esquisse d'une loi sur les accidents de la circulation*, Paris, Dalloz, 1966, n° 44 et s., p. 41 et s. ; L. JOSSERAND, « La personne humaine dans le commerce juridique », *D.* 1932, chr., p.1 et s.

[31] Voir par exemple : art. L. 452-1 à L. 452-5 en matière d'indemnisation des victimes d'accidents ou de maladies d'origine professionnelle, art. 1153 a14 CCiv. : dommages-intérêts moratoires.

[32] Cass. civ., 2 avril 1890, *D.H.* 1891. 1, p. 34, *S.* 1890, 1, p. 213. Voir également : Cass. civ., 29 juin 1948, *JCP* 1949, éd. G, II, 4660, note R. RODIERE ; Cass. Ire civ., 4 février 1969, *D.* 1969, p. 601, note J. MAZEAUD, *JCP* 1969, éd. G, II, 16030, note M. PRIEUR, *RTD civ.* 1969, p. 708, obs. G. DURRY ; Cass. com., 11 mai 1971, *JCP* 1972, éd. G, IV, n° 17009 ; 16 mars 1981, *Bull.* civ., IV, n° 140, p. 109 ; CA Paris, 15 septembre 1992, *D.* 1993, p. 96, note P. DELEBECQUE. (Nullité des clauses limitatives de réparation en cas de dol du débiteur).

nécessité de revenir à l'application du principe de réparation intégrale et écartent toutes limites ou dérogations d'ordre légal ou conventionnel.

Le principe de réparation est donc, de manière générale, plutôt bien appliqué même si des améliorations tendant à une meilleure effectivité pourraient être apportées à travers un contrôle accru de la Cour de cassation du pouvoir souverain d'appréciation de l'étendue du préjudice par les juges du fond. Ce contrôle pourrait se traduire par une interdiction de la pratique d'évaluation « tous préjudices confondus »[33], par l'obligation de ventiler les sommes entre les différents chefs de préjudices retenus afin d'éviter les mesures « fourre-tout » rarement en adéquation avec les préjudices subis[34]. Enfin, les tribunaux pourraient être contraints de s'expliquer sur le montant alloué pour chaque chef de préjudice en faisant référence aux circonstances de la cause.
Ces mesures présentent l'avantage d'accroître l'effectivité des sanctions civiles réparatrices mais également de jouer un rôle important pour l'efficacité de ces mesures.

B -L'efficacité des sanctions civiles réparatrices

En premier lieu, c'est le caractère intégral de la réparation qui rend les mesures prononcées efficaces dans le sens où il permet à ces mesures d'atteindre leur but à savoir la satisfaction de la victime. Les juges ont l'obligation de tout mettre en oeuvre pour compenser autant que possible l'entier préjudice subi. « Le propre de la responsabilité civile est de rétablir, aussi exactement que possible, l'équilibre détruit par le dommage et de replacer la victime dans la situation où elle se trouvait si l'acte dommageable n'avait pas eu lieu »[35].

---

[33] Voir également en ce sens : Y. CHARTIER, *La réparation du préjudice dans la responsabilité civile*, Paris, Dalloz, 1983, n° 124, p. 165. ; C. LAPOYADE-DESCHAMPS, « Quelle(s) réparation(s) ? », in Colloque : la responsabilité civile à l'aube du XXIème siècle, *RCA* 2001, n° 6 bis, p. 63, n° 30.

[34] Voir en ce sens : G. VINEY et B. MARKESINIS, *La réparation du dommage corporel - essai de comparaison des droits anglais et français*, Paris, Economica, 1985, n° 72, p. 97.

[35] Formule employée par la Cour de cassation, empruntée au Doyen Savatier. Cass. 2. civ., 28 octobre 1954, *Bull.* civ., II, n° 328, p. 222, *JCP* 1955, éd. G, II, 8765, note R. SAVATIER, *RTD civ.* 1955, p. 324, n° 34, obs. H. et L. MAZEAUD, *Gaz. Pal.* 1955, 1, p. 10 ; 25 mai 1960, *Gaz. Pal.* 1960, 2, p. 161 ; 1er avri11963, *D.* 1963, p. 453, note H. MOLINIER, *JCP* 1963, éd. G, II, 13408, note P. ESMEIN ; 8 avri11970, *Bull.* civ., II, n° 111, p. 87 ; 19 novembre 1975, *D.* 1976, p. 137, note P. LETOURNEAU ; 4 février 1982, *JCP* 1982, éd. G, II, 19894, note J.-F. BARBIERI ; Cass. Ire civ., 30 ami 1995,

En second lieu, c'est la nature de la réparation qui peut accroître cette satisfaction en particulier grâce au prononcé de réparation en nature. La réparation en nature consiste à attribuer à la victime une chose ou une prestation similaire ou quasi-similaire, à celle qui existait pour elle avant la réalisation du dommage. Pour apprécier la nature de la réparation il convient donc de se placer du côté de la victime ; la condamnation du responsable peut se faire sous forme monétaire pour autant la réparation pourra être en nature. Le responsable de la destruction d'un mur ne sera pas condamné à le reconstruire au sens strict du terme mais il pourra être condamné à payer l'entreprise qui interviendra pour reconstruire ce mur. La fourniture d'une chose identique à celle qui a péri en matière de choses fongibles[36], la restauration ou la reconstruction d'un bien matériel, la réintégration d'un salarié licencié à tort, la dépollution d'une rivière polluée[37] sont autant d'exemples de réparation en nature. La réparation en nature peut également, dans certaines hypothèses revêtir une forme pécuniaire par exemple : destruction d'une somme d'argent lors d'un incendie volontaire d'un appartement, réparation en nature : restitution de la somme d'argent.

C'est en raison de l'existence de cette équivalence qualitative mise en avant par Mme Roujou de Boubée[38], que l'on considère, à juste titre, que la réparation en nature constitue la forme idéale de réparation, puisqu'elle procure à la victime une satisfaction identique à ce qu'elle pouvait ressentir avant la survenance du dommage[39]. Sur ce point, des améliorations pourraient être apportées car la plupart des litiges sont réglés par l'attribution de dommages-intérêts[40].En effet, en raison du

---

JCP 1995, éd. G, IV, n° 1810 ; CA Grenoble, 7 octobre 1997, *JCP* 1998, éd. G, IV, n° 1501.

[36] CA Besançon, 4 décembre 1946, *Gaz. Pal.* 1947, 1, p. 20 (condamnation du responsable de la destruction de 3 174 kg de foin à verser à la victime la quantité équivalente à celle dont elle a été privée).

[37] Cass. 3c civ., 12 février 1974, *Bull.* civ., II, n° 72, p. 55, *JCP* 1975, G, II, 18016.

[38] *Essai sur la notion de réparation*, Paris, LGDJ, 1974, p. 256 et s.

[39] Voir en ce sens : F. TERRE, *Introduction générale au droit*, Paris, Précis Dalloz, 6ème éd., 2003, n° 582, p. 539 : « la réparation en nature constitue de toute évidence, la démarche la plus satisfaisante » ; H et L. MAZEAUD, J. MAZEAUD et F. CHABAS, *Leçons de droit civil, tome II, Ier vol. : Obligations – théorie générale*, Paris, Montchrestien, 9ème éd., par F. CHABAS, n° 621, p. 732 : « C'est le mode de réparation le plus parfait » ; C. ROYER d'ELLOY, *La réparation en nature en matière de responsabilité civile*, thèse Grenoble, 1994, n° 192, p. 188.

[40] Sur l'importance croissante de cette forme de réparation, voir : T. REVET, « L'argent et la personne », in *Mélanges C. MOULY*, Paris, Litec, 1998, n° 4 et s.

principe de réparation intégrale, les juges du fond qu'ils prononcent une mesure de réparation en nature ou par équivalent, se trouvent dans l'obligation de faire qu'une telle mesure assure autant que possible, la réparation intégrale du préjudice subi par la victime. Au demeurant, il apparaît que la réparation en nature, en raison de l'existence d'une équivalence qualitative entre cette mesure et le dommage, permet, le plus souvent, d'être la plus à même d'atteindre cet objectif. Il semble donc tout à fait envisageable que la Cour de cassation puisse imposer la mise en place d'une telle forme de réparation[41], dans la mesure où il est clairement démontré qu'une réparation par équivalent procurera une satisfaction moindre qu'une réparation en nature, et inversement[42]. Cette juridiction ne réglementerait pas le pouvoir souverain des juges du fond en la matière mais jouerait simplement son rôle de contrôle de la bonne application d'une règle de droit, en l'occurrence du principe de réparation intégrale. Selon la jurisprudence classique, les juges du fond doivent apprécier les modalités susceptibles d'assurer la réparation intégrale du préjudice. Il est donc du ressort de la Cour de cassation de les sanctionner lorsque les modalités choisies n'attestent pas d'une volonté de tout mettre en oeuvre afin de parvenir à une telle réparation. C'est par

---

41 Voir en ce sens : J. CARBONNIER, *Droit civil, tome IV : Les Obligations*, Paris, PUF, 22eme éd., 2000, n° 285, p. 506 : « Mais la notion de réparation vise aussi à l'efficacité : parmi les modes de réparation doit être choisi celui qui a le plus de chance de rétablir le statu quo ante ». En faveur de la suppression du pouvoir souverain des juges du fond en ce domaine et pour l'obligation de prononcer des mesures de réparation en nature, voir : A. BENABENT, *Droit civil: les obligations*, Paris, Montchrestien, 7ème éd., 1999, n° 696, p. 440 : « Cette liberté de choix est sans doute regrettable car à chaque fois qu'elle est matériellement possible, la réparation en nature devrait être prioritaire puisque c'est elle qui correspond le mieux à l'objectif précité de replacer la victime dans la situation où elle se serait trouvée si l'acte dommageable ne s'était pas produit » ; H. et L. MAZEAUD, J. MAZEAUD et F. CHABAS, *Traité théorique et pratique de la responsabilité civile délictuelle et contractuelle*, tome III, 1er vol., Paris, Montchrestien, 6ème éd., 1978, n° 2303 et s., p. 680 et s. ; A. COLIN et H. CAPITANT, *Traité de droit civil, tome II : Obligations -Théorie générale - Droits réels principaux*, refondu par L. JULLIOT DE LA MORANDIERE, Paris, Dalloz, 1959, n° 156, p. 89 ; M. PLANIOL et G. RIPERT, *Traité pratique de droit civil français*, tome VI : Obligations, 1 ère partie, Paris, LGDJ, 2° de éd. par P. ESMEIN, 1952, n° 680, p. 961.

42 La Cour de cassation ne paraît d'ailleurs pas totalement hostile à un certain contrôle dans le choix des mesures prononcées par les juridictions du fond. Elle censure ainsi un arrêt qui condamne un club sportif à indemniser une association et ordonne la publication d'extraits de la décision aux frais de l'organisme sportif car cette mesure « est étrangère à la réparation des préjudices en cause », Cass. 1 ère civ . 14 mai 1992, *Bull. civ.*, I, n° 138, p. 94, *D.* 1992, som. com., p. 405, obs. J. KULLMAN, *JCP* 1992, éd. G, 1,3625, n° 36, obs. G. VINEY, *RCA* 1992, com. 307, *RTD civ.* 1992, p. 772, n° 4, obs. P. JOURDAIN.

ailleurs pour cette raison, semble-t-il, que cette même Cour précise, après avoir affirmé le pouvoir souverain des juges du fond quant aux modalités de la réparation, que la modalité choisie doit tendre à la réparation intégrale du préjudice[43].

Parallèlement, comme nous l'avons évoqué dans l'introduction, une sanction civile réparatrice n'est pas uniquement réparatrice et elle revêt également un aspect dissuasif voire parfois même punitif.

Si cet aspect punitif est inhérent à la réparation, on ne peut que constater qu'il est encore trop insuffisant en droit privé français et qu'il semble important de développer les sanctions civiles punitives.

II- LES SANCTIONS CIVILES PUNITIVES

En droit civil, le principe est que la sanction ne peut procurer au titulaire d'un droit que ce qui lui est strictement du à savoir une réparation soit en nature, soit par équivalent. La sanction ne doit ni enrichir le créancier, ni punir le débiteur de l'obligation violée. Mais on constate une tendance de la doctrine à préconiser l'utilisation des sanctions punitives dans les domaines les plus variés du droit privé, comme les atteintes aux droits de la personnalité[44], certaines fautes médicales[45], la propriété intellectuelle[46], les agissements parasitaires[47], etc.

---

[43] Voir par exemple : Cass. com., 5 juillet 1984, *Bull.* civ., IV, n° 219, p. 183 : « Les juges du fond apprécient souverainement l'étendue du préjudice et les modalités susceptibles d'en assurer la réparation intégrale ».

[44] A. BERTRAND, *Droit à la vie privée et droit à l'image*, préface X. LINANT DE BELLEFONDS, Paris, Litec, 1999, n° 271 et s., p. 129 et s. ; B. BEIGNER, *L 'honneur et le droit,* Paris, LGDJ, 1995, p. 200 ; J. RAVANAS, *La protection des personnes contre la réalisation et la publication de leur image,* Paris, LGDJ, 1978, n° 494, p. 502 ; J. DUPICHOT, *Des préjudices réfléchis nés de l'atteinte à la vie ou à l'intégrité corporelle*, préface J. FLOUR, Paris, LGDJ, Bibliothèque de droit privé, tome CLXLVI, 1969 ; R. LINDON, note sous CA Paris, 26 avril 1983, *D.* 1983, jur., p. 676 ; A. TUNC, « Responsabilité civile et dissuasion des comportements antisociaux », in *Recueil M. ANCEL : Aspects nouveaux de la pensée juridique*, tome I, Paris, Pedone, 1975, p.411.

[45] Voir en ce sens : O. VINEY, « Brèves remarques à propos d'un arrêt qui affecte l'image de la Justice dans l'opinion (Cass. ass. plén., 17 novembre 2000) », *JCP* 2001, éd. G, I, 286 ; C. LABROUSSE-RIOU et B. MATHIEU, « La vie humaine peut-elle être un préjudice ? », *D.* 2000, point de vue, p. III et s. Ces différents auteurs semblent considérer que l'existence de sanctions civiles aurait pu permettre « d'éviter » l'arrêt Perruche.

Face aux critiques de plus en plus importantes d'une partie de la doctrine[48] et à la nécessité de punir, même devant les juridictions civiles, les sanctions civiles punitives se développent en droit privé français, même si pour l'heure ce développement s'opère principalement officieusement.

Comme pour les sanctions civiles réparatrices, les sanctions civiles punitives peuvent revêtir les formes les plus diverses et ne sauraient être cantonnées aux simples dommages-intérêts punitifs ou exemplaires. La confiscation des profits illicites, la restitution des objets contrefaits ou encore la publication d'un jugement de condamnation du responsable sont autant d'exemples de ces autres aspects des sanctions civiles punitives.

À l'heure actuelle, il existe en droit privé certaines sanctions civiles dont il conviendra d'étudier l'effectivité (A) puis l'efficacité (B).

A -L'effectivité des sanctions civiles punitives

Certaines sanctions civiles punitives, appelées également peines privées, sont admises officiellement par le législateur, d'autres sont fréquemment appliquées mais de manière officieuse.

Parmi les sanctions civiles officielles, on peut citer la clause pénale[49], l'astreinte[50], les règles de répartition de la dette de réparation entre les co-

---

46 Voir en ce sens : F. POLLAUD-DULIAN, *Droit de la propriété industrielle*, Paris, Montchrestien, 1999, n° 370, p. 306 ; P.-Y. GAUTIER, *Propriété littéraire et artistique*, Paris, PUF, 4ème éd., 2001, n° 439, p. 653 et s. ; J. AZEMA, *RTD civ.* 1991, p. 42, n° 9.

47 Voir par exemple : P. LE TOURNEAU, *Le parasitisme (Notion - Prévention - Protections)*, Paris, Litec, 1998, n° 263, p. 206 ; C. KORMAN, « Les fruits restitués du parasitage économique », *Gaz. Pal.* 1988,2, doctr., p. 703 et s. ; E. AGOSTINI, « Les agissements parasitaires en droit comparé - Le cas Helmut Rothschild », *JCP* 1987, éd. G, I, 3284, n° 10 : « il ne faut pas perdre de vue que le parasitisme mis en oeuvre pour lancer le produit rend suspects tous les gains qui en ont été le fruit et justifie le prononcé d'une peine privée réellement dissuasive, prévenant la récidive comme l'imitation ».

48 Voir : S. CARVAL, *La responsabilité civile dans sa fonction de peine privée*, Paris, LGDJ, 1995 ; S. PIEDELIEVRE, « Les dommages et intérêts punitifs : une solution d'avenir ? » , in Colloque : La responsabilité civile à l'aube du XXIème siècle, *RCA* 2001, n° 6bis, p. 65, n° 5.

49 Sur cette question, voir : D. MAZEAUD, *La notion de clause pénale*, op. cit., n° 495, p. 288 : « c'est un moyen de répression lorsque l'événement qui déclenche son application s'est produit ». Voir également en faveur d'une telle fonction de la clause pénale : I. CARBONNIER, *Droit civil, tome IV : Les obligations*, Paris, PUF, 22ème éd., 2000, n° 178, p. 331 ; P. KAYSER, « L'équité modératrice et créatrice de règles juridiques

responsables d'un dommage[51], les mesures de déchéance[52], comme la sanction du recel de succession, qui est, pour le receleur, la perte, au profit des cohéritiers de tout droit sur les objets recelés (article 792 du Code civil)[53]. Quant aux sanctions civiles punitives officieuses[54] elles sont parfois difficiles à recenser et pourtant de plus en plus présentes[55] dans de nombreux domaines du droit privé français. Quelques exemples relativement récents permettent d'illustrer ces propos.

Ainsi, la condamnation de l'auteur d'une contestation de la reconnaissance d'un enfant naturel effectuée par cet auteur à l'entretien de l'enfant jusqu'à sa majorité va incontestablement au-delà de la réparation intégrale et est vraisemblablement guidée par cette idée de punir. En matière d'atteinte au droit de la vie privée, les juges constatent eux-mêmes que « cette fonction punitive des réparations civiles ressort clairement de nombreuses décisions des juges du fond »[56]. Les préjudices réellement subis, ne sont plus, en ce domaine, les seuls instruments de mesure de la réparation ; la gravité de la faute, la récidive, le profit réalisé

---

endroit privé français », *RRJ* 1999, p. 24 ; M. CREMIEUX, « Réflexions sur la peine privée moderne », in *Etudes P. KAISER*, tome Il, PUAM, 1979, n° 39 et s., p. 285 et s.

50 Voir en ce sens : H. et L. MAZEAUD, I. MAZEAUD, et F. CHABAS, *Leçons de droit civil, tome Il, 1er vol. : Obligations -Théorie générale*, Paris, Montchrestien, 9ème éd. par F. CHABAS, 1998, n° 942, p. 1028 ; P. ESMEIN, « Peine ou réparation », in *Mélanges P. ROUBIER, tome Il : Droit privé - Propriété industrielle, littéraire, artistique*, Paris-Sirey, 1961, p. 39 ; P. KAYSER, « L'astreinte judiciaire et la responsabilité civile », *RTD civ.* 1953, n° 12 et s., p. 224 et s.

51 Voir, dans le sens d'une qualification de peine privée de ces règles : F. CHABAS, *L'influence de la pluralité de causes sur le droit à réparation*, préface H. MAZEAUD, Paris, LGDI, Bibliothèque de droit privé, tome LXXVIII, 1967, n° 89, p. 77 : « Si la solution du partage en fonction de la gravité des fautes a prévalu c'est, comme l'ont bien vu certains auteurs, la conséquence d'une idée pénale. On désire punir plus sévèrement le plus coupable des coauteurs » ; P. ESMEIN, « Peine ou réparation », in *Mélanges P. ROUBIER, tome Il: Droit privé - Propriété industrielle, littéraire, artistique*, Paris, Dalloz-Sirey, 1961, p. 37.

52 G. VINEY, *Traité de droit civil*, sous la direction de J. GHESTIN, *Les obligations -La responsabilité : effets*, Paris, LGDI, 1988, n° 6, p. 11.

53 En faveur d'une qualification de peine privée de cette sanction, voir : F. TERRE, *Introduction générale au droit*, Paris, Précis Dalloz, 6ème éd., 2003, n° 582, p. 540. Il en est de même en matière de régimes matrimoniaux (article 1477 du Code civil).

54 Officieuses en ce sens que les juges du fond ne sauraient sous peine de cassation affirmer qu'ils punissent par telle ou telle sanction l'auteur du dommage ou qu'ils allouent plus que le préjudice, mais pour autant facilement détectables pour les auteurs.

55 Pour une étude plus détaillée de ces exemples, voir : S. CARVAL, *La responsabilité civile dans sa fonction de peine privée*, Paris, LGDJ, 1995.

56 A. LACABARATS, « Le droit à la vie privée et la liberté d'expression », *Bull. inf C. cass.*, mars 2003, p. 19.

par l'organe de presse sont autant d'éléments qui interfèrent dans la fixation de la mesure et qui lui confèrent un caractère punitif.
L'organisateur d'une loterie publicitaire doit délivrer le gain à la personne dénommée[57] et s'il s'avère si délicat de trouver un fondement à cette solution pourtant le plus souvent approuvée, c'est certainement que cette solution repose sur l'idée de peine privée[58], sur la volonté des tribunaux de punir les organisateurs de telles loteries.

Les sanctions civiles punitives existent donc en droit français, elles sont effectives mais leur caractère parfois officieux peut affecter leur efficacité.

B -L'efficacité des sanctions civiles punitives

Pour que ces mesures atteignent une véritable efficacité, il devient désormais important que le droit français les consacre. Or, le Conseil constitutionnel admet que des peines puissent être infligées par des juridictions non répressives[59]. Il a exposé très explicitement les conditions devant être respectées pour qu'une loi, prévoyant de telles sanctions, soit valable. « Une peine ne peut être infligée qu'à la condition que soient respectés le principe de légalité des délits et des peines, le principe de nécessité des peines, le principe de non-rétroactivité de la loi pénale d'incrimination plus sévère ainsi que le principe du respect des droits de la défense ».
Mais toujours dans ce souci d'efficacité, il est important d'ajouter des conditions supplémentaires et ainsi de ne pas admettre toute forme de peine privée et de ne valider que les sanctions civiles punitives qui ont pour objet de dissuader le responsable du dommage[60]. Pour ce faire, il ne

---

[57] Cass. ch. mixte, 6 septembre 2002, *D.* 2002, p. 2963, note D. MAZEAUD, *Defrenois* 2002, art. 37644, n° 92, p. 1068, obs. E. SAVAUX, *JCP* 2002, G, II, 10173, note S. REIFEGERSTE, *LPA* 24 octobre 2002, p. 16, note D. HOUTCIEFF ; Cass. 1re civ., 18 mars 2003, *Bull.* civ., I, no 85, p. 64, *Defrenois* 2003, art. 37810, n° 88, obs. R. LIBCHABER.

[58] Voir en faveur de cette qualification : R. LIBCHABER, Obs sous Cass. 1re civ., 18 mars 2003, *Defrénois* 2003, art. 37810, n° 88.

[59] Cons. const., 17 janvier 1989, *GDCC*, n° 42, p. 730, *Pouvoirs* 1989, p. 197, obs. P. AVRIL et I. GICQUEL, *RDpubl*. 1989, p. 399, note L. FAVOREU, *RFDA* 1989, n° 2, p. 215, note B. GENEVOIS, *Rev. adm.* 1989, p. 223, note J.-L. AUTIN.

[60] Sur le caractère dissuasif de la peine en droit pénal, voir : R. MERLE et A. VITU, *Traité de droit criminel*, tome I, Paris, Cujas, 7ème éd., 1997, n° 608. « Utilisée dans sa fonction de peine privée, la responsabilité apparaît comme le véhicule le mieux adapté à

faut pas, dans un premier temps, oublier que le principe de réparation intégrale est un principe nécessaire au droit privé français et qu'à ce titre les mesures qui devront être adoptées doivent en tout état de cause respecter ce principe.

Dans un second temps, les sanctions civiles punitives ne doivent pouvoir être prononcées qu'en présence d'un comportement fautif volontaire d'une certaine gravité. Peu importe, la présence ou l'absence d'une intention de nuire au regard de l'instauration de telles mesures, ce qui importe c'est de s'interroger sur l'attitude de l'auteur du dommage, s'il avait su avant d'agir que son comportement serait réprimé. Or, appliquer des sanctions civiles punitives en cas de fautes lourdes, inexcusables et intentionnelles présente l'avantage de ne pas trop restreindre le champ d'application de ces mesures tout en assurant une punition des comportements les plus graves. Punir un individu privé de discernement sur le terrain de la responsabilité civile serait parfaitement inefficace. Quant au quantum de ces sanctions, il apparaît nécessaire qu'il soit dicté par la gradation de la faute.

En pratique, les dommages-intérêts multiples apparaissent comme les mesures les mieux adaptées. Elles consisteraient en l'attribution d'une mesure équivalente au principe de réparation intégrale, cette mesure étant multipliée par deux ou trois selon la gravité de la faute à l'origine du dommage[61].

Si les sanctions civiles punitives ne sont pas pour l'heure pleinement effectives et efficaces, il ne semble pas non plus qu'elles puissent être qualifiées d'alternative à la réparation mais plutôt de complément. Ainsi, les sanctions civiles peuvent présenter un aspect principalement réparateur et s'accompagner également d'un caractère dissuasif important ce qui va devoir être préconisé et développé dans l'avenir.

---

la prévention de certains comportements, dont la nocivité d'ensemble l'emporte largement sur les préjudices individuels qu'ils sont susceptibles de causer » ; R. LIBCHABER, Obs sous Cass. lre civ., 18 mars 2003, *Defrénois* 2003, art. 37810, n° 88.

[61] Pour de plus amples développements sur cette question, voir : C. COUTANT-LAPALUS, *Le principe de réparation intégrale en droit privé*, op. cit., n° 533 et s., p. 459 et s. .S. CARVAL, *La responsabilité civile dans sa fonction de peine privée*, op. cit., 1995, n° 260 et s., p. 295 et s.

La sanction en droit international

Catherine KOSMA
Doctorante à l'Université Jean Moulin Lyon 3

« Si les sanctions peuvent, dans certains cas, apparaître comme des outils performants, certains types de sanctions, notamment les sanctions économiques, sont des instruments grossiers, infligeant parfois de graves souffrances à la population civile, sans toucher les protagonistes ».

Kofi Annan - 1999

La communauté internationale n'est pas une société hiérarchisée. Contrairement à l'intérieur de l'État où la réalisation du droit et la sanction de la violation de celui-ci sont confiées aux autorités gouvernementales, la communauté internationale est caractérisée par l'absence d'une telle autorité. En effet, les organisations internationales ne sont pas investies d'un pouvoir de « gendarmerie internationale ». Quelles soient universelles comme l'O.N.U., ou régionales (comme l'ASEAN[1], le Mercosur et tant d'autres), les organisations internationales constituent un lieu de coopération pour les entités étatiques qui ont la volonté de participer à la réalisation d'un objectif commun. Le volontarisme étatique est la base même du droit international ; la coopération et la coexistence pacifique sont des objectifs à atteindre.

La notion de sanction sur la scène internationale a connu une longue évolution. La sanction suprême infligée aux États, de l'Antiquité au début du XXe siècle, se manifestait par l'entrée en conflit contre un État, pour des raisons pas toujours légitimes. Cependant, les deux guerres mondiales ont eu comme conséquence de sanctionner la rupture de la paix en toutes circonstances. Nous observons alors une situation paradoxale : la sanction suprême se voit elle-même sanctionnée. Mais les États n'ont pas pour autant arrêté de se faire la guerre entre eux ; loin s'en faut. Les cas de recours à la force armée admis par le droit international se limitent cependant à la légitime défense. La notion de guerre légitime de Vattel, c'est-à-dire la guerre déclenchée loyalement à la suite d'une simple déclaration d'entrée en conflit, semble être dépassée. Le souci d'obtenir un certain équilibre des forces afin d'éviter tout conflit

[1] Association of SouthEast Asian Nations.

armé est illustré de manière expresse dans tous les traités constitutifs des organisations internationales, quelles soient universelles ou régionales[2]. Ainsi par exemple, cette indignation face à la cruauté de la guerre et la détermination de maintenir la paix sont exprimées de manière claire dans le préambule de la Charte de l'ONU : *« NOUS, PEUPLES DES NATIONS UNIES, [sommes] RESOLUS à préserver les générations futures du fléau de la guerre qui deux fois en l'espace d'une vie humaine a infligé à l'humanité d'indicibles souffrances, (…) ET À CES FINS (…) à unir nos forces pour maintenir la paix et la sécurité internationales, à accepter des principes et instituer des méthodes garantissant qu'il ne sera pas fait usage de la force des armes, sauf dans l'intérêt commun (…) »*

« Sauf dans l'intérêt commun »… Et la situation paradoxale atteint son point culminant : l'entrée en conflit qui, auparavant était considérée entre autres comme une sanction, est dorénavant considérée comme une violation du droit international qui est susceptible d'être sanctionnée par l'utilisation des forces armées. Les rédacteurs de la Charte répondraient qu'il s'agit du droit de légitime défense. Certes ; sauf que la notion de légitime défense n'est pas définie. Cette absence de définition comporte alors le risque d'une interprétation large, selon les aspirations du moment.

Mais les sanctions internationales visent tous les domaines du droit international. En effet, au fur et à mesure des années, d'autres objectifs à atteindre se sont dessinés sur la scène internationale, comme le développement économique et financier, la protection des droits de l'homme, la protection de l'environnement[3] et tant d'autres. Ainsi, en

---

[2] Au titre des organisations internationales, nous pouvons notamment citer, entre autres, les préambules :

- du Traité de Rome instituant la Communauté Européenne : *« RÉSOLUS à affermir, par la constitution de cet ensemble de ressources, les sauvegardes de la paix et de la liberté, et appelant les autres peuples de l'Europe qui partagent leur idéal à s'associer à leur effort »*,
- de la déclaration de Bangkok du 8 Août 1967 instituant l'ASEAN : *« DESIRING to establish a firm foundation for common action to promote regional cooperation in South-East Asia in the spirit of equality and partnership and thereby contribute towards peace, progress and prosperity in the region »*.

[3] Contrairement à toute attente, c'est dans le cadre de l'organe de règlement des litiges de l'OMC qu'une jurisprudence relativement riche existe en matière de protection de l'environnement (nous en comptons six affaires au total, de 1982 à nos jours). Nous pouvons notamment citer l'affaire de la prohibition à l'importation de certaines crevettes et de certains produits à base de crevettes du 6 novembre 1998 (rapports n° 58 et 61). Dans cette affaire l'Inde, la Malaisie, la Thaïlande et le Pakistan se sont opposés aux États-Unis. L'origine de cette affaire se trouve dans la loi américaine de 1973 sur les espèces menacées d'extinction et qui interdit la prise des tortues marines sur le territoire des États-Unis, dans ses eaux territoriales et en haute mer. Par « prise »

matière de commerce international, nous pouvons notamment citer les sanctions prévues par les Accords de Marrakech de 1994, créant notamment l'OMC, en cas de violation des principes énoncés par ceux-ci[4]. La réparation dans le domaine des investissements a comme objectif de parer au déséquilibre résultant d'une nationalisation[5].

Les sanctions internationales se présentent sous des formes diverses.

La sanction peut d'abord, être expresse (ex. mesure d'embargo, de boycott, utilisation des forces armées) ou « indirecte ». Par exemple, le rappel de son ambassadeur accrédité par un État auprès de l'État accréditeur pour protester contre les agissements de ce dernier constitue une mesure de rétorsion[6]. Il pourrait également s'agir du refus de la demande d'adhésion d'un État à une organisation internationale, sur le

---

la loi entendait le harcèlement, la chasse, la capture ainsi que la tentative d'harcèlement, de chasse et de capture. Dans cette même lignée, la loi américaine de 1989 a interdit l'importation de crevettes péchées avec des moyens technologiques pouvant nuire auxdites tortues. Les États plaignants, ayant fait l'objet d'une telle mesure d'interdiction à l'importation, ont saisi l'organe de règlement des litiges de l'OMC. Selon l'organe d'appel, tout État a le droit de prendre des mesures commerciales pour protéger l'environnement, ainsi que les espèces en voie d'extinction et les ressources épuisables. Néanmoins, les États-Unis n'ont pas eu gain de cause, pour la seule raison qu'ils établissaient une discrimination entre les différents plaignants (ils ne leur accordaient pas les mêmes avantages).

[4] À titre d'exemple, nous pouvons citer les droits antidumping que les États « victimes » de la pratique du dumping peuvent soulever à l'encontre de l'État utilisant une telle pratique. Le dumping est défini comme la discrimination internationale en matière de prix, dans laquelle le prix d'un produit vendu dans le pays importateur est inférieur au prix de ce même produit vendu sur le marché du pays exportateur. À cet effet, l'article VI du GATT de 1994 autorise expressément la perception de droits antidumping spécifiques, si le dumping cause ou menace de causer un dommage important à une branche de production nationale.

[5] En effet, le droit de nationaliser est paru évident dans l'esprit des juristes depuis la résolution 1803 (XVII) de l'Assemblée Générale des Nations Unies. L'arbitre R.-J. Dupuy n'a manqué de rappeler dans sa sentence du 19 janvier 1977, Texaco-Galasiatic que « le droit d'un État de procéder à des nationalisations n'est pas aujourd'hui contestable. Il résulte du droit international coutumier établi à la suite de pratiques concordantes considérées par la communauté internationale comme étant le droit. L'exercice de la compétence étatique de nationaliser est considéré comme étant l'exercice de sa souveraineté territoriale ». Cependant la question de la réparation du préjudice subi par l'investisseur a donné lieu à une jurisprudence abondante (voir notamment CPJI 13 septembre 1928, SA 1958 affaire Aramco, SA 1977 affaire Texaco-Galasiatic, SA 24 mars 1982 affaire Aminoil).

[6] Voir supra.

fondement que cet État ne respecte pas les principes communs aux États membres[7].

La sanction peut ensuite être institutionnalisée, c'est-à-dire prononcée par l'intermédiaire d'une organisation internationale (sanctions institutionnelles), ou prononcée et exécutée par un seul État[8] ou par une collectivité d'États (contre-mesures). Dans cette dernière hypothèse, les rapports crées sont de nature « horizontale »[9]. La qualification de la situation est « subjective »[10]. Mais la situation est différente lorsqu'une organisation internationale demande à ses États membres d'exécuter une sanction, comme c'est le cas en principe des sanctions économiques. Les rapports crées sont alors de nature « verticale »[11]. De plus, la qualification de la situation est considérée comme « objective », vu qu'elle est réalisée par un organe de l'organisation internationale.

La sanction peut être prononcée par un organe politique (par exemple, le Conseil de Sécurité des Nations Unies) ou par un organe juridictionnel[12].

---

7 C'était l'exemple de la Grèce, qui s'est vu réduire au strict minimum son accord d'association avec la Communauté économique européenne, suite au coup d'État d'avril 1967. Il a fallu attendre 1981, pour qu'elle puisse accéder à la C.E.E.

8 Les exemples sont abondants concernant la sanction prononcée et exécutée par un seul État, et ceci dans toutes les branches du droit international. Nous avons choisi ici, un exemple tiré de la jurisprudence des groupes spéciaux du GATT 47 : il s'agit de l'affaire des thons et des dauphins qui a opposé le Mexique (et un certain nombre d'autres États, comme l'Espagne, l'Italie, le Japon, la France, le Royaume-Uni, etc) aux États Unis. La fameuse loi américaine sur la protection des mammifères marins (voir infra) fixait également des normes pour la protection des dauphins à l'intention des bateaux de pêche nationaux et étrangers qui pêchaient le thon dans une zone maritime déterminée. Le gouvernement américain devait soulever une mesure d'embargo sur toutes les importations de thon en provenance de tout pays incapable de lui prouver qu'il se conformait aux normes de protection des dauphins fixées par ladite loi. Selon le rapport du Groupe spécial (septembre 1991) les États-Unis ne pouvaient pas frapper d'embargo les importations de produits à base de thon en provenance du Mexique du seul fait que les réglementations mexicaines concernant la méthode de production du thon n'étaient pas conformes aux leurs.

9 Voir Sicilianos L-A, « Bilan de recherches de la section de langue française du Centre d'Étude et de Recherche de l'Académie », *in Les sanctions économiques en Droit International. 2000,* Académie de Droit International de La Haye, Martinus Nijhoff Publishers, 2002, pp.34-41.

10 SA du 16 nov. 1957, affaire du Lac Lanoux, *RSA* vol.XII, p.310 : *« Dans l'état actuel du droit international général, abstraction faite des engagements spécifiques de traités particuliers et notamment des mécanismes institués dans le cadre des organisations internationales, chaque État apprécie pour lui-même sa situation juridique au regard des autres États ».*

11 Voir infra (contre-mesures).

12 Les exemples sont abondants. Ainsi, nous pouvons citer l'arrêt de la CIJ du 14 février 2002 dans l'affaire Yerodia, dans lequel la Cour a estimé que la Belgique devait « par les

En effet, le juge international peut non seulement condamner un État pour violation d'une règle du droit international mais peut également prévoir la réparation du dommage subi par l'État victime de ladite violation[13].

Elle peut être coercitive (par exemple l'utilisation de la force armée) ou non coercitive, comme les opérations de maintien de la paix[14].

Les sanctions peuvent viser un État[15] (en tant qu'auteur de l'acte internationalement illicite), ou un instrument conventionnel. À ce propos, la Convention de Vienne de 1969 relative au droit des traités prévoit la nullité du traité en cas de vice du consentement (erreur[16], dol[17], corruption du représentant d'un État[18], contrainte exercée sur le

---

moyens de son choix, mettre à néant le mandat d'arrêt » illicite émis à l'encontre du ministre des Affaires étrangères de la République Démocratique du Congo (§76).

13 Par exemple, dans l'affaire activités militaires et paramilitaires au Nicaragua (arrêt du 27 juin 1986), la CIJ a estimé que la responsabilité internationale des États-Unis était engagée pour l'aide apportée aux forces contre-révolutionnaires au Nicaragua, les attaques directes perpétrées contre ce pays, le survol de son territoire, la pose de mines dans les ports de ce dernier. De plus, les États-Unis avaient l'obligation de mettre immédiatement fin et de renoncer à tout acte constituant une violation des règles du droit international, ainsi que de réparer tout préjudice causé au Nicaragua par ces actes incriminés.

14 Pour certains juristes, les sanctions non coercitives ne relèvent pas de la notion de « sanction ». Leur mise en place requiert l'acceptation de l'État visé par la sanction. En effet, demander à un État de soumettre un litige à une juridiction internationale ne pourrait pas être considéré comme une sanction. Ainsi, pour certains auteurs, cette obligation conduirait à une juridictionnalisation du droit international, ce qui n'est pas envisageable. Cependant, de plus en plus de traités prévoient une telle obligation à la charge des États signataires (« compulsory jurisdiction »), comme la Convention des Nations sur le droit de la mer de 1982.

15 Par exemple, à la suite du conflit du Golfe, la résolution 687 (1991) du Conseil de Sécurité *« réaffirme que l'Irak (...) est responsable, en vertu du droit international, de toute perte, de tout dommage, y compris les atteintes à l'environnement et la destruction des ressources naturelles, et de tous autres préjudices directs subis par des États étrangers et des personnes physiques et sociétés étrangères du fait de l'invasion et de l'occupation illicites du Koweït par l'Irak ».*

16 Article 48 alinéa 1er *: « Un État peut invoquer une erreur dans un traité comme viciant son consentement à être lié par le traité si l'erreur porte sur un fait ou une situation que cet État supposait exister au moment où le traité a été conclu et qui constituait une base essentielle du consentement de cet État à être lié par le traité ».*

17 Article 49 : *« Si un État a été amené à conclure un traité par la conduite frauduleuse d'un autre État ayant participé à la négociation, il peut invoquer le dol comme viciant son consentement à être lié par le traité ».*

18 Article 50 : « Si l'expression du consentement d'un État à être lié par un traité a été obtenue au moyen de la corruption de son représentant par l'action directe ou indirecte d'un autre État ayant participé à la négociation, l'État peut invoquer cette corruption comme viciant son consentement à être lié par le traité ».

représentant d'un État[19] ou celle exercée sur un État par la menace ou l'emploi de la force[20]). Cette même sanction frappe les traités contraires à une norme impérative du droit international, le *jus cogens*, qu'ils soient conclus postérieurement[21] ou antérieurement[22] à la survenance d'une telle norme.
La sanction peut viser soit un État en tant qu'entité (par exemple le gel de ses avoirs financiers) soit un organe de l'État seulement[23].
Enfin, une sanction peut être licite ou illicite.

Il est primordial de noter qu'un État ne peut être visé par une sanction, telle qu'elle a été présentée ci-dessus, que s'il a engagé sa responsabilité internationale. En d'autres termes, l'État en question doit avoir violé une norme du droit international général causant ainsi un dommage certain à d'autres États. Ce dommage sera réparé et la violation sera sanctionnée (I). Mais la sanction, pour qu'elle soit effective, doit être encadrée par un certain nombre de règles permettant son contrôle afin d'éviter un éventuel arbitraire lors de son prononcé (II).

---

[19] Article 51 : « L'expression du consentement d'un État à être lié par un traité qui a été obtenue par la contrainte exercée sur son représentant au moyen d'actes ou de menaces dirigés contre lui est dépourvue de tout effet juridique ».

[20] Article 52 : « Est nul tout traité dont la conclusion a été obtenue par la menace ou l'emploi de la force en violation des principes de droit international incorporés dans la Charte des Nations Unies ».

[21] Article 53 : « Est nul tout traité qui, au moment de sa conclusion, est en conflit avec une norme impérative du droit international général ». Ce même article donne la définition du *jus cogens* comme « norme acceptée et reconnue par la communauté internationale des États dans son ensemble en tant que norme à laquelle aucune dérogation n'est permise et qui ne peut être modifiée que par une nouvelle norme du droit international général ayant le même caractère ».

[22] Article 64 : « Si une nouvelle norme impérative du droit international général survient, tout traité existant qui est en conflit avec cette norme devient nul et prend fin ».

[23] Il s'agit surtout du chef de l'État ou des hauts fonctionnaires de l'État. Les exemples sont nombreux : affaires devant le tribunal de Nuremberg, le Tribunal Pénal International pour ex-Yougoslavie, le Tribunal Pénal International pour le Rwanda. Cette position de sanctionner les hauts fonctionnaires de l'État en cas de crimes internationaux est renforcée par la mise en place de la Cour Pénale Internationale prévue par la Convention de Rome de 1998.

I- La violation d'une règle de droit international et la réparation du dommage subi du fait de cette violation : une diversité des sanctions.

Le fondement de la responsabilité internationale se trouve dans le comportement illicite, dans la violation d'une règle du droit international. C'est cette violation que Roberto Ago qualifiait de « délit international », et qu'il définissait comme « toute conduite juridiquement imputable à un État et qui comporte lésion d'un droit subjectif international d'un autre État »[24]. Face à un acte illicite, deux types de comportement sont adoptés : il faut, d'abord, réparer toutes les conséquences qui en résultent. Cette réparation peut être mise en place notamment par l'adoption de contre-mesures, qui ont aussi bien l'objectif d'obliger un État de respecter ses obligations internationales (ex. l'embargo), que celui de réparer les conséquences du dommage (ex. le gel ou la saisie de ses avoirs) (A). Le deuxième comportement à adopter face à un acte illicite est la volonté de faire cesser le trouble qui en résulte. Nous avons choisi ici l'exemple de la violation du maintien de la paix afin d'illustrer la diversité des sanctions pouvant être adoptées et la multitude des organes compétents en la matière (B). Le choix de cet exemple n'est pas anodin ; en effet, en matière de maintien de la paix, l'objectif de faire cesser le trouble est une priorité absolue tandis que le droit à la réparation apparaît en second plan. En d'autres termes, il faudra attendre la fin du conflit pour définir les termes de la réparation du dommage.

A- Le droit à la réparation du dommage subi justifiant l'adoption de contre-mesures. Les sanctions unilatérales.

Si le droit à la réparation du dommage subi est relativement récent dans l'histoire du droit international (1), le droit des États de recourir à la « justice privée » est admis de longue date. En effet, en l'absence d'organisation internationale ou de toute autre « structure »

---

24 Voir Ago R., « Le délit international », *R.C.A.D.I.* 1939-II, vol.68, p.444. Deux remarques devraient être faites à propos de cette définition. Tout d'abord, depuis l'avis consultatif de la CIJ de 1949, Réparation des dommages subis, il faudrait ajouter à cette définition les organisations internationales, qui ont également la personnalité juridique internationale. Deuxièmement, certains auteurs comme Georges Scelle, ont essayé d'introduire l'idée du « risque » à côté de celle de « dommage subi / lésion ».

internationale, les États pouvaient « se faire justice » eux-mêmes en ayant recours aux contre-mesures (2)[25].

Le droit à réparation.

Dans son arrêt du 13 septembre 1928 (affaire usine de Chorzow - série A, n° 17, p.47), la Cour Permanente de Justice Internationale a déclaré : *« le principe essentiel qui découle de la notion même d'acte illicite et qui semble se dégager de la pratique internationale, notamment de la jurisprudence des tribunaux arbitraux, est que la réparation doit, autant que possible, effacer toutes les conséquences de l'acte illicite et rétablir l'état qui aurait vraisemblablement existé si ledit acte n'avait pas été commis. Restitution en nature ou, si elle n'est pas possible, paiement d'une somme correspondant à la valeur qu'aurait la restitution en nature ».* En d'autres termes, la Cour prévoit ici, non seulement une réparation en nature du dommage subi (restitution en nature), mais également une réparation financière (réparation par équivalent). De plus, la Cour souligne que l'État irrespectueux de ses obligations internationales doit non seulement rétablir les choses dans leur état antérieur à la violation de la règle de droit international, mais également réparer l'absence du résultat qu'il aurait eu lieu s'il n'avait pas violé ses obligations.

Le droit à réparation étant établi, la question qui se pose, porte alors sur la nature même de l'exercice de ce droit. En d'autres termes il s'agira du choix par l'État lésé d'une « stratégie de réparation ». Ainsi, il pourra demander l'intervention d'une organisation internationale[26], avoir recours au juge international[27] ou encore décider de « se faire justice lui-même ». Dans cette dernière hypothèse, l'État lésé adoptera des « contre-mesures ».

---

[25] Voir Alland D., *Justice privée et ordre juridique international. Étude théorique des contre-mesures en droit international public*, Publication de la R.G.D.I.P., A. Pédone, 1994, 430 p.

[26] En ce qui concerne la mise en place de la sécurité collective, voir supra. En ce qui concerne les autres types de mesures « décentralisées », nous pouvons notamment citer les différentes mesures prévues par les Accords de Marrakech de 1994 : droits antidumping, mesures de sauvegarde, mesures dans le cadre de l'article XII GATT 94 à propos de l'équilibre de la balance des paiements, etc.

[27] Il est intéressant de noter que lors du recours devant le juge international, l'État lésé peut demander des mesures conservatoires en attendant le jugement. Ce droit a déjà été reconnu par le statut de la CPJI, et bien évidemment, il a été repris par le règlement de la CIJ : *« Article 73 : 1. Une partie peut présenter une demande en indication de mesures conservatoires par écrit à tout moment de la procédure engagée en l'affaire au sujet de laquelle la demande est introduite.2. La demande indique les motifs sur lesquels elle se fonde, les conséquences éventuelles de son rejet et les mesures sollicitées. Copie certifiée conforme de la demande est immédiatement transmise par le greffier à la partie adverse. »*

La notion de contre-mesures[28].

La notion de contre-mesures est définie par la C.D.I.[29] comme l'ensemble des actes par lesquels un État riposte à une mesure prise par un autre État et qui seraient illicites dans des circonstances normales. Elles deviennent cependant licites du fait qu'elles répondent à un comportement lui-même illicite dont l'État lésé conteste le bien-fondé[30]. La Commission, dans un projet d'articles adopté en 2001[31], délimite également le champ d'application de ces mesures, en vue de leur licéité. De plus, elle pose les limites légales que les contre-mesures ne devraient pas dépasser : elles doivent respecter les principes du droit international général. Enfin, elle prévoit la proportionnalité des mesures à la gravité du fait internationalement illicite[32].

Ainsi par « contre-mesures » nous désignons l'ensemble des actes constituant une riposte à un acte illicite d'un autre État. Elles ont une fonction réparatrice évidente, puisqu'il s'agit de l'exécution d'office de l'obligation de réparer. Elles présentent également des fonctions plus cachées : elles servent d'exemple et de moyen de dissuasion à destination d'autres États qui seraient tentés de violer leurs obligations internationales.

Elles peuvent être de nature « verticale » ou « horizontale ». Comme exemple de contre-mesures de nature « horizontale » nous

---

28 Les contre-mesures sont des sanctions au sens que l'État lésé « punit » l'État qui a violé une obligation internationale. Cependant, nous remarquons une position exprimée par la C.D.I. d'utiliser le terme de « sanction » uniquement pour les mesures prises en vertu d'une décision d'une organisation internationale et plus spécifiquement pour *« les mesures que l'ONU est autorisée à adopter, dans le cadre du système prévu par la Charte, en vue du maintien de la paix et de la sécurité internationales »* (*Ann. C.D.I.* 1979, vol.II, 2e partie, p.134).

29 Si les résolutions de la Commission du Droit International n'ont qu'une valeur incitative, elles constituent une base de travail intéressante que nous ne pouvons ignorer. Nous ne pouvons que rendre hommage au travail de la Commission, laquelle joue un rôle très important en matière de codification du droit international, notamment en préparant des projets de conventions internationales.

30 Article 22 du projet d'articles sur la responsabilité des États pour fait internationalement illicite de 2001 : *« L'illicéité du fait d'un État non conforme à l'une de ses obligations internationales à l'égard d'un autre État est exclue si, et dans la mesure où, ce fait constitue une contre-mesure prise à l'encontre de cet autre État conformément au chapitre II de la troisième partie »*.

31 Voir annexe 1.

32 L'insertion de ce principe dans le projet d'articles ne nous étonne guère. Il s'agit d'un principe jurisprudentiel utilisé dans le cadre de plusieurs situations. Voir notamment S.A. du 31 juillet 1928, affaire de la Responsabilité de l'Allemagne à raison des dommages causés dans les colonies portugaises du sud de l'Afrique – Naulilaa, ainsi que CIJ 25 septembre 1997, affaire du Barrage de Gabcikovo-Nagymaros.

pouvons citer l'article 41 de la Charte des Nations Unies[33] qui donne une liste non limitative de contre-mesures pouvant être adoptées par le Conseil de Sécurité[34]. Celles-ci (le plus souvent il s'agit de mesures économiques) tendent à la protection des intérêts communs. Par contre, si les contre-mesures sont adoptées unilatéralement ou collectivement par les États contre l'auteur d'un fait illicite (« rapports horizontaux »), elles visent en principe la protection des intérêts privés des États.

Nous distinguons traditionnellement deux types de contre-mesures dont la nature juridique est profondément différente : les rétorsions et les représailles. En revanche, n'est pas inclus dans cette catégorie de sanctions, le recours à la force armée, qui est a priori interdit[35].

En ce qui concerne les mesures de rétorsion, G. Cohn[36] donne la définition suivante : « par rétorsion il faut entendre une mesure qui, tout en se tenant dans la limite de la loi, a pourtant pour fin un traitement particulièrement défavorable pour l'État contre lequel elle est dirigée ». De plus, P-M. Dupuy[37] la décrit comme « une mesure intrinsèquement licite, qui s'inscrit dans le cadre d'exercice des compétences reconnues à l'État en droit international ».

Les mesures de rétorsion peuvent prendre des formes diverses, qui peuvent aller de l'expulsion de diplomates ou de citoyens étrangers[38] à l'embargo technologique sélectif[39].

---

[33] Article 41 de la Charte des Nations Unies. Voir Annexe 2.

[34] Face à une interprétation extensive des compétences de l'Assemblée Générale, qui a tenté de proposer aux États ou/et au Conseil de Sécurité d'adopter des mesures sur la base de l'article 41, la CIJ a tranché de manière claire dans son avis consultatif du 20 juillet 1962, certaines dépenses des Nations Unies *: « c'est (...) au Conseil de Sécurité qu'est dévolu le pouvoir d'imposer l'obligation explicite de se conformer aux ordres qu'il peut émettre au titre du Chapitre VII, par exemple contre un agresseur. Seul le Conseil de Sécurité peut prescrire des mesures d'exécution par une action coercitive contre un agresseur »* (Rec.1962, p.163).

[35] Sauf cas de légitime défense. Voir article 2 alinéa 4 Charte des Nations Unies : *« Les Membres de l'Organisation s'abstiennent, dans leurs relations internationales, de recourir à la menace ou à l'emploi de la force, soit contre l'intégrité territoriale ou l'indépendance politique de tout État, soit de toute autre manière incompatible avec les buts des Nations Unies. »*

[36] G. Cohn, « La théorie de la responsabilité internationale », *R.C.A.D.I.* 1939, II, vol.68, p.318.

[37] P.M. Dupuy, *Droit international public*, précis Dalloz, 5e édition, 2000, p.466.

[38] Par exemple, dans l'affaire du Personnel diplomatique et consulaire des États-Unis à Téhéran.

[39] Il s'agissait d'une pratique exercée par des États occidentaux sur les exportations de produits de « haute technologie » pouvant avoir des utilisations à but militaire, vers des pays communistes.

Enfin, en ce qui concerne les représailles, l'Institut de Droit International les définit comme des « mesures de contrainte, dérogatoires aux règles ordinaires du droit des gens, décidées et prises par un État, en réponse à des actes illicites commis à son préjudice par un autre État et ayant pour but d'imposer à celui-ci, par pression exercée, au moyen d'un dommage, le retour à la légalité »[40]. Le juge international a eu maintes fois l'occasion d'examiner la validité et de vérifier la proportionnalité de ce type de mesures[41]. Présentant a priori un caractère illicite, elles ne peuvent intervenir qu'après une « sommation restée infructueuse »[42].

Dans toutes les hypothèses, les contre-mesures doivent obligatoirement respecter le principe du non-recours à la force. Cette interdiction résulte non seulement de l'alinéa 4 de l'article 2 de la Charte des Nations Unies, mais également de l'obligation faite aux États par l'article 33 de recourir à tout moyen pacifique[43].

B- Le maintien de la paix au centre des préoccupations onusiennes : sanctions et organes compétents en vue de faire cesser le trouble. Les sanctions institutionnelles.

L'interdiction du recours à la force armée est un principe du droit international relativement récent, puisqu'il a été expressément inclus dans la Charte de San Francisco. En effet, jusqu'au début du XXe siècle, c'est le principe de la liberté de faire la guerre qui prévalait, et les seules restrictions tenaient à la distinction entre la guerre injuste et la guerre

40 *Annuaire I.D.I.*, 1934, Paris, Pédone, p. 162-166.

41 Voir par exemple, CIJ 24 mai 1980, aff. Personnel diplomatique et consulaire des États Unis à Téhéran ; CIJ 27 juin 1986, aff. Activités militaires et paramilitaires au Nicaragua et contre celui-ci ; CIJ 25 septembre 1997, aff. Gabcikovo-Nagymaros.

42 P.M. Dupuy, p.467. Voir également CIJ 25 sept. 1997, Gabcikovo-Nagymaros (§84) : « l'État lésé doit avoir invité l'État auteur du fait illicite à mettre fin à son comportement illicite ou en fournir réparation ».

43 Article 33, alinéa 1er Charte des Nations Unies : *« Les parties à tout différend dont la prolongation est susceptible de menacer le maintien de la paix et de la sécurité internationales doivent en rechercher la solution, avant tout, par voie de négociation, d'enquête, de médiation, de conciliation, d'arbitrage, de règlement judiciaire, de recours aux organismes ou accords régionaux, ou par d'autres moyens pacifiques de leur choix. »*

juste[44]. Une première tentative pour limiter le recours à la guerre a été réalisée par l'article 1er de la deuxième Convention de La Haye de 1907[45], suite à l'influence de la doctrine Drago-Porter[46]. Il a fallu attendre la Convention de Paris du 26 août 1928 (Pacte Briand-Kellogg) pour que la guerre soit mise hors la loi[47]. Mais la convention la plus importante en la matière est la Charte des Nations Unies qui proclame l'interdiction totale du recours à la force, sauf cas de légitime défense[48].
Ce principe fondamental du droit international se trouve violé dès qu'il y a une menace ou un risque de rupture de la paix. J.-F. Guilhaudis distingue la notion de menace de celle du risque[49]. Selon lui, « le risque, à la différence de la menace qui est précise et qui a un auteur visible, [il] se présente sous des formes complexes ; il provient de directions multiples (...). Le risque s'il n'est pas circonscrit peut provoquer des tensions, se transformer en une menace, aboutir à la crise et au conflit armé »[50]. Quant à la menace, celle-ci désigne « une situation qui est proche de la rupture de la paix, qui annonce une rupture possible ou probable de la paix et se situe à la frontière des comportements licites et illicites et déjà dans le champ de l'illicite ».
Si le risque ou la menace de rupture de la paix sera sanctionné en tant que violation du droit international, le recours à la force ou la menace de recourir à la force est légitimé s'il s'agit d'une légitime défense. Ce droit à la légitime défense a été reconnu à plusieurs reprises aussi bien par le

44 Pour les théologiens du XVIe et du XVIIe siècle, seule la guerre juste était légitime. Plus tard, Vattel a défini la guerre juste comme celle qui est déclenchée loyalement à la suite d'une déclaration de guerre.

45 Art.1er, alinéa 1 de la 2e Convention de La Haye de 1907 : « Les puissances contractantes sont convenues de ne pas avoir recours à la force armée pour le recouvrement de dettes contractuelles réclamées au gouvernement d'un pays par le gouvernement d'un autre pays comme dues à ses nationaux ».

46 Cette doctrine trouve ses origines dans l'indignation de certains diplomates, suite aux blocus maritimes et aux bombardements exercés par l'Italie, l'Allemagne et le Royaume-Uni à l'encontre du Venezuela.

47 Sur l'historique des sanctions jusqu'à la Charte de l'ONU, voir : Mitrany D., *Le problème des sanctions internationales*, publications de la Conciliation Internationale, 1926, 99 p. ; Hoffmann S., *Organisations Internationales et pouvoir politique des États*, librairie Armand Colin, 1954, 428 p.

48 Article 51 de la Charte. Voir Annexe II.

49 Jean-François Guilhaudis, *Relations internationales contemporaines*, manuels Jurisclasseur, éd. Litec, 2002, p.657-659.

50 Ibidem, p.657.

juge international[51] que par l'Assemblée Générale des Nations Unies, dont la « résolution phare » en la matière est la résolution 3314 (XXIX) du 14 déc. 1974, laquelle donne un large pouvoir d'appréciation au Conseil de Sécurité pour qualifier ou non un acte comme « acte d'agression »[52]. Un élément fondamental pour la mise en œuvre de la sanction est que l'acte d'agression doit être imputable à un État, ce qui a posé quelques problèmes juridiques pour la mise en œuvre du principe de légitime défense dans le cadre des attaques terroristes du 11 septembre 2001[53].

Les organes onusiens compétents pour prononcer des mesures dans le domaine de la sécurité collective.

Les organes onusiens ont le pouvoir de prononcer des sanctions pour violation du principe d'interdiction du recours à la force à l'encontre d'un État, en vue de protéger la sécurité collective.

La sécurité collective peut être définie comme « l'engagement pris par chaque État d'apporter son appui à une décision collective de s'opposer à tout État coupable, au jugement de la majorité, d'une agression ou d'une menace à la paix »[54]. Ce système est purement défensif, autrement

---

51 voir CIJ 27 juin 1986, activités militaires et paramilitaires au Nicaragua et contre celui-ci (il s'agit d'un droit coutumier) ; CIJ 7 juillet 1996, licéité de la menace et de l'emploi de l'arme nucléaire (il s'agit d'un droit fondamental).

52 La notion d' « acte d'agression » telle qu'elle est définie dans la résolution 3314 a donné lieu à un débat important au sein de la Commission préparatoire de la Cour pénale internationale, en vue de savoir si la qualification donnée à un acte par le Conseil de Sécurité pourrait lier la Cour, et si l'intervention du Conseil de Sécurité était une condition préalable à l'intervention de la Cour (voir à ce propos, les suggestions présentées par l'Italie le 13 mars 2000, PCNICC/2000/WGCA/DP3).

53 Dans cette affaire, les terroristes n'ayant pas la personnalité juridique internationale, il a fallu rendre responsable tout État ne coopérant pas dans la lutte contre le terrorisme. Le Conseil de Sécurité a procédé par étapes. Dans sa résolution 1368 (2001) du 12 septembre 2001, il a appelé « tous les États à travailler ensemble de toute urgence pour traduire en justice les auteurs, organisateurs et commanditaires de ces attaques terroristes et souligne que ceux qui portent la responsabilité d'aider, soutenir et héberger les auteurs, organisateurs et commanditaires de ces actes devront rendre des comptes ». En d'autres termes, le Conseil de Sécurité rappelle de manière indirecte l'obligation des États de respecter les conventions internationales sur la lutte contre le terrorisme. La résolution 1373 (2001) du 28 septembre 2001 a réaffirmé « le droit naturel de légitime défense, individuelle ou collective, que consacre la Charte des Nations Unies et qui est réaffirmé dans la résolution 1368 (2001) ». Par conséquent, toutes les conditions étaient réunies pour mettre en place les sanctions prévues par le Chapitre VII.

54 Nguyen Quoc Dihn, Patrick Daillier, Alain Pellet, *Droit international public*, 7e édition, L.G.D.J., 2002, p.991.

dit il n'est pas dirigé contre un État précis mais contre tout État qui violera le droit international. Il se présente comme un instrument de dissuasion en créant une coalition d'une telle puissance qu'aucun État n'osera l'affronter[55]. Par conséquent, les États doivent dans une situation de menace contre la paix, faire passer l'intérêt de la « communauté internationale » avant leurs propres intérêts.

Il faut noter que si le principe de la sécurité collective est la base même de la Charte de San Francisco, il était déjà prévu par les articles 10 et 11 du Pacte de la Société des Nations[56]. Deux remarques s'imposent. D'une part, il est intéressant de constater que ce principe a été au centre des préoccupations au lendemain des deux conflits mondiaux qui ont marqué les esprits contemporains. D'autre part, le système de sécurité collective a peu fonctionné pendant la période de la guerre froide. Le renouveau de ce système a été marqué par l'adoption des agendas de la paix et du développement du 21 juillet 1992 lors d'une réunion du Conseil de Sécurité. Il a été concrétisé par l'intervention dans plusieurs conflits régionaux nés lors de la période de la guerre froide[57].

L'action des Nations Unies dans le cadre du maintien de la paix est concrétisée par l'intermédiaire de ses organes politiques (a) ou juridictionnels (b), ou en collaboration avec des organisations régionales (c).

a) Les compétences conjointes des organes politiques pour prononcer la sanction en dépit du rôle primordial du Conseil de Sécurité en matière de maintien de la paix

Afin d'assurer la sécurité collective dans les meilleures conditions possibles, le Chapitre VII de la Charte des Nations Unies accorde un pouvoir de décision, d'organisation et de coordination au Conseil de Sécurité[58]. Cependant, dans certaines hypothèses, l'Assemblée Générale

---

[55] Michel Virally, *L'organisation mondiale*, collection U, Armand Colin, 1972, p.457-458.

[56] Article 10 du Pacte : « Les membres de la Société s'engagent à respecter et à garantir contre toute agression extérieure l'intégrité territoriale et l'indépendance politique présente de tous les membres de la Société ». Article 11 du Pacte : « Toute guerre ou menace de guerre, qu'elle affecte directement ou non l'un des membres de la Société, intéresse la Société toute entière et celle-ci doit prendre les mesures propres à sauvegarder efficacement la paix des Nations ».

[57] Par exemple, en Angola, en Afghanistan, en Namibie, au Cambodge, en Mozambique, en Somalie, etc.

[58] Ces pouvoirs ont été parfois critiqués par un certain nombre de juristes et d'États. Ces critiques se justifient le plus souvent par la composition même du Conseil de Sécurité. À titre de rappel, nous notons que le Conseil est composé de cinq membres

et le Conseil de Sécurité ont des compétences conjointes. C'est notamment le cas en matière d'exclusion d'un État membre de l'Organisation. En effet, une mesure de suspension des droits d'un État membre ne se conformant pas aux mesures préventives ou coercitives prononcées par le Conseil de Sécurité peut être adoptée[59]. Si ce type de mesures n'a jamais été appliqué dans le cadre des Nations Unies, d'autres organisations internationales régionales n'ont pas hésité à l'utiliser[60]. L'Assemblée Générale peut également recommander des sanctions à l'encontre d'un État[61], que le Conseil de Sécurité n'est pas tenu d'entériner. En d'autres termes, l'Assemblée Générale a accru son propre champ de compétences à travers la fameuse résolution « Acheson »[62].

En pratique, dans un premier temps, le Conseil constatera l'existence même d'une menace de rupture de la paix ou d'un acte d'agression[63]. Il dispose d'un pouvoir de qualification des faits importants, mais en pratique il partage ce pouvoir avec l'Assemblée Générale[64]. Ensuite, il est compétent pour prendre toute mesure nécessaire pour sauvegarder la paix par des moyens coercitifs ou non[65]. Il

---

permanents (Royaume-Uni, France, Russie, États-Unis, et Chine – ces États disposent d'un droit de veto) et de onze membres non permanents. Cette composition a déjà fait l'objet d'une réforme, qui n'a pas été considérée comme suffisante. Ainsi, un projet de réforme du Conseil, portant sur le nombre de membres y participant et sur le droit de veto, est en cours.

59 La suspension des droits est une mesure prévue par l'article 5 de la Charte de l'ONU. Il s'agit d'une compétence jointe de l'Assemblée Générale et du Conseil de Sécurité. En revanche, la levée de la sanction relève exclusivement de la compétence du Conseil de Sécurité. Voir notamment Ruzié D., *Organisations internationales et sanctions internationales*, collection U, Armand Colin, 1971, p.27-40.

60 C'est notamment le cas de Cuba qui a été exclu de l'Organisation des États Américains, par une décision du Conseil du 14 février 1962, en raison de son comportement contraire aux principes inter-américains.

61 Par exemple, en 1950, l'Assemblée Générale vota un blâme à l'encontre de la Bulgarie, la Hongrie et la Roumanie pour la non-exécution des dispositions des traités de paix de 1947, relatives au règlement des différents relatifs aux Droits de l'Homme. Voir également affaires Afrique du Sud et Rhodésie.

62 Résolution 377 (V) du 3 novembre 1950, « Union pour le maintien de la paix ». Cette résolution a été largement critiquée, notamment en raison de son incompatibilité avec l'article 11§2 de la Charte, qui in fine interdit à l'Assemblée Générale de définir une « action » dans le domaine du maintien de la paix.

63 Article 39 de la Charte. Voir Annexe 2.

64 Voir notamment, Cot J-P, Pellet A., *La Charte des Nations Unies. Commentaire article par article*, 2e édition, Economica, p.649-662.

65 Voir supra.

a également le droit d'être assisté par des Comités spécialisés[66]. Enfin, le Chapitre VII de la Charte prévoit les différentes mesures que le Conseil de Sécurité pourra prendre en vue de remplir son rôle de gardien la paix.

b) Les organes juridictionnels, gardiens des principes du droit international[67].

Les moyens juridictionnels à l'égard de l'État responsable sont de diverses natures. Déjà le Statut de la CPJI prévoyait que la Cour pouvait indiquer des mesures conservatoires pour empêcher que le conflit ne s'aggrave et ne s'étende, sans pour autant préjuger de l'issue de celui-ci. Ainsi, par exemple, en 1933 la Cour a condamné la Norvège à rétablir les choses dans leur état antérieur dans l'affaire de l'occupation norvégienne du Groenland oriental. Le statut de la CIJ a repris les pouvoirs conférés à la CPJI, comme le droit d'indiquer des mesures conservatoires (article 41 du Statut)[68]. L'objectif de ces mesures est d'éviter une aggravation du conflit en attendant que l'arrêt de la Cour soit rendu.
Bien évidemment, la Cour Internationale de Justice peut condamner un État pour violation de ses obligations internationales. Ce pouvoir est incontestable, d'autant plus que les États ne sont pas obligés de soumettre leur différend à la Cour. Par contre, si les États soumettent leur litige à la Cour, ils sont tenus de se conformer à sa décision[69]. À défaut, le Conseil de Sécurité peut être saisi afin de prononcer les mesures d'exécution nécessaires[70].

---

66 Onze Comités des Sanctions sont actuellement en place, comme par exemple le Comité mis en place par la résolution 748 (1992) concernant la Libye, ou celui mis en place par la résolution 1132 (1997) concernant le Sierra Léone. Voir également supra.

67 Voir notamment, Guillaume G., « Le suivi de l'exécution des décisions de la Cour Internationale de Justice au sein des Organisations Internationales » *in* Ruiz Fabri H., Sicilianos L-A., Sorel (éds)., *L'effectivité des Organisations Internationales : mécanismes de suivi et de contrôle*, Ant.N.Sakkoulas, A.Pédone, 2000, p.123-134.

68 Récemment, la Cour n'a pas hésité à prendre des mesures conservatoires dans l'affaire Congo c/Ouganda (ordonnance du 1er juillet 200, §41-47), après avoir constaté que des forces armées ougandaises se trouvaient toujours sur le territoire du Congo.

69 Article 94 §1 de la Charte : *« Chaque Membre des Nations Unies s'engage à se conformer à la décision de la Cour Internationale de Justice dans tout litige auquel il est partie ».*

70 Article 94 §2 de la Charte : « *Si une partie à un litige ne satisfait pas aux obligations qui lui incombent en vertu d'un arrêt rendu par la Cour, l'autre partie peut recourir au Conseil de Sécurité et celui-ci, s'il le juge nécessaire, peut faire des recommandations ou décider des mesures à prendre pour faire exécuter l'arrêt* ». Cependant, en pratique, cet article n'a été mis en œuvre qu'une seule fois : après la décision de la Cour dans l'affaire activités militaires et paramilitaires, le Nicaragua a saisi sans succès le Conseil et ensuite l'Assemblée Générale.

c) La coopération avec des organisations régionales.

La coopération des Nations Unies avec des organisations régionales est prévue dans le Chapitre VIII de la Charte. Cependant, la Charte ne fournit pas de définition des notions d'« accords régionaux » et d'« organisations régionales ». Malgré cette carence, les modalités de la coopération sont explicites dans l'article 52 de la Charte : l'organisation régionale doit agir sur demande du Conseil de Sécurité.

Cette coopération est également prévue, le plus souvent, par le traité constitutif de ces organisations régionales. Par exemple, l'article 5 du Traité de l'Atlantique Nord renvoie directement à la Charte de l'ONU, et plus précisément à l'article 51[71]. La mise en œuvre de cette coopération n'est pas toujours aisée ; des difficultés sont notamment apparues lors de l'intervention de l'OTAN au Kosovo[72].

Le maintien de la paix : objectif commun de mesures variables dans les faits.

La notion de « maintien de la paix » est difficile à définir. En effet, d'une part, la Charte s'y réfère au sens abstrait du terme ; d'autre part, ses modalités de mise en œuvre ne sont pas précisées. Selon Dag

---

71 Article 5 : *« Les parties conviennent qu'une attaque armée contre l'une ou plusieurs d'entre elles survenant en Europe ou en Amérique du Nord sera considérée comme une attaque dirigée contre toutes les parties, et en conséquence elles conviennent que, si une telle attaque se produit, chacune d'elles, dans l'exercice du droit de légitime défense, individuelle ou collective, reconnu par l'article 51 de la Charte des Nations Unies, assistera la partie ou les parties ainsi attaquées en prenant aussitôt, individuellement et d'accord avec les autres parties, telle action qu'elle jugera nécessaire, y compris l'emploi de la force armée, pour rétablir et assurer la sécurité dans la région de l'Atlantique Nord. Toute attaque armée de cette nature et toute mesure prise en conséquence seront immédiatement portées à la connaissance du Conseil de Sécurité. Ces mesures prendront fin quand le Conseil de Sécurité aura pris les mesures nécessaires pour rétablir et maintenir la paix et la sécurité internationales ».*

72 En effet, pour les défenseurs de l'intervention, celle-ci relevait du Chapitre VII de la Charte. Pour d'autres, l'intervention était illicite parce que l'article 5 du Traité de l'Atlantique Nord en renvoyant à l'article 51 de la Charte, un mandat express du Conseil de Sécurité était indispensable. Suite à l'intervention de l'OTAN au Kosovo, l'ex-Yougoslavie a saisi en 1991 la CIJ contre tous les États membres de l'OTAN individuellement pour violation des principes de la Charte (principe de non-intervention, respect de la souveraineté territoriale, etc.). L'affaire est toujours pendante devant la Cour. Voir notamment, Nouvel F., « La position du Conseil de Sécurité face à l'action militaire engagée par l'O.T.A.N. et ses États membres contre la R.F.Y. », *A.F.D.I.* 1999, p.292-307 ; Corten O., Dubuisson F., « L'hypothèse d'une règle émergente fondant une intervention militaire sur une "autorisation implicite" du Conseil de Sécurité » *R.G.D.I.P.* 2000, p.873-910.

Hammarskjöld, les opérations de maintien de la paix relèvent du "Chapitre VI et demi" de la Charte, se situant entre les méthodes traditionnelles de règlement pacifique des différends (Chapitre VI de la Charte) et des mesures plus énergiques comme l'embargo ou l'intervention militaire (Chapitre VII).

a)les mesures non coercitives

L'idée initiale du maintien de la paix repose sur le principe que la présence impartiale de l'ONU dans une zone de conflit doit permettre d'apaiser les tensions et de faciliter un règlement négocié. C'est dans ce cadre que des opérations de maintien de la paix ont été prévues. Celles-ci, en principe, doivent être temporaires. La première mission de maintien de la paix a été mise en place à l'initiative de l'Assemblée Générale, dans le cadre de la « résolution Acheson » : il s'agissait de l'opération lors de l'affaire de Suez. Cette situation a été paradoxale, puisqu'à priori il revient au Conseil de Sécurité de prendre une telle décision. Enfin, il s'agit d'une opération pacifique ayant pour objectif d' « apaiser les esprits sur place » et non pas d'utiliser la force[73].

Au fur et mesure, l'ONU s'est aperçue de la nécessité d'élargir la gamme des interventions et s'est lancée dans des activités nouvelles comme la diplomatie préventive, la protection des convois humanitaires et la consolidation de la paix après les conflits (par l'envoi de délégations spéciales et de comités d'experts sur place, l'assistance pour la mise en place d'élections démocratiques, etc.).

De plus, le Conseil de Sécurité peut inviter les parties en conflit à recourir à des moyens de règlement pacifique des litiges, comme la médiation, la conciliation, ou de soumettre leur litige à un règlement juridictionnel.

b) les mesures coercitives prévues par le Chapitre VII de la Charte des Nations Unies.

De nos jours, trois régimes de sanction sont offerts aux organes compétents pour les prononcer : les sanctions diplomatiques qui constituent la forme traditionnelle des mesures prises, les sanctions économiques - c'est-à-dire des mesures restreignant la liberté du

---

[73] Le Conseil de Sécurité n'a autorisé le recours à la force qu'exceptionnellement, comme en 1961 après une série d'événements tragiques : disparitions de Lumumba et de D. Hammarrskjöld, sécession du Katanga.

commerce - et, l'emploi de la force qui relève des attributions du Conseil de Sécurité.

Les sanctions non militaires prévues par le Chapitre VII ont pour objectif de faire pression sur l'État qui viole le droit international en l'isolant économiquement ou politiquement. L'exemple type d'une telle sanction est l'obligation de nullité et de non-reconnaissance de l'acte illicite, qui trouve son fondement juridique dans le respect de l'intégrité territoriale de l'État[74]. Leur effectivité est subordonnée aussi bien à la volonté de cet État de respecter ses obligations, qu'au respect de ces sanctions par les autres États membres de l'ONU. En cas de violation de l'obligation de respecter la sanction, l'État engage sa responsabilité internationale[75].

En vue de contrôler l'effectivité desdites mesures, il est nécessaire de créer des Comités de sanction qui seront subordonnés au Conseil de Sécurité[76]. Le pouvoir de ces Comités peut être étendu, et ainsi, contesté[77].

Quant aux sanctions économiques, celles-ci peuvent être sélectives ou totales. Ainsi, dans le cadre de la Rhodésie, les sanctions économiques

---

74 Nous pouvons citer, par exemple, la déclaration d'indépendance de l'entité territoriale intitulée « République démocratique de Chypre du Nord ». La résolution 541 (1983), sans faire référence aux notions de menace ou de rupture de la paix, elle déclarait que la proclamation de ce nouvel État était juridiquement invalide et invitait tous les États à ne pas le reconnaître.

75 Voir, Dipla H., « Les Résolutions du Conseil de Sécurité imposant des mesures coercitives et leur mise en œuvre : quelques réflexions concernant la responsabilité des États », *in* Ruiz Fabri H., Sicilianos L-A, Sorel J-M. (éds), *L'effectivité des Organisations Internationales : Mécanismes de suivi et de contrôle*, Ant.N.Sakkoulas, A.Pédone, 2000, p.23-57.

76 La faculté de créer des Comités des sanctions est prévue par l'article 29 de la Charte (« Le Conseil de sécurité peut créer les organes subsidiaires qu'il juge nécessaires à l'exercice de ses fonctions ») et par l'article 28§2 du Règlement intérieur du Conseil (« Le Conseil de sécurité peut désigner une commission, un comité ou un rapporteur sur une question déterminée »). Ces Comités ont comme fonction de contrôler le respect des sanctions, et dans certains cas, l'extension, la diversification, le prolongement de ces sanctions, des dérogations ou des aménagements.

77 Le contrôle de la résolution « pétrole contre nourriture » par le Comité sur l'Irak a été considéré comme très sévère. Celui-ci avait la charge de vérifier le volume et le prix du pétrole exporté, d'autoriser les importations des produits humanitaires correspondants et d'aménager la compensation financière entre les deux. Voir l'article de J. Charpentier, « L'organisation du régime des sanctions au niveau universel : les comités des sanctions du Conseil de Sécurité », in *Les Nations Unies et les sanctions : Quelle efficacité ? Colloque des 10 et 11 décembre 1999*, Pédone, 2000.

prononcées par le Conseil de Sécurité se sont durcies considérablement de 1966 à 1970[78].
Enfin, l'emploi de la force sera le plus souvent matérialisé par une autorisation de recourir à la force au profit soit de l'État lésé sur la base de la légitime défense, soit d'un ensemble d'États qui agiront dans le cadre de la sécurité collective soit enfin, au bénéfice d'une organisation internationale prévue par le Chapitre VIII de la Charte.

II- Critères d'efficacité et contrôle juridictionnel comme éléments d'effectivité de la sanction.

« On fait souffrir des femmes et des enfants innocents qui ne peuvent changer de régime. Il s'agit d'un régime autoritaire et d'une dictature contre laquelle le peuple ne peut rien, et que justement les sanctions renforcent »
Boutros Boutros-Ghali – A propos de l'Irak

Une précision terminologique préalable s'impose : « efficacité » et « effectivité » ne sont pas synonymes, mais seulement deux notions connexes. L' « effectivité » de la sanction vise plutôt à l'application respectueuse des règles juridiques, sans examiner le résultat de celle-ci. Par contre, la sanction est « efficace » lorsqu'elle a atteint son objectif. Ces deux notions deviennent connexes, lorsque l'efficacité sert d'argument pour permettre la bonne application de la sanction.
En peu de temps, les sanctions sont devenues les instruments d'action multilatérale indispensables pour préserver la sécurité régionale et le maintien de la paix[79]. Cependant, leur effectivité a tellement été critiquée, qu'on est arrivé à ignorer les résultats positifs que celles-ci peuvent avoir dans un certain nombre de situations. On peut citer les exemples de la

[78] En effet la résolution 232 du 16 décembre 1966 prévoyait des sanctions économiques sélectives (ayant comme objectif d'empêcher les importations et les exportations de certains produits ainsi que les aides financières au profit de la Rhodésie du Sud). Par la suite, les résolutions 253 du 29 mai 1968 et 277 du 18 mars 1970 ont durci ce régime, allant de l'interdiction de toutes relations commerciales et financières avec la Rhodésie du Sud, jusqu'à la rupture des relations diplomatiques, consulaires, commerciales et militaires.
[79] D. Cortright, G.A. Lopez, *Sanctions and the search for security. Challenges to UN Action*, International Peace Academy, 2002, p.1

Somalie[80], de la Libye[81], du Soudan[82] ou du Sierra Léone[83] où les sanctions imposées ont connu une certaine efficacité. Si la sanction doit en effet satisfaire un certain nombre de conditions pour atteindre un certain degré d'efficacité (A), elle doit également être soumise à un contrôle de légitimité, aussi timide soit-il, par le juge international (B).

A – Regards candides sur la diversité des critères d'« efficacité » de la sanction.

L'effectivité de la sanction dépend directement du choix de celle qui produira le meilleur résultat possible. Face à cette question, certains auteurs ont essayé de dresser une liste de questions préalables au choix de la sanction[84]. Cette question s'est surtout posée à la fin des années 90, suite aux divers rapports plutôt négatifs des Comités des sanctions. Il est paru alors indispensable de dégager des « critères d'efficacité » des sanctions en vue d'éviter les effets « indésirables ». Un meilleur ciblage de la sanction (1), la révision quasi-systématique de celle-ci (2) et la juridictionnalisation préalable des litiges (3) ont été au centre des discussions.

Le choix de la sanction comme élément indispensable à son effectivité.

Le calcul de la vulnérabilité de la cible de la sanction est une condition indispensable au choix d'une sanction adaptée aux situations. Par exemple, une sanction économique très sévère à l'encontre d'un État se trouvant dans une situation économique très fragile ou au contraire ayant

---

80 Les sanctions imposées par le Conseil de Sécurité en janvier 1992 ont conduit à la conclusion d'un accord de cessez-le-feu entre les belligérants, même si cet accord n'a eu qu'une courte vie.

81 Avant et juste après les sanctions imposées par le Conseil de Sécurité, le régime de Qaddafi a décidé de soumettre ses nationaux soupçonnés d'avoir commis les attentats de Lockerbie à la justice internationale.

82 Suite aux sanctions diplomatiques prononcées par le Conseil de Sécurité et aux menaces de renforcer les sanctions, le Soudan a demandé à Osama bin Laden de quitter son territoire.

83 Suite aux sanctions prononcées en février 1997, la junte a décidé de signer un accord en vue de restaurer un régime démocratique par le moyen d'élections.

84 Voir l'allocution d'ouverture faite par Raymond Ranjeva au *colloque Les Nations Unies et les sanctions : quelle efficacité ? des 10 et 11 décembre 1999*, publié chez A. Pédone, 2000, p.18-19 ; Cortright D., Lopez G.A., « The Sanctions Decade. Assessing UN Strategies in the 1990s », A Project of the International Peace Academy, 2000, 274 p.

constitué « un noyau dur de résistance aux sanctions », n'entraînera certainement pas les résultats escomptés.

D'autre part, le ciblage de la sanction peut s'avérer être un exercice difficile. L'appréciation des risques face à des éléments qui ont un caractère volatile, comme l'opinion publique, s'abandonne à l'arbitraire des responsables de la prise de décision, du fait de leur perception de la réalité. Il ne faut pas oublier que la « société internationale » est constituée d'États ayant une base historique, juridique et institutionnelle différente, ce qui conduit à une appréciation au cas par cas des situations et aucunement à une règle applicable de manière quasi-systématique. Cette difficulté d'appréciation explique la différence entre les différentes sanctions prononcées, même si les circonstances apparaissent à première vue similaires[85]. Les juristes s'attacheront alors à des subtilités techniques pour justifier cette différence d'appréciation. Ainsi par exemple, la mesure de maintien de la paix appliquée en Bosnie-Herzégovine sera justifiée par le fait qu'il s'agissait à l'origine d'un conflit interne. Or au contraire, l'intervention armée de l'OTAN au Kosovo sera justifiée par la menace de rupture de la paix et renforcée par l'appel à l'utilisation de l'article 5 du traité de l'Atlantique Nord relatif à la défense collective.

De plus, la question du ciblage est très importante en vue de diminuer le nombre des « victimes de la sanction par ricochet ». En effet, les sanctions (surtout économiques) prononcées à l'encontre d'un État qui a violé le droit international peuvent avoir des effets néfastes à l'égard des États riverains ou des États ayant des relations économiques avec celui-ci. Pour parer à cet inconvénient, l'article 50 de la Charte des Nations Unies a prévu une procédure de recours à disposition des États « victimes par ricochet » : le droit à l'assistance. Suite aux sanctions appliquées contre l'Irak en 1990 et en 1991, le Conseil des sanctions a par exemple été saisi par 21 États. En décembre 1990 et en mars 1991, il a adopté des décisions lançant un appel à la communauté internationale pour qu'elle prête immédiatement assistance financière, matérielle et technique aux États demandeurs[86]. Le 21 mars 1991, ces 21 États ont adressé au Président du Conseil de Sécurité un mémorandum dans lequel ils soulignaient que les problèmes qui affectaient leurs pays persistaient et que des mesures urgentes devraient être prises. C'est ainsi que dans sa déclaration du 29 avril 1991, le Président du Conseil de Sécurité lançait

---

85 À ce propos, voir Hayward R. Alker. Jr., « Assessing the impact of the U.N. collective security system : an operational, multicultural approach », A.S.I.L. Proceedings of the 66th Annual Meeting, 27-29 avril 1972, *A.J.I.L.* vol. 66, n°4, septembre 1972, p.33-39.

86 S/22021, S/22021/Add.1 et S/22021/Add.2.

« un appel solennel pour que les États, les institutions financières internationales et les organes des Nations Unies » assistent les États demandeurs. Cependant, plusieurs États dénoncent l'application laxiste de l'article 50 de la Charte[87].

De plus, l'adaptation de la mesure de sanction aux objectifs et aux données du cas en cause pose la question de son intensité. Les sanctions ne présentant pas toujours d'effets immédiats, leur accentuation progressive peut être envisageable. Mais cette intensification progressive des sanctions a des conséquences aussi bien sur le plan interne qu'au niveau régional, voire international. Sur le plan interne, elle poursuit un objectif dissuasif, c'est-à-dire d'empêcher l'État visé par la sanction de développer une quelconque résistance. Au niveau international, la sanction peut en outre provoquer une situation dommageable (dommages collatéraux) aux États riverains[88].

Enfin, la sanction doit poursuivre des objectifs politiques clairs et prévoir des critères précis pour sa levée. En effet, les sanctions sont un instrument de pression en vue de la réalisation d'un objectif politique, à savoir la restauration de la paix et de la sécurité internationales. Il s'agit alors de provoquer le changement de comportement d'un État ou d'une autre entité du droit international. Face à des objectifs confus et obscurs, les sanctions ne pourront en aucun cas atteindre leur objectif.

La révision éventuelle de la sanction recherchée par le contrôle a posteriori de son efficacité.[89]

Comme nous l'avons déjà expliqué, le contrôle de l'effectivité de la sanction est un contrôle a posteriori d'une décision résultant d'un certain nombre d'intentions, de volontés et de politiques valables à un moment précis de l'histoire. Cette position conduit à une obligation de révision des mesures de sanction déjà prononcées en vue de leur adaptation aux

[87] Nous pouvons citer à titre d'exemple la déclaration de la représentante de la Tunisie, Mme Soumaia Zorai, à la 243e séance du Comité spécial de la Charte le 7 avril 2003 (voir communiqué de presse CHARTE/87). En effet, elle a déclaré que son pays rencontre depuis quelques années des difficultés économiques du fait de la mise en œuvre des sanctions imposées par le Conseil de sécurité à certains pays de la région. Dans ce contexte, elle a regretté le peu de progrès enregistré sur cette question pourtant inscrite à l'ordre du jour du Comité depuis dix ans. Elle a souligné la responsabilité du Conseil de sécurité d'atténuer les effets négatifs et le coût des sanctions, comme le prévoit l'article 50 de la Charte de l'ONU.

[88] Article 50 de la Charte des Nations Unies. Voir Annexe II.

[89] Ici nous examinerons le contrôle non-juridictionnel de la sanction.

nouvelles données[90]. En effet, le maintien d'un régime de sanctions précis ne doit pas être automatique mais il doit résulter d'une décision positive du Conseil de sécurité sur la base d'un examen périodique de la situation. Il est essentiel que le Conseil de sécurité soit amené à revoir régulièrement le dispositif de ses sanctions, en évaluant tant leur efficacité politique que leurs éventuels effets indésirables (impact humanitaire, impact sur les États tiers).

Prenons l'exemple des sanctions imposées en Irak. Celles-ci ont été d'une durée exceptionnelle. De la résolution 661 du 6 août 1990[91] à la résolution 1511 du 16 octobre 2003, en passant par la résolution 687 du 3 avril 1991[92], les sanctions imposées à l'Irak ont d'abord connu un renforcement important qui a commencé à décroître depuis la résolution 1483[93]. À ce propos, des activités de contrôle et de vérification continues ont été mises en place[94]. L'obstacle principal à l'effectivité de cet ensemble de mesures a été dans les faits le comportement mitigé du gouvernement de Saddam. Selon les différents rapports des experts[95], le gouvernement irakien avait certes coopéré dans le cadre des contrôles pour certains types d'armement (armes conventionnelles, armes

---

[90] C'est notamment la position du représentant du Nigeria, M. Ashiru, qui a déclaré lors de la 5e séance de la Sixième Commission des Nations Unies du 10 octobre 2003 (voir communiqué de presse AG/J/396) que les sanctions constituent une mesure extrême qui doit faire l'objet d'une révision périodique, et dont les effets doivent épargner en particulier les femmes et les enfants, ainsi que les États tiers. Il a appelé à cet égard à la mobilisation du système des Nations Unies, des institutions financières internationales et des autres institutions et organisations régionales afin de remédier aux problèmes économiques des États tiers.

[91] Cette résolution imposait l'embargo sur le pétrole et les armements, suspendait les vols internationaux à destination de l'Irak, gelait les avoirs irakiens, interdisait les transactions financières avec cet État, et, enfin, créait un comité des sanctions.

[92] Cette résolution imposait à l'Irak de détruire et de rendre son armement de destruction massive.

[93] Cette résolution définit le mandat de l'ONU sur le territoire irakien.

[94] Par exemple : surveillance aérienne, tenue à jour des protocoles de contrôle et de vérification des sites, inspections menées en vue de vérifier l'exhaustivité de la liste des sites contrôlés, etc. À propos du conflit en Irak, voir notamment *: Les Nations Unies et le conflit entre l'Irak et le Koweït. 1990-1996*, Nations Unies, 1996 ; Cottereau G., « Rebondissement d'Octobre en Irak : la résolution 949 du Conseil de Sécurité (15 octobre 1994) », *A.F.D.*I. 1994, p.175-193 ; Lobel J., Ratner M., « Bypassing the Security Council : ambiguous authorizations to use force, cease-fires and the Iraqi Inspection regime », *A.J.I.L.* janvier 1999 ou sur http://www.asil.org; Kirgis Fr.L., « Security Council Resolution 1441 on Iraq's Final Opportunity to Comply with Disarmament Obligations », *A.S.I.L.* nov.2002, idem ; Kirgis Fr.L., « Security Council Resolution 1483 on the Rebuilding of Iraq », *A.S.I.L.* mai 2003, idem.

[95] D'abord les rapports de l'UNSCOM et ensuite de la CCVINU.

nucléaires), mais pas pour tous (armes biologiques). Ce comportement a eu comme conséquence l'augmentation de la suspicion à l'égard de ce régime de la part de certains États[96]. Suite aux frappes américaines et britanniques en outre, les résolutions 1483 et 1511 ont été perçues par certains auteurs comme une « revanche des États Unis à l'O.N.U. »[97]. La première résolution confie effectivement aux Américains la reconstruction de l'Irak et l'exploitation des ressources pétrolières, tandis que la deuxième met en place une force multinationale à laquelle des États membres de l'O.N.U. sont appelés à « fournir une assistance [...] y compris [par] des forces militaires ».

Un autre exemple où l'efficacité des sanctions est mitigée est celui de l'Afghanistan. Dans la lutte contre le terrorisme, le Conseil de Sécurité a imposé un certain nombre de sanctions à l'encontre du régime des Talibans, dont l'extradition d'Osama bin Laden (Résolution 1333 du 19 décembre 2000)[98]. Les résultats des sanctions sont ici aussi mitigés. En effet, elles ont eu un effet politique incontestable. Le régime des Talibans a en ce sens proposé dès 1999 d'isoler Osama bin Laden et de le traduire en justice selon les lois islamiques[99]. Cependant l'objectif à long terme de ces mesures, c'est-à-dire installer un régime plus représentatif de la population afghane, n'a pas été atteint. De plus, le rapport du Bureau de Coordination des Nations Unies en Afghanistan, rendu public en août 2000, mettait en lumière les effets négatifs des sanctions sur l'économie afghane ainsi que les obstacles à l'assistance humanitaire qu'elles avaient créés.

Face aux critiques formulées à l'encontre des sanctions telles qu'elles ont été explicitées ci-dessus, l'Assemblée Générale a décidé d'inclure la réforme de l'activité de maintien de la paix dans le projet de réforme global[100]. Dans cette optique, un groupe d'experts a été constitué. Ce dernier a présenté un rapport à l'Assemblée en août 2000. Selon ce rapport dénommé « rapport Brahimi », il faudrait mettre fin aux « demi-mesures » et aux projets irréalisables, et privilégier un plan d'action clair

---

96 Surtout de la part des États-Unis et du Royaume-Uni, qui ont notamment interprété la résolution 1441 comme justifiant notamment une intervention armée sur le territoire américain.

97 Voir à ce propos, Rafâa Ben Achour, « L'ONU et l'Irak », www.ridi.org .

98 Il faut noter qu'avant cette résolution (qui imposait également l'embargo des armes et le gèle des avoirs du régime des Talibans), la résolution 1267 du 15 octobre 1999 avait déjà créé un Comité des sanctions et imposé des sanctions financières à l'Afghanistan.

99 Cette proposition n'a pas été acceptée par les États-Unis.

100 Voir Résolution intitulée « Rénover l'Organisation des Nations Unies : programme de réformes », A/RES/52/12.

et solidement étayé. Ainsi, lorsque les conditions requises pour assurer la réussite des opérations ne sont pas réunies, il ne faudrait pas mettre en œuvre une mesure de sanction. D'autres mesures étaient déjà proposées en ce sens : on peut citer par exemple l'application de sanctions à l'encontre des États qui violent les mesures prononcées par le Conseil de Sécurité, le renforcement des embargos sur les armes, le renforcement du contrôle du trafic aérien, la réglementation plus stricte du commerce des diamants et le renforcement du pouvoir des Nations Unies.

Si l'utilité du contrôle des sanctions a posteriori reste contestable, étant donné qu'il n'aboutit pas forcément à la révision de celles-ci, nous pouvons nous poser la question suivante : un contrôle a priori (avant le prononcé de la sanction) serait-il plus efficace ?

L'avenir incertain du projet de mise en œuvre d'un règlement juridictionnel préalable à l'application des contre-mesures.

Le débat quant à savoir si une obligation de recourir au règlement juridictionnel des différends (préalablement à l'application des contre-mesures) a été posé lors de la 44e session de la C.D.I. en 1992. Cette obligation résultait d'un certain article 12 du projet d'articles sur la responsabilité de l'État pour fait internationalement illicite, qui prônait l'épuisement de tout moyen de règlement des litiges pacifique préalablement à l'exercice des contre-mesures[101]. En d'autres termes, ce débat ne visait que les sanctions unilatérales. Cette tentative de création d'une telle obligation a été fortement critiquée par un certain nombre d'auteurs. En effet cela équivaudrait, en l'absence d'épuisement préalable des moyens de règlement des différends, à rendre les contre-mesures prononcées illicites, et ceci ipso facto. Selon L. Condorelli[102], « imaginer la juridictionnalisation du contentieux de la responsabilité équivaut à proposer la juridictionnalisation du système international tout court ».

Le seul moyen de règlement des litiges, obligatoire préalablement à l'adoption de ce type de mesures (voire de tout type de sanctions), est celui de la négociation. Le « caractère fondamental » de la négociation a été reconnu depuis longtemps, plus précisément depuis que la CPJI l'a

---

[101] Article 12 : *« Conditions of resort to counter-measures :*
1. Subject to the provisions set forth in paragraphs 2 and 3, no measure of the kind indicated in the preceding Article shall be taken by an injured State prior to :
a) the exhaustion of all the amicable settlement procedures available under general international law, the United Nations Charter or any other dispute settlement instrument to which it is party… ».

[102] Luigi Condorelli, « Le règlement des différends en matière de responsabilité internationale des États : quelques remarques candides sur le débat à la C.D.I. », EJIL, http://www.ejil.org/journal/Vol5/No1/art9.html

mis en exergue dans l'affaire des Zones franches de la Haute-Savoie et du Pays de Gex[103].
Suite à toutes les critiques adressées à l'encontre de ce fameux article 12, le projet d'articles adopté par la C.D.I. en 2001, a opté pour une formule plus neutre et juridiquement plus acceptable, en abandonnant l'idée de l'épuisement préalable de tous les moyens pacifiques de règlement des litiges[104].
Cependant, le contrôle des contre-mesures peut s'avérer être un exercice difficile. Des questions relevant de l'appréciation souveraine de l'État auteur des mesures se posent alors[105].

De nos jours, l'idée de « sanction » se détache de plus en plus de celle de l'illicéité pour se rattacher petit à petit au concept de risque encouru par la communauté internationale. Le rapport entre l'adéquation ou la proportionnalité des mesures édictées et les buts poursuivis est présenté de manière politique ou au moins orientée politiquement. Les membres du Conseil de Sécurité ont déjà pris conscience du fait que l'effet négatif des sanctions peut être réduit, soit par l'introduction directe et calculée d'exemptions humanitaires dans les résolutions du Conseil, soit en ciblant les sanctions[106]. Mais comme nous l'avons constaté ci-dessus, ces sanctions dites « intelligentes » n'ont pas eu les résultats escomptés.

---

103 CPJI du 7 juin 1932, série A/B nº 46.

104 Article 50, alinéa 2 : *« L'État qui prend des contre-mesures n'est pas dégagé des obligations qui lui incombent :*
a) en vertu de toute procédure de règlement des différends applicable entre lui et l'État responsable ».

105 Concernant ce type de problème d'appréciation d'une contre-mesure, nous pouvons par exemple citer la S.A du 9 décembre 1978 dans l'affaire franco-américaine : *« Dans l'état actuel du droit international général, abstraction faite des engagements spécifiques découlant de traités particuliers, et notamment des mécanismes institués dans le cadre des organisations internationales, chaque État apprécie pour lui-même sa situation juridique au regard des autres États. En présence d'une situation qui comporte à son avis la violation d'une obligation internationale par un autre État, il a le droit, sous réserve des règles générales du droit international relatives aux contraintes armées, de faire respecter son droit par des contre-mesures ».*

106 Voir infra.

B- Un contrôle timide[107] des résolutions du Conseil de Sécurité par la Cour Internationale de Justice.

Il est primordial de noter que la Charte des Nations Unies n'a prévu aucune hiérarchie entre les différents organes de l'Organisation. Cette absence de hiérarchie a été constatée à plusieurs reprises par la Cour Internationale de Justice[108]. Lors de l'affaire Lockerbie, celle-ci s'est même posée la question de savoir si elle était compétente pour annuler une résolution du Conseil de Sécurité[109]. Cependant, elle a esquivé la réponse en opposant le moyen selon lequel elle était simplement saisie en indication de mesures conservatoires, sans toutefois exclure une telle hypothèse[110]. Par cette astuce, la Cour a laissé la porte ouverte à un contrôle futur d'une résolution du Conseil de Sécurité de manière approfondie, et qui pourrait même conduire à l'annulation de celle-ci.

Mais la démarche du juge international a été le fruit d'une longue évolution que l'on peut qualifier de timide et réservée. Ainsi, dans son

---

[107] Voir notamment, Akande D., « The international Court of Justice and the Security Council : is there room for judicial control of decisions of the political organs of the United Nations ? », I.C.Q.L., vol.46, p.309-343.

[108] En effet, selon la Cour *« même si la Charte, départage nettement les fonctions de l'Assemblée générale et du Conseil de sécurité en précisant que, à l'égard d'un différend ou d'une situation quelconque, la première ne doit faire aucune recommandation sur ce différend ou cette situation, à moins que le Conseil de sécurité ne le lui demande,... aucune disposition semblable ne figure dans la Charte sur le Conseil de sécurité et la Cour. Le Conseil a des attributions politiques ; la Cour exerce des fonctions purement judiciaires. Les deux organes peuvent donc s'acquitter de leurs fonctions distinctes mais complémentaires à propos des mêmes événements »*. Voir notamment, affaire Activités militaires et paramilitaires au Nicaragua et contre celui-ci (Nicaragua c. États-Unis d'Amérique), compétence et recevabilité, arrêt, C.I.J. Recueil 1984, p. 434-435 ; affaire Application de la convention pour la prévention et la répression du crime de génocide, mesures conservatoires, ordonnance du 8 avril 1993, C.I.J. Recueil 1993, p. 19, § 33 ; affaire Activités armées sur le territoire du Congo (République Démocratique du Congo c.Ouganda), ordonnance sur les mesures conservatoires du 1er juillet 2000, §36.

[109] En effet, dans cette affaire les États Unis ont soulevé le moyen selon lequel vu que la résolution 748 (1992) du Conseil de Sécurité se présentant sous forme de « décision », l'indication de mesures conservatoires par la Cour serait sans objet (affaire relative à des questions d'interprétation et d'application de la Convention de Montréal de 1971 résultant de l'incident aérien de Lockerbie, ordonnance du 14 avril 1992, §40) .

[110] En effet, selon la Cour *« si, à ce stade, [elle] n'a donc pas à se prononcer définitivement sur l'effet juridique de la résolution 748 (1992) du Conseil de sécurité, elle estime cependant que, quelle qu'ait été la situation avant l'adoption de cette résolution, les droits que la Libye dit tenir de la convention de Montréal ne peuvent à présent être considérés comme des droits qu'il conviendrait de protéger par l'indication de mesures conservatoires »* (§43). Ainsi, *« une indication des mesures demandées par la Libye serait de nature à porter atteinte aux droits que la résolution 748 (1992) du Conseil de sécurité semble prima facie avoir conférés aux États-Unis »* (§44).

avis consultatif à propos de la Namibie du 21 juin 1971, la Cour a dit qu'elle n'était pas compétente pour procéder à la révision juridictionnelle des actes pris par les organes de l'ONU. Cependant, elle a procédé à l'examen de la compétence de l'Assemblée Générale pour adopter des résolutions dans le cadre du maintien de la paix[111].
Il est néanmoins important de noter que dans leurs opinions dissidentes sur cette affaire, les juges Gros et Sir Gerald Fitzmaurice ont fait remarquer que le Conseil de Sécurité n'est pas libre dans sa qualification des faits comme « menace ou rupture de la paix ». De même, la Chambre d'Appel du Tribunal Pénal International pour l'ex-Yougoslavie a fait remarquer que si la qualification de « menace » ou de « rupture de la paix » tient à des considérations d'ordre politique, elle doit néanmoins respecter les objectifs et les principes de la Charte[112]. En d'autres termes, le Conseil de Sécurité dans le cadre de l'exercice de ses fonctions, doit respecter les objectifs de l'ONU tels qu'ils sont définis par les articles 1er et 2 de la Charte[113], les règles de *jus cogens* ainsi que les droits des peuples tels qu'ils sont prévus par l'article 55[114].

En guise de conclusion

La « société internationale » est de nos jours non seulement instrumentalisée par l'intermédiaire d'un certain nombre d'organisations et d'organes internationaux, mais également encadrée par une multitude de règles conventionnelles ayant comme objectif de limiter les décisions arbitraires des entités ayant la personnalité juridique internationale (États, organisations internationales). Même si le principe fondamental du droit international reste celui du respect de la souveraineté des États, ceux-ci doivent prendre en compte les intérêts communs et agir en fonction de ceux-ci sous peine d'être sanctionnés.

---

111 Voir paragraphes 87 à 116 de l'avis consultatif. Voir également l'avis consultatif du 20 juillet 1962, à propos de certaines dépenses de l'ONU.

112 (1996) 35 I.L.M. 32.43.

113 Voir alinéa 2 de l'article 24 de la Charte.

114 Article 55 : « *En vue de créer les conditions de stabilité et de bien-être nécessaires pour assurer entre les nations des relations pacifiques et amicales fondées sur le respect du principe de l'égalité des droits des peuples et de leur droit à disposer d'eux-mêmes, les Nations Unies favoriseront : a) Le relèvement des niveaux de vie, le plein emploi et des conditions de progrès et de développement dans l'ordre économique et social. b) La solution des problèmes internationaux dans les domaines économique, social, de la santé publique et autres problèmes connexes, et la coopération internationale dans les domaines de la culture intellectuelle et de l'éducation* ».

Les sanctions, aussi contestées et inefficaces soient-elles, restent le moyen de dissuasion le plus important pour garantir un équilibre sur la scène internationale. La meilleure preuve de cette affirmation est que les États eux-mêmes consentent librement à adhérer et à participer de manière active à cette « structure juridique » internationale. Ils signent et ratifient des traités tout en consentant à l'idée qu'en cas de violation de leurs dispositions, ils se verront sanctionnés. Il ne s'agit en aucune manière d'un abandon de souveraineté de leur part, mais au contraire de l'expression de celle-ci et de l'acceptation que la « communauté internationale » est une « communauté donnant-donnant », dans laquelle ils seront en pratique plus avantagés que s'ils décidaient de rester à l'écart. C'est le moyen pour eux de faire entendre leurs positions, de participer à la naissance de nouvelles règles juridiques, voire même de protéger leurs intérêts propres… et peu importe s'ils risquent de se voir sanctionnés. Une illustration de cette affirmation est la réserve émise par les États-Unis lors de la signature des Accords de Marrakech, selon laquelle si l'Organe de Règlement des Litiges prononce un certain nombre de décisions contraires à leurs intérêts, ils auront le droit de se retirer de ces Accords. Or jusqu'à présent, cette réserve n'a pas encore été appliquée et ceci en dépit des sanctions qui ont été infligées aux États-Unis par l'O.R.D…

ANNEXE 1 : PROJET D'ARTICLES SUR LA RESPONSABILITÉ DES ÉTATS POUR FAIT INTERNATIONALEMENT ILLICITE – Commission du Droit International – 2001

Troisième partie : Mise en œuvre de la responsabilité internationale de l'État.

Chapitre II : Contre-mesures

Article 49 : objet et limites des contre-mesures

1. L'État lésé ne peut prendre de contre-mesures à l'encontre de l'État responsable du fait internationalement illicite que pour amener cet État à s'acquitter des obligations qui lui incombent en vertu de la deuxième partie.
2. Les contre-mesures sont limitées à l'inexécution temporaire d'obligations internationales de l'État prenant les mesures envers l'État responsable.
3. Les contre-mesures doivent, autant que possible, être prises d'une manière qui permette la reprise de l'exécution des obligations en question.

Article 50 : obligations ne pouvant être affectées par des contre-mesures

1. Les contre-mesures ne peuvent porter aucune atteinte :
   a) à l'obligation de ne pas recourir à la menace ou à l'emploi de la force telle qu'elle est énoncée dans la Charte des Nations Unies ;
   b) aux obligations concernant la protection des droits fondamentaux de l'homme ;
   c) aux obligations de caractère humanitaire excluant les représailles ;
   d) aux autres obligations découlant de normes impératives du droit international général.
2. L'État qui prend des contre-mesures n'est pas dégagé des obligations qui lui incombent :
   a) en vertu de toute procédure de règlement des différents applicable entre lui et l'État responsable ;
   b) de respecter l'inviolabilité des agents, locaux, archives et documents diplomatiques ou consulaires.

Article 51 : Proportionnalité

Les contre-mesures doivent être proportionnelles au préjudice subi, compte tenu de la gravité du fait internationalement illicite et des droits en cause.

Article 52 : Conditions du recours à des contre-mesures

1. Avant de prendre des contre-mesures, l'État lésé doit :
   a) demander à l'État responsable, conformément à l'article 43, de s'acquitter des obligations qui lui incombent en vertu de la deuxième partie ;
   b) notifier à l'État responsable toute décision de prendre des contre-mesures et offrir de négocier avec cet État.
2. Nonobstant le paragraphe 1b, l'État lésé peut prendre les contre-mesures urgentes qui sont nécessaires pour préserver ses droits.

3. Des contre-mesures ne peuvent être prises et, si elles sont déjà prises, doivent être suspendues sans retard indu si :
   a) le fait internationalement illicite a cessé, et
   b) le différend est en instance devant une cour ou un tribunal habilité à rendre des décisions obligatoires pour les parties.
4. Le paragraphe 3 ne s'applique pas si l'État responsable ne met pas en œuvre de bonne foi les procédures de règlement des différends.

Article 53 : Cessation des contre-mesures

Il doit être mis fin aux contre-mesures dès que l'État responsable s'est acquitté des obligations qui lui incombent à raison du fait internationalement illicite conformément à la deuxième partie.

***

ANNEXE 2 : CHAPITRE VII DE LA CHARTE DES NATIONS UNIES

Article 39

Le Conseil de sécurité constate l'existence d'une menace contre la paix, d'une rupture de la paix ou d'un acte d'agression et fait des recommandations ou décide quelles mesures seront prises conformément aux Articles 41 et 42 pour maintenir ou rétablir la paix et la sécurité internationales.

Article 40

Afin d'empêcher la situation de s'aggraver, le Conseil de sécurité, avant de faire les recommandations ou de décider des mesures à prendre conformément à l'Article 39, peut inviter les parties intéressées à se conformer aux mesures provisoires qu'il juge nécessaires ou souhaitables. Ces mesures provisoires ne préjugent en rien les droits, les prétentions ou la position des parties intéressées. En cas de non-exécution de ces mesures provisoires, le Conseil de sécurité tient dûment compte de cette défaillance.

Article 41

Le Conseil de sécurité peut décider quelles mesures n'impliquant pas l'emploi de la force armée doivent être prises pour donner effet à ses décisions, et peut inviter les Membres des Nations Unies à appliquer ces mesures. Celles-ci peuvent comprendre l'interruption complète ou partielle des relations économiques et des communications ferroviaires, maritimes, aériennes, postales, télégraphiques, radioélectriques et des autres moyens de communication, ainsi que la rupture des relations diplomatiques.

Article 42

Si le Conseil de sécurité estime que les mesures prévues à l'Article 41 seraient inadéquates ou qu'elles se sont révélées telles, il peut entreprendre, au moyen de forces aériennes, navales ou terrestres, toute action qu'il juge nécessaire au maintien ou au rétablissement de la paix et de la sécurité internationales. Cette action peut comprendre des démonstrations, des mesures de blocus et d'autres opérations exécutées par des forces aériennes, navales ou terrestres de Membres des Nations Unies.

Article 43

Tous les Membres des Nations Unies, afin de contribuer au maintien de la paix et de la sécurité internationales, s'engagent à mettre à la disposition du Conseil de sécurité, sur son invitation et conformément à un accord spécial ou à des accords spéciaux, les forces armées, l'assistance et les facilités, y compris le droit de passage, nécessaires au maintien de la paix et de la sécurité internationales.
L'accord ou les accords susvisés fixeront les effectifs et la nature de ces forces, leur degré de préparation et leur emplacement général, ainsi que la nature des facilités et de l'assistance à fournir.
L'accord ou les accords seront négociés aussitôt que possible, sur l'initiative du Conseil de sécurité. Ils seront conclus entre le Conseil de sécurité et des Membres de l'Organisation, ou entre le Conseil de sécurité et des groupes de Membres de l'Organisation, et devront être ratifiés par les États signataires selon leurs règles constitutionnelles respectives.

Article 44

Lorsque le Conseil de sécurité a décidé de recourir à la force, il doit, avant d'inviter un Membre non représenté au Conseil à fournir des forces armées en exécution des obligations contractées en vertu de l'Article 43, convier ledit Membre, si celui-ci le désire, à participer aux décisions du Conseil de sécurité touchant l'emploi de contingents des forces armées de ce Membre.

Article 45

Afin de permettre à l'Organisation de prendre d'urgence des mesures d'ordre militaire, des Membres des Nations Unies maintiendront des contingents nationaux de forces aériennes immédiatement utilisables en vue de l'exécution combinée d'une action coercitive internationale. Dans les limites prévues par l'accord spécial ou les accords spéciaux mentionnés à l'Article 43, le Conseil de sécurité, avec l'aide du Comité d'état-major, fixe l'importance et le degré de préparation de ces contingents et établit des plans prévoyant leur action combinée.

Article 46

Les plans pour l'emploi de la force armée sont établis par le Conseil de sécurité avec l'aide du Comité d'état-major.
(...)

Article 48

1.Les mesures nécessaires à l'exécution des décisions du Conseil de sécurité pour le maintien de la paix et de la sécurité internationales sont prises par tous les Membres des Nations Unies ou certains d'entre eux, selon l'appréciation du Conseil.
2.Ces décisions sont exécutées par les Membres des Nations Unies directement et grâce à leur action dans les organismes internationaux appropriés dont ils font partie.

Article 49

Les Membres des Nations Unies s'associent pour se prêter mutuellement assistance dans l'exécution des mesures arrêtées par le Conseil de sécurité.

Article 50

Si un État est l'objet de mesures préventives ou coercitives prises par le Conseil de sécurité, tout autre État, qu'il soit ou non Membre des Nations Unies, s'il se trouve en présence de difficultés économiques particulières dues à l'exécution desdites mesures, a le droit de consulter le Conseil de sécurité au sujet de la solution de ces difficultés.

Article 51

Aucune disposition de la présente Charte ne porte atteinte au droit naturel de légitime défense, individuelle ou collective, dans le cas où un Membre des Nations Unies est l'objet d'une agression armée, jusqu'à ce que le Conseil de sécurité ait pris les mesures nécessaires pour maintenir la paix et la sécurité internationales. Les mesures prises par des Membres dans l'exercice de ce droit de légitime défense sont immédiatement portées à la connaissance du Conseil de sécurité et n'affectent en rien le pouvoir et le devoir qu'a le Conseil, en vertu de la présente Charte, d'agir à tout moment de la manière qu'il juge nécessaire pour maintenir ou rétablir la paix et la sécurité internationales.

Rapport de synthèse

Carole AUBERT DE VINCELLES
Professeur à l'Université Jean Moulin Lyon 3

« *Si la loi peut être impunément violée elle est inutile, et permet seulement le mauvais exemple d'une désobéissance impunie* » écrivait Georges RIPERT dans « Les forces créatrices du droit ». C'est dire l'importance fondamentale de la sanction en droit : son enjeu est l'utilité même de la loi. On ne peut dès lors que remercier les organisateurs de ce colloque pour avoir choisi un thème si fondamental, et pourtant si mal connu.

La sanction est une notion essentielle. Comme l'a rappelé M. Barrière, la sanction est au cœur, d'abord, du vif débat sur le critère du juridique : la règle est-elle juridique parce qu'elle est sanctionnée ou est-elle sanctionnée parce qu'elle est juridique ? La sanction est, ensuite, au cœur même de l'efficacité de la règle dont elle frappe la violation, car, sans sanction, une règle de droit prend le risque de son non-respect. Certes, il existe des règles non sanctionnées par le droit, mais elles ne sont généralement pas juridiques ; ces domaines représentent les « zones de non-droit » que décrivait le doyen Jean CARBONNIER. Les quelques règles juridiques non sanctionnées correspondent en réalité à des comportements se situant à la lisière du droit et de la morale. Exceptés ces cas particuliers, une fois la règle entrée dans l'ordonnancement juridique, la sanction est nécessaire à l'accomplissement de l'injonction contenue dans la règle. S'il est évident que des règles peuvent être respectées spontanément, sans avoir besoin de la menace d'une sanction, la règle de droit est obligée d'envisager sa propre violation, dans l'hypothèse, toujours probable, d'une violation. C'est l'efficacité même de la règle qui est en jeu.

Fondamentale est donc la sanction, et pourtant, elle est si mal connue. En effet, il existe peu d'études générales sur la sanction, sa définition, son rôle. Les études ne concernent que certaines sanctions[1], et seules les

---

[1] Pour le droit privé, voir essentiellement : R. JAPIOT, *Des nullités en matière d'actes juridiques*, thèse Dijon 1909 ; B. STARCK, *Essai d'une théorie générale de la responsabilité civile considérée dans sa double fonction de garantie et de peine privée*, préf. M. PICARD, 1947 ; Ph.

sanctions pénales ont fait l'objet d'études particulièrement approfondies. Ce colloque a donc le mérite de tenter de tracer une ligne transversale entre toutes les branches du droit pour tenter de trouver une ou des lignes directrices.

Ce peu d'études sur la sanction est peut-être à la source du fait qu'on ait tant de mal à s'entendre sur une définition, comme cette journée l'a montré. La sanction est un concept fuyant, insaisissable, dont une définition unique et consensuelle semble impossible. Pourtant, la sanction est une réalité incontestable ; chacun en parle mais personne ne peut la définir avec précision. Pour certains la sanction ne peut être qu'une punition et se rapprocher de la sanction pénale, alors que pour d'autres elle est plus large et englobe toutes les mesures frappant la violation d'une règle. Cette dernière définition est certainement la plus adéquate et correspond d'ailleurs à l'opinion la plus généralement répandue. La sanction peut ainsi être définie comme « *toute mesure… justifiée par la violation d'une obligation* ». La sanction n'intervient donc que lorsqu'une obligation est violée ; la sanction a alors pour objectif essentiel de rétablir la légalité violée. Mais ce rétablissement se fera de différentes manières selon le type de sanction choisi.

Cette définition permet de souligner que tous les domaines du droit sont concernés. Bien évidemment, on pense immédiatement à la sanction pénale, souvent présentée comme la mère de toutes les autres. Mais la sanction pénale, aussi importante soit-elle, n'est pas l'unique mode de sanction, et surtout ne doit pas l'être. Les sanctions pénales ne frappent que les comportements érigés en infraction par la volonté du législateur et auront pour but de punir le fautif. Mais l'obligation violée peut être d'une autre nature, elle peut être civile, commerciale, administrative ou ordinale. Et si la sanction peut prendre la forme d'un emprisonnement, elle peut également consister en des dommages-intérêts, en une nullité, une déchéance, un blâme ou le retrait d'une autorisation.

Ainsi apparaît-il un florilège de sanctions très diversifiées et réparties dans toutes les branches du droit. Pourtant cette diversité laisse

---

SIMLER, *La nullité partielle des actes juridiques*, LGDJ 1969, préf. A. WEILL ; C. GUELFUCCI-THIBIERGE, *Nullité, restitutions et responsabilité*, LGDJ 1992, préf. J. GHESTIN ; S. CARVAL, *La responsabilité civile dans sa fonction de peine privée*, LGDJ 1995, préf. G. VINEY ; O. GOUT, *Le juge et l'annulation du contrat*, PUAM 1999, préf. P. ANCEL ; P. GROSSER, *Les remèdes à l'inexécution du contrat : essai d'une classification*, thèse Paris I, 2000 ; Y.-M. LAITHIER, *Étude comparative des sanctions de l'inexécution du contrat*, thèse Paris I, 2002, dir H. Muir Watt ; C. OUERDANE – AUBERT de VINCELLES, *Altération du consentement et efficacité des sanctions contractuelles*, Nouvelle Bibliothèque de Thèses, Dalloz 2002, vol 19.

transparaître des points de convergence. Ont souvent été répétés pour chaque domaine concerné des termes identiques : la punition, la réparation, la dissuasion, la rétribution… autant d'objectifs transversaux, d'objectifs communs, d'objectifs perméables aux différentes branches du droit. Mais constater des objectifs communs à toutes les sanctions ne suffit pas. Encore faut-il tenter de vérifier, ce qui a été fait aujourd'hui, si ces objectifs sont atteints. L'enjeu, nous l'avons vu, est important, il y va de l'efficacité même de la règle. Ce colloque aura donc permis d'éclairer deux points : un constat et une vérification. Le constat est la découverte d'objectifs perméables aux différentes branches du droit (I). La vérification, quant à elle, va consister à vérifier si ces objectifs sont atteints (II).

I. DES OBJECTIFS PERMÉABLES AUX BRANCHES DU DROIT

Qu'il s'agisse du droit pénal, du droit civil, du droit du travail, ou du droit administratif, toutes les sanctions qui viennent frapper la violation de l'une de ces règles répondent à des objectifs transversaux. On peut considérer que ces objectifs sont doubles : un but utilitaire et un but moral. Si c'est souvent ainsi que les pénologues présentent les buts des sanctions pénales, cette présentation binaire permet, de manière plus générale, de regrouper l'ensemble des sanctions.

A. Le but utilitaire des sanctions

Les sanctions, quel que soit leur domaine, poursuivent un but utilitaire, but généralement lié aux victimes. Cette utilité peut prendre aussi bien la forme d'une réparation que d'une dissuasion.

1) Une première utilité des sanctions est certainement la réparation. Comme l'a rappelé Mme Coutant-Lapalus, réparer signifie remettre en l'état antérieur. La réparation est certainement la finalité essentielle poursuivie par les sanctions civiles : elles ont pour but de réparer les conséquences de la violation de la règle, les conséquences de la transgression. Pour reprendre des termes empruntés à la responsabilité civile, il s'agit de « rétablir l'équilibre détruit par le dommage », et ce rétablissement se fera en replaçant la victime dans la situation où elle serait si le dommage ne s'était pas produit. Ainsi, la mise en jeu de la responsabilité civile ou administrative sanctionne la règle selon laquelle on ne doit pas commettre de dommage par sa faute. Mais d'autres sanctions civiles poursuivent ce même but, comme la nullité du contrat qui sanctionne la violation d'une règle de formation du contrat, qu'il soit civil, commercial ou administratif, ou encore la requalification du contrat de travail qui sanctionne la violation d'une règle de forme de certains contrats comme le contrat à durée déterminée[2].

Plus étonnant, a été développé aujourd'hui le fait que la réparation pouvait également être un objectif poursuivi par les sanctions pénales. D'abord le droit pénal général s'intéresse de plus en plus à la fonction réparatrice des sanctions et le manifeste à travers la recherche de sanctions nouvelles, de sanctions dites alternatives évoquées par le juge Buisson. Ensuite, le droit pénal spécial, et particulièrement le droit pénal technique, développe cette fonction réparatrice. Il s'agit des sanctions douanières et fiscales qualifiées par M. Jeandidier de « sanctions mixtes », car elles ont une nature hybride. Outre leur fonction traditionnelle répressive, elles ont une fonction réparatrice qui se manifeste et par le rejet de certaines règles classiques pénales, et par le fait particulier que l'amende est versée à la victime même, car cette victime est l'État ou l'administration. Il s'agit encore des sanctions pénales en matière d'environnement qui ont souvent une fonction restitutive, comme la remise en l'état antérieur des lieux.

2) Si les sanctions ont une finalité réparatrice, elles ont également une fonction dissuasive ou préventive. La dissuasion est une fonction essentielle des sanctions pénales. Celles-ci doivent décourager le délinquant de récidiver, tout en devant dissuader pour la première fois toute transgression de la règle. Là est certainement l'utilité essentielle de ces sanctions. Un des moyens de s'assurer de la prévention, dite spéciale lorsqu'il s'agit de récidive, est de renforcer la *réadaptation sociale* des délinquants au moyen de la peine, nouvel objectif des sanctions pénales apparu surtout après la Seconde Guerre mondiale[3].

Mais on peut considérer que cette fonction de dissuasion est inhérente à la notion même de sanction, indépendamment du fait qu'elle soit pénale, civile ou administrative. En effet, la sanction a pour fonction essentielle d'assurer le respect de la règle, et assurer ce respect c'est aussi faire en

---

[2] C. OUERDANE – AUBERT de VINCELLES, *Altération du consentement et efficacité des sanctions contractuelles*, Nouvelle Bibliothèque de Thèses, Dalloz 2002, vol 19, n° 32 s.

[3] M. ANCEL, *La défense sociale nouvelle*, Cujas, 3ème ed, 1980.

sorte, *avant toute violation*, de dissuader le délinquant potentiel. La réparation, ou on le verra la punition, représente un moyen de sanctionner une fois que la violation a eu lieu, mais il parait nécessaire de reconnaître à la sanction un objectif général de dissuasion qui doit opérer avant la violation. Parler de prévention, comme Mme Coutant-Lapalus, revient de la même manière à appréhender la sanction avec un effet antérieur à la violation. Ainsi, reconnaître une telle fonction à toutes les sanctions, civile, commerciale ou administrative, serait ouvrir de nouvelles perspectives, de nouveaux moyens renforçant le respect de la loi.
À côté du but utilitaire recherché par les sanctions, que ce but prenne la forme d'une réparation ou d'une dissuasion, réside un but particulier : le but moral.

B. Le but moral des sanctions

Le but moral des sanctions se manifeste par un mal infligé à l'auteur du comportement sanctionné, une souffrance justifiée par la faute commise. Cette recherche du châtiment est certainement l'objet des sanctions pénales ou punitives, répressives. Ces sanctions s'intéressent essentiellement à l'auteur du comportement transgressé, et lui seul est l'objet de la peine. C'est ce qu'on appelle la fonction rétributive de la peine : en contrepartie de la faute est infligée une souffrance. Plus la faute est grave et plus la peine est sévère. Cette sanction témoigne donc d'un jugement de valeur sur les conduites humaines, qui est une spécificité du droit répressif.
Cette journée a mis en lumière que non seulement les sanctions répressives n'étaient pas que des sanctions pénales, mais également que l'importance de ces sanctions justifiait qu'elles tendent vers un régime unique.

1) Tout d'abord, ce qui frappe, est la diversité des sanctions répressives. Les premières sanctions concernées sont bien évidemment les sanctions pénales, entendues strictement. Les peines possibles sont variées - peine privative de liberté, amende, mesures restrictives ou privatives de droit - même si les peines de substitution aux peines principales sont rarement utilisées.

Ces sanctions pénales se trouvent désormais dans tous les domaines du droit, et on dénonce particulièrement aujourd'hui l'inflation pénale[4]. La sanction pénale est vue par le législateur comme la sanction efficace par excellence. Tous les droits sont assaillis par la sanction pénale : le droit du travail, le droit commercial, le droit de la concurrence, de l'urbanisme, de l'environnement, et même le contrat avec le droit de la consommation très friand de sanctions pénales.

Mais le phénomène contemporain particulièrement intéressant est le développement, à côté des sanctions pénales *stricto sensu*, de sanctions punitives non pénales. Il s'agit des *sanctions administratives*, définies par Mme Caudal comme les mesures répressives infligées par une administration active. Elles sont prononcées par des autorités administratives indépendantes, de plus en plus nombreuses, ou par l'administration fiscale ou l'administration douanière. Il s'agit encore des *sanctions disciplinaires* - comme l'avertissement, le blâme, la radiation ou la suspension – qui peuvent également sanctionner la violation de valeurs professionnelles évoquées par le Bâtonnier Arrue. Il s'agit enfin des *peines privées* qui sont des sanctions civiles mais infligées « à titre de punition ». Le droit civil en connaît, qu'il s'agisse du recel de succession mais aussi de la récente jurisprudence en matière de loterie, ou encore de l'article 1150 du code civil dans lequel la gravité du comportement du contractant est sanctionnée par la réparation intégrale du préjudice. On pourrait encore ajouter le droit des assurances, ou encore le droit de la consommation avec la déchéance du droit aux intérêts en matière de crédit ou encore la réparation du préjudice collectif des consommateurs que la doctrine analyse généralement comme une peine privée.
Toutes ces sanctions s'apparentent aux sanctions répressives dans la mesure où elles sont mesurées à la faute commise par l'auteur du comportement sanctionné. L'objectif principal est ainsi toujours d'infliger un châtiment à la personne.

---

[4] Voir par ex : J.-J. BRESSON, « Inflation des lois pénales et législation ou réglementation techniques », R.S.C. 1985 p 241 ; M. DELMAS-MARTY, « L'enjeu d'un Code pénal, réflexions à propos de l'inflation des lois pénales en France », *Mélanges LEGROS*, Bruxelles, 1985, p 165 ; « Pour des principes directeurs de législation pénale », R.S.C. 1985 p 225 ; *Le flou du droit*, PUF 1986, p 33 et s. ; J. HEMARD, *Les sanctions pénales en droit privé*, Travaux et mémoires de l'Université de Lille 1946, n° 75 ; G. STEFANI, G. LEVASSEUR, B. BOULOC, « Droit pénal général, Précis Dalloz, n° 31 ; J.-C. SOYER, Rapport sur la protection du consommateur en droit pénal français », Travaux de l'Association CAPITANT, *La protection du consommateur*, 1973, tome 24, sp. p 375 ; « Le dévoiement pénal », *Droit pénal* n° spécial, avril 1995.

2) Si toutes ces sanctions répressives, pénales et non pénales, semblent disparates, elles tendent, essentiellement par la jurisprudence, à converger vers un régime unique.
En effet, les sanctions pénales suivent un régime particulier en raison de l'atteinte aux libertés individuelles qu'elles représentent. Ainsi, à la différence des sanctions civiles par exemple, le domaine pénal est soumis à des principes propres tel que le principe de légalité, le principe de non-rétroactivité des peines et lois plus sévères, le respect des droits de la défense qui prend une coloration particulière en droit pénal, ou encore le principe de proportionnalité des sanctions par rapport à la gravité des faits, etc.
Considérant que toutes les sanctions répressives, parce qu'elles poursuivent un but moral, qu'elles soient pénales ou non, portent atteinte aux libertés individuelles fondamentales, le Conseil constitutionnel comme la Cour européenne des droits de l'homme tendent, depuis près de deux décennies, à imposer une base de régime commun à toutes les sanctions punitives, de manière à rallier le régime des sanctions punitives non pénales à celui des sanctions pénales *stricto sensu*. Ces sanctions répressives non qualifiées de pénales n'échappent donc plus aux principes fondamentaux que sont les principes de légalité, de nécessité des peines et de non-rétroactivité ainsi que le principe du respect des droits de la défense. Aux côtés de cette jurisprudence particulière, la convergence vers un régime unique se voit également à travers la procédure des sanctions disciplinaires en droit du travail ou dans la fonction publique. Le juge et le législateur nationaux veillent au respect de garanties particulières permettant de s'assurer du respect des libertés fondamentales. On ne peut que les en approuver dès lors que se multiplient des sanctions répressives de forme nouvelle, qui ne peuvent pas, sous couvert d'une qualification différente, violer les garanties fondamentales protectrices de la personne.

Mais il reste deux difficultés. La première concerne l'établissement de critères permettant d'identifier la « matière pénale » pour la Cour européenne et la sanction « punitive » pour le Conseil constitutionnel. La deuxième difficulté est relative au cumul des sanctions répressives, c'est-à-dire le cumul des sanctions pénales avec des sanctions répressives non pénales. Le droit pénal des affaires est, dans ce domaine, souvent accusé, ou encore le droit des étrangers avec l'interdiction du territoire.

Aussi diverses qu'elles soient, les sanctions se rejoignent donc autour de quelques fonctions particulières, et ces fonctions ne sont pas, en réalité, tant cloisonnées qu'on l'imagine. La réparation, la répression, la dissuasion ou la prévention sont perméables au droit pénal, au droit civil, au droit du travail, ou encore au droit administratif. Maintenant isolés, ces objectifs doivent être confrontés à la réalité, à la pratique concrète, pour ainsi s'assurer que le droit positif permet de les atteindre.

II. DES OBJECTIFS ATTEINTS ?

Ces objectifs de réparation, de répression et de dissuasion sont-ils atteints au quotidien par les sanctions choisies par le législateur et prononcées par les juges ?
Cette vérification est difficile concrètement, mais il est possible d'avoir quelques éléments de réponse au moyen de deux instruments de mesure, empruntés à la sociologie du droit : les notions d'efficacité et d'effectivité[5]. La notion d'efficacité n'est pas une notion juridique, mais elle est au cœur du droit. Est efficace ce qui atteint son but, sa finalité. Une sanction est donc efficace si elle produit l'effet qu'on en attend, si elle remplit sa fonction. Si l'efficacité fait appel aux finalités, l'effectivité est un moyen de mesure s'intéressant à la réalité concrète des choses : l'effectivité, c'est l'utilisation réelle de la norme étudiée. Une sanction sera donc effective si elle est réellement appliquée dans les faits, si, lorsqu'une violation est constatée, la sanction est bien prononcée et appliquée. Il faut donc vérifier si les sanctions remplissent leurs fonctions au regard de ces deux moyens de mesure, l'efficacité et l'effectivité.

A. Les sanctions sont-elles efficaces ?

Les sanctions répressives comme les sanctions réparatrices remplissent-elles leur fonction, la répression et la réparation sont-elles bien assurées par les sanctions existantes ?

1) Concernant les sanctions répressives, les interventions de cet après-midi ont montré que leur efficacité n'était pas totale. D'abord, les *peines ne sont pas toujours adaptées*. Le montant des amendes est souvent très

---

[5] *Dictionnaire encyclopédique de théorie et de sociologie du droit*, dirigé par A.-J. Arnaud, LGDJ, v° efficacité, effectivité ; J.-F. PERRIN, *Pour une théorie de la connaissance juridique*, Droz, Genève, 1979, p91 s. ; A.-J. ARNAUD, *Critique de la raison juridique*, p 373.

insuffisant et donc peu dissuasif, notamment pour le droit pénal technique comme le droit pénal de l'environnement qui fixe des amendes peu cohérentes. Quant à la peine privative de liberté, elle reste une peine principale qui peut ne pas être adaptée, notamment pour les infractions qui relèvent des domaines techniques (contractuel, travail, environnement, etc...). Cette inadaptation explique la tendance des juges à la prononcer généralement avec sursis, ce qui limite considérablement son efficacité. Ces peines classiques demeurent les peines principales généralement prononcées, et les sanctions alternatives prévues par le législateur ont peu de succès auprès des juges, certainement en raison de leur faible adaptation aux situations diverses, comme en témoigne la privation du permis de conduire, peine alternative peu efficace en droit de l'environnement !

Surtout, la généralisation des sanctions pénales, cette inflation tant décriée mais toujours présente, nuit considérablement à la sanction pénale : trop de peine tue la peine. Ainsi, le caractère intimidant, dissuasif, inhérent à la sanction pénale est dilué par la fréquence de la sanction qui en fait une sanction banale moins redoutée. Cette généralisation de la peine conduit à des effets néfastes importants quant à l'élément moral de l'infraction : l'intention se dilue. Les infractions non intentionnelles se multiplient ou sont dénaturées, comme en témoigne la multiplication des contraventions ou encore la renaissance de certaines formes de délits matériels, censés avoir disparu. L'expansion de la sanction pénale lui a fait perdre sa spécificité. Que reste-t-il alors de si spécifique à la sanction pénale aujourd'hui ? Certains diront le symbole peut-être, mais on peut s'interroger sur la valeur d'un symbole lorsqu'il est vulgarisé...

Face à cette généralisation, plusieurs réactions se sont manifestées. D'abord le législateur peut avoir tendance à dépénaliser, et on sait que le droit pénal contemporain est fortement marqué par les flux et les reflux de la répression. Ensuite, le législateur peut être tenté par la recherche de sanctions alternatives, mais le juge Buisson a bien démontré que ces sanctions, comme la composition pénale, n'étaient pas efficaces. Enfin, on peut être attiré par les sanctions répressives non pénales, mais alors on achoppe à la difficulté particulière de la procédure qui tend à unifier ces différentes sanctions.

Une réflexion sur l'établissement de critères de la nécessité pénale semble donc plus que jamais indispensable[6] : la sanction pénale n'est pas nécessaire partout, d'autres sanctions sont efficaces, mais cette démarche de recherche de sanctions efficaces est peu entreprise.

2) Concernant les sanctions réparatrices, et notamment civiles, il semblerait que le bilan soit plus positif. Des propositions intéressantes ont été faites, notamment pour la responsabilité civile : comme la réparation en nature présente des qualités d'efficacité renforcée, il serait préférable que le juge la prononce plus souvent, ce que pourrait contrôler la Cour de cassation.
Quant à la nullité du contrat qui a été peu évoquée, son efficacité est de plus en plus discutée en doctrine, car le maintien du contrat peut être préférable souvent à son anéantissement. La jurisprudence essaie d'éviter ces déboires en favorisant les nullités partielles et sa nouvelle forme, la clause réputée non écrite, mais ici encore des améliorations seraient nécessaires.

B. Les sanctions sont-elles effectives ?

Les sanctions répressives et réparatrices sont-elles véritablement prononcées et appliquées ?
La question est certainement la plus délicate pour les sanctions répressives. Certes, les sanctions civiles peuvent rencontrer parfois des difficultés, mais celles-ci sont d'un autre ordre. Ainsi, le manque d'adaptation des conditions de la sanction peut être à la source d'une ineffectivité des sanctions civiles : si les conditions du prononcé de la sanction, ou son régime (comme la prescription, les détenteurs de l'action, etc…) ne sont pas adaptés, le juge n'a pas les moyens matériels de prononcer la sanction, même si elle est efficace. Mais le problème rebondit alors sur les conditions des sanctions, c'est-à-dire la règle elle-même, ce qui est un autre débat.
Concernant les sanctions répressives, l'ineffectivité se rencontre de plus en plus en raison, notamment, de l'inflation pénale. Le prononcé de cette sanction a cette particularité que des poursuites doivent être engagées par le ministère public qui reste maître de cette opportunité. Or, la multiplication des infractions a pour corollaire inévitable le

[6] Voir notamment C. OUERDANE – AUBERT de VINCELLES, *Altération du consentement et efficacité des sanctions contractuelles*, préc., not n° 323 s.

développement quantitatif des poursuites, développement qui a nécessairement ses limites humaines. Puisqu'il est matériellement impossible de tout poursuivre, malgré l'existence d'infractions réalisées, les sanctions pénales s'exposent à leur propre ineffectivité. Ce constat est malheureusement une constante dans le droit pénal technique, qu'il s'agisse du droit de l'environnement, des sociétés, du travail ou encore de la consommation. Les infractions poursuivies sont généralement toujours les mêmes et répondent davantage à des questions de politique de poursuite que les magistrats debout sont obligés d'adopter.

Alors, quel bilan ?

Ce colloque aura démontré, d'abord, que la sanction, dont l'étude est souvent délaissée au profit des règles elles-mêmes, est au cœur du droit. Si l'édiction d'une règle est importante, concevoir une sanction efficace l'est tout autant. L'exposé de l'ensemble des sanctions en droit aura démontré, ensuite, que les sanctions, aussi diverses soient-elles, remplissent des fonctions souvent communes. S'ouvrent alors de nouvelles perspectives et, pourquoi pas, celle de la conception, envisageable, d'une théorie générale de la sanction, permettant de mettre un peu d'ordre dans notre droit et ainsi de contribuer à une plus grande efficacité et une plus grande cohérence, dont le droit n'est jamais étanché.

TABLE DES MATIERES

L'HARMATTAN, ITALIA
Via Degli Artisti 15 ; 10124 Torino

L'HARMATTAN HONGRIE
Könyvesbolt ; Kossuth L. u. 14-16
1053 Budapest

L'HARMATTAN BURKINA FASO
Rue 15.167 Route du Pô Patte d'oie
12 BP 226
Ouagadougou 12
(00226) 50 37 54 36

ESPACE L'HARMATTAN KINSHASA
Faculté des Sciences Sociales,
Politiques et Administratives
BP243, KIN XI ; Université de Kinshasa

L'HARMATTAN GUINÉE
Almamya Rue KA 028
En face du restaurant le cèdre
OKB agency BP 3470 Conakry
(00224) 60 20 85 08
harmattanguinee@yahoo.fr

L'HARMATTAN CÔTE D'IVOIRE
M. Etien N'dah Ahmon
Résidence Karl / cité des arts
Abidjan-Cocody 03 BP 1588 Abidjan 03
(00225) 05 77 87 31

L'HARMATTAN MAURITANIE
Espace El Kettab du livre francophone
N° 472 avenue Palais des Congrès
BP 316 Nouakchott
(00222) 63 25 980

L'HARMATTAN CAMEROUN
BP 11486
Yaoundé
(00237) 458 67 00
(00237) 976 61 66
harmattancam@yahoo.fr

604975 - Avril 2015
Achevé d'imprimer par

1livre.com
du rêve à la réalité !

Made in United States
Orlando, FL
04 November 2026

90201364R00151